LISHI WEIWUZHUYI:
XIANDAIXING DE DUOCENG FANSI

历史唯物主义：
现代性的多层反思

刘森林 著

·广州·

版权所有　翻印必究

图书在版编目（CIP）数据

历史唯物主义：现代性的多层反思/刘森林著.—广州：中山大学出版社，2016.7
ISBN 978-7-306-05734-1

Ⅰ. ①历…　Ⅱ. ①刘…　Ⅲ. ①现代主义—研究—中国　Ⅳ. ①B2

中国版本图书馆 CIP 数据核字（2016）第 139971 号

出 版 人：徐　劲
策划编辑：李海东
责任编辑：李海东
封面设计：曾　斌
责任校对：何　凡
责任技编：黄少伟
出版发行：中山大学出版社
电　　话：编辑部 020-84110771，84110283，84111997，84110779
　　　　　发行部 020-84111998，84111981，84111160
地　　址：广州市新港西路 135 号
邮　　编：510275　　传　真：020-84036565
网　　址：http://www.zsup.com.cn　　E-mail: zdcbs@mail.sysu.edu.cn
印 刷 者：广东省农垦总局印刷厂
规　　格：787mm×1092mm　1/16　18.75 印张　330 千字
版次印次：2016 年 7 月第 1 版　2016 年 7 月第 1 次印刷
定　　价：56.00 元

如发现本书因印装质量影响阅读，请与出版社发行部联系调换

目 录

引 论 作为孵化器的主体性：实践唯物主义的反思与推进 …………… 1
　一、主体性的伸张与推进 ………………………………………… 1
　二、主体性的孵化Ⅰ：自然性与社会性的关系 ………………… 4
　三、主体性的孵化Ⅱ：物化论的推进，从人道主义到合理化 … 8
　四、主体性的孵化Ⅲ：崇高价值的陨落，虚无主义与形而上学 … 12

第一层次　反思"自然历史过程"

第一章　超越"自然历史过程"
　　　　——初论重新理解社会发展的"自然历史过程" ………… 21
　一、"自然历史过程"的本质内涵 ……………………………… 22
　二、超越"自然历史过程" ……………………………………… 26

第二章　马克思历史方法论的启示
　　　　——关于把握历史规律的方法论问题 ………………… 31
　一、两个方面：存在论与方法论 ………………………………… 31
　二、历史方法论的启示 …………………………………………… 33
　三、新式历史规律观的内涵分析 ………………………………… 38

第三章　论马克思历史观对事实与价值冲突的两种解决 ……… 44
　一、理论解决 ……………………………………………………… 44
　二、实践解决 ……………………………………………………… 50

第四章　自然·自然性·自发性
　　　　——再论社会发展的"自然历史过程" ………………… 55
　一、马克思理论中的多义"自然" ……………………………… 55
　二、把握住似自然过程论的本质内涵 ………………………… 58
　三、对自然Ⅵ的再探索 …………………………………………… 61

第五章　回归自然与超越自然
　　——三论"自然历史过程" ……………………………… 66
　一、告别近代主体性解释模式：确立作为正当性与合理性的两种
　　　"自然" ………………………………………………………… 67
　二、"历史"的意蕴：从自然与历史统一的视角看待现代史 …… 71
　三、以自然正当革除形而上学的完美虚幻：阶段不可超越 …… 74
　四、结论：回归自然与超越自然的一致 ……………………… 78

第二层次　反思"发展"

第六章　当代中国发展着的"发展"观念 ……………………… 83
　一、走出胚胎发育隐喻的误区 ………………………………… 83
　二、价值因素在发展观念中的地位 …………………………… 86
　三、初步结论 …………………………………………………… 88

第七章　发展的价值基础追思 …………………………………… 90
　一、发展：从事实认定到价值追问 …………………………… 90
　二、发展的价值根基追问 ……………………………………… 92
　三、追思发展的方法：二分法 ………………………………… 99

第八章　对"发展"的三种批评 ………………………………… 102
　一、第一种批评：资源不够 …………………………………… 102
　二、第二种批评：损害了世界——以平等为例 ……………… 105
　三、第三种批评：求新刺激的无理性倾向 …………………… 109

第九章　从后思索法视野内的"发展"检思 …………………… 113
　一、从后思索法视域内的发展：精英信念的普遍化 ………… 113
　二、现代对传统、普遍对特殊的漠视 ………………………… 117
　三、防止以今释古和强发展主义 ……………………………… 120

第十章　透视唯物史观中的发展主义 …………………………… 124

第十一章　发展视域内的二分模式：批判与反思 ……………… 133
　一、强一元论二分法 …………………………………………… 134
　二、弱一元论二分法 …………………………………………… 137
　三、二元论二分法 ……………………………………………… 139
　四、结　论 ……………………………………………………… 141

第三层次　反思实践与主体性

第十二章　启蒙与虚无：从主体概念看发展的一个内在矛盾 ………… 145
一、笛卡尔式内向性主体中就蕴含着知识论与存在论的不统一 ……… 145
二、矛盾的进一步积聚 ……………………………………………………… 148
三、平衡的打破与冲突的爆发 ……………………………………………… 152
四、世俗化的加剧 …………………………………………………………… 155
五、理性与虚无的自悖谬 …………………………………………………… 157
六、虚无的浪漫主义救治 …………………………………………………… 160

第十三章　"主体"在什么意义上是一个意识形态概念？ …………… 166
一、问题的提出与概念的澄清 ……………………………………………… 166
二、区分不同层次的"主体" ……………………………………………… 168
三、两种不同的启蒙，意识形态的必需 …………………………………… 173

第十四章　实践的逻辑与哲学终结论的困境 ……………………………… 179
一、仅强调具体、经验、历史并不一定能解决元哲学层面的问题
　………………………………………………………………………………… 180
二、马克思在社会理论层面对一般性、永恒性和绝对性的强调 ……… 185
三、"哲学终结论"的特定含义 …………………………………………… 190

第十五章　评实践的主体性解释模式 ……………………………………… 195
一、视角的转变：从个体到群体 …………………………………………… 195
二、从主体性模式到生活世界模式 ………………………………………… 199
三、自悖性的凸现 …………………………………………………………… 204

第十六章　传统主体性势必导致的实践策略：外推 …………………… 210
一、去远与推远：两种不同的机制 ………………………………………… 210
二、外推的逻辑与现代空间的拓展 ………………………………………… 214
三、越推越遥远的外推：从个体、群体到国际和自然界 ……………… 219

第四层次　反思现代文明的哲学基础：物化与虚无

第十七章　异化的三个层次 ………………………………………………… 225
一、异化的产生与层次 ……………………………………………………… 226
二、异化Ⅰ …………………………………………………………………… 229
三、异化Ⅲ …………………………………………………………………… 231

四、异化Ⅱ与主体性模式 …………………………………………… 234
第十八章　文化、虚无主义话语与社会发展：德国对中国的启示 …… 238
一、德国的思考与教训 …………………………………………… 240
二、文化中国与文化决定论的提防 ……………………………… 247
第十九章　启蒙主义、浪漫主义与唯物史观 …………………………… 254
一、浪漫主义的遭遇、定位与新解 ……………………………… 256
二、善服从于功利，真理屈从于自由 …………………………… 259
三、理性的工具化与虚无主义 …………………………………… 263
四、浪漫派、马克思与古典 ……………………………………… 266
五、自由理想与浪漫主义 ………………………………………… 267
六、更能容纳差异的新启蒙 ……………………………………… 271
第二十章　物化通向虚无吗？
　　　　——马克思与尼采的不同之路 ………………………… 274
一、物化世界损伤"人"的三种情形 …………………………… 274
二、物化不通向虚无，物化可以促进"人"的实现 …………… 278
三、个体与共同体的统一遏制、抵制虚无主义 ………………… 281
四、物化通向虚无：尼采对现代文明本质与前景的认定 ……… 285
五、反思现代性的两种模式：马克思与尼采 …………………… 289

引 论　作为孵化器的主体性：实践唯物主义的反思与推进

一、主体性的伸张与推进

沿着"实践是检验真理的唯一标准"开创的道路，与改革开放的精神相适应，实践唯物主义在20世纪80年代成为体现那个时代精神的中国马克思主义哲学。按照我的理解，实践唯物主义的核心思想是主体性。它要穿透那堵以强横的气势、与"两个凡是"精神相适应的、固化的墙，为改革开放的新实践拓展广阔的空间。在哲理上，它的表现就是对于新的现实的主体性规定，对于未来的主体性创制。实践唯物主义坚持了唯物主义的基本前提，并在此之下强调主体性的积极作用。我们知道，现在看来，彻底的近代主体性理论其实就是所谓的"唯心主义"，贝克莱所谓的"存在就是被感知"，意思就是一切存在都是对主体而言的，主体就是真正的基质，因而，"贝克莱的哲学是主体主义，但不是唯我论"。[①] 近代唯心主义哲学的特征就是把对世界的认知、把握建立在作为"主体"的"自我"（纯粹自我，或确切地说是"自身"，而不是经验自我）的基础上，从这个"自我"出发建构认识论和实践哲学。但实践唯物主义的主体性不是这样，它坚持唯物主义的基本前提，只是以主体性精神来改造和重构那些一度被僵化的哲学原理。

正如一些学者指出的，实践唯物主义弘扬的主体性在很多人那里具有明显的个体主体的色彩。20世纪80年代开始，伴随着对"文化大革命"的反思，出现了一种呼唤"个人"尊严、人格的倾向，独立的个人，具有独立人格与尊严，不被僵化的制度所埋没、所遮蔽、所击垮的个人，具有

---

① 倪梁康：《自识与反思》，商务印书馆2002年版，第136页。

不被群体压抑和磨平的个性、品格、能力的人，被赋予很高的地位。黄克剑在《中国社会科学》1988年第5期上发表的《"个人自主活动"与马克思历史观》一文中指出，着眼于类的发展来考察人的发展，至多只能得到一种抽象的进步或进化的观念，只有从个人角度考察人的发展，人的发展的曲折、坎坷、丰富性和复杂性，才能真正地进入考察者的视野。① 王友洛的文章《不能以"人的全面发展"替代"个人全面而自由的发展"》也是个很典型的例证。在这篇发表于《哲学研究》1993年第8期上的文章中，作者旗帜鲜明地指出，"人"与"个人"是截然不同的，"不能用人的全面发展代替个人自由而全面的发展"，不能用"人"来取代"个人"。他援引马克思的话，说明人的历史是"个人本身力量发展的历史"："人们的社会历史始终只是他们的个体发展的历史，而不管他们是否意识到这一点。他们的物质关系形成他们的一切关系的基础。这种物质关系不过是他们的物质的和个体的活动所借以实现的必然形式罢了。"② 该文明确指出，"发展"也不能只考虑社会关系的发展，更应该考虑个人能力的发展。而个人的发展是自由的，必须有一定的自由时间和自由空间。③

在人、个人与制度的关系中，那时很多持解放思想立场的人，肯定更拥戴人、个人，而不是制度、群体，这被视为解放和开化的象征。以个人主体为基础解释"实践"的模式受到更多的拥戴。在20世纪80年代许多文学家和哲学家的论述中，"主体"甚至被理解为一种"心灵""思想"层面上的尊严性存在，并不受社会关系的约束，个人主体一度被空灵化。此时的主体性话语更多是在精神、心理层面展开的。它强调人的主观世界、思想的绝对自由，而不像20世纪90年代以来那样强调自由所需的社会条件尤其是制度条件，以及这种条件的创制。有人甚至认为强调精神主体性比实践主体性更根本与深邃，或者把这两者加以等同。主体性话语的强调重心由此向内转，甚至把主体性等同于"内"在属性，而客体性、社会性等同于"外"在属性。④

---

① 黄克剑：《"个人自主活动"与马克思历史观》，《中国社会科学》1988年第5期，特别是第120页。
② 《马克思恩格斯选集》第4卷，中共中央编译局编译，人民出版社1995年版，第532页。
③ 王友洛：《不能以"人的全面发展"替代"个人全面而自由的发展"》，《哲学研究》1993年第8期。
④ 参见陶东风：《社会理论视野中的文学与文化》，暨南大学出版社2002年版，第41～46页。

显然，在个人与类、个体与社会、个人能力与制度规则、自由与既定历史的关系中，个人先于类，能力先于社会关系，自由空间先于历史空间，甚至精神、思想上的发展先于物质、社会上的发展。个人被赋予空灵意义上的优先度和高度，赋予先在的独立性和意义，绝不能被人们结成的社会关系抽象化和凝固化，不能被制度所闷死。从一种固化、僵化的社会关系中挣脱出来，释放出内在的能力，争取更高的品格，获得自由发展的许可证，是那时主体性理论尤为关注的。"个人本位"论因为很容易跟那时还很负面的"个人主义"勾连起来，还不受欢迎；但"能力本位"论却没有这样的担忧而广受推崇，明显比"制度本位"论更受关注。"社会"在那时很容易被视为僵化、凝固、阻碍人能力发挥的象征。主体性精神的弘扬需要造就一种新的社会关系，一种制度化的社会关系，一种凝固的、结晶了的、有利于人的发挥和价值实现的新型社会关系。现在这种社会关系正在成长和创建之中，主体性遭遇到了新的情况：空灵的、精神的、个体的主体性需要转化为制度化的、物质的、实在的社会成果。在主体性与合理化社会关系之间，产生了一定的张力和矛盾。这种张力那时还很少受到重视，或者根本就没有被意识到。

随着90年代后这种"主体"被进一步注入了制度性内容，实践的伦理政治内涵也就很容易被容纳进来，而超越了那种更多在精神、文化意义上注释"主体""实践"的传统。于是，具有解放象征的理性启蒙论、认识论逐渐转向了历史唯物主义。包含着认识论、辩证法和历史唯物论诸领域内容的实践唯物主义，最后几乎转变为历史唯物主义，转变为社会政治哲学。对生产关系、社会体制、效率、公平、正义、合理化的思考，使得实践唯物主义初创时地位还颇高的认识论、辩证法研究越来越边缘化，尤其是认识论研究已日益式微。跟认识论研究的式微密切相关，辩证法研究也一度陷入少有人问津的地步。后来，随着一些研究者把辩证法从与认识论、逻辑学三者统一的传统模式中拯救出来，从历史唯物主义的根基上，以及从后来兴起的生存论的根基上重构辩证法的基础，也就是把辩证法纳入历史唯物主义的思考范围，或者纳入存在论、生存论的视域之中，才开辟了辩证法研究的新的视域，拓展了辩证法思考的空间。在这个意义上，我们完全可以说，对社会政治问题的哲学思考，作为实践唯物主义精神的延续和发展，成为明显的主流。这是与当前中国现代化制度建设的重大历史任务相适应的。

随着主体性研究的深入，也经历了一度广受推崇的所谓"主体性已被主体间性取代"这种现在看来非常成问题的观点的冲击之后，主体性势必经历了和经历着当初没有预料得到的诸多问题。这些问题肯定是与中国现代化过程特定阶段上的情形内在相关的。面对这些情况，迫切需要对实践唯物主义所弘扬的主体性做出新的思考和研究。主客体二分框架是否促成或至少强化了主体对客体世界的宰制，带来了比如说愈来愈严重的生态问题？主体性与个体性的进一步融合，是否带来了相对主义、犬儒主义和虚无主义？近代主体性精神中是否本已蕴含着某种主体的虚无性在内？主体性建设的目标是否包含着建构一种严格、公正、合理的社会制度在内，而这种愈来愈严密的制度会反过来限制、抑制甚至反对个人主体的自由？诸如此类的种种问题，迫使我们重思主体性、重建主体性。主体性没有过时，更没有被消解。所谓主体间性取代了主体性、语言哲学取代了意识哲学的看法，早已被证明是没有道理的。无论是出于延续和深化实践唯物主义的主体性原则，还是采取一个合理的视角对当代中国所遭遇的现代性问题做出哲学思考，都需要进一步推进对主体性问题的哲学研究。按照时间顺序，郭湛老师2002年出版了一本《主体性哲学——人的存在及其意义》（云南人民出版社），我自己在2008年也出版了一本《追寻主体》（社会科学文献出版社），贺来教授2013年出版了一本《"主体性"的当代哲学视域》（北京师范大学出版社），这些著作都对实践唯物主义主张的那种唯物主义的主体性原则做了进一步的思考。这些思考虽然与20世纪80年代相比已经有明显的不同，使得20世纪90年代、21世纪第一个十年所展现出来的主体性更深层次的问题得以被提出来，进入中国马克思主义哲学思考的核心领域，但它们无疑都是实践唯物主义的进一步深化，是在实践唯物主义弘扬的唯物主义主体性精神的基础上生发出来的。那些新的问题，也是在实践唯物主义主体性精神的温室中孵化出来的。

主体性的进一步推进孵化出了一系列需要仔细琢磨和进一步思考的问题。

二、主体性的孵化 I：自然性与社会性的关系

主体性理论的反思表明，实践唯物主义有强烈的人道主义前提，也就是具有明显的主客二分的主体性基本构架。这种前提和构架使得这一理论

所包含的生态思维具有明显的限制。对生产力的更大吁求可能意味着对自然界的不公，这是当时的实践唯物主义不曾意识到的。实践唯物主义是针对辩证唯物主义而来，是由对辩证唯物主义解释模式的某种不满生发而来的。针对辩证唯物主义关于先有自然观上的唯物主义、后有社会历史观上的唯物主义，社会历史观方面的唯物主义是自然观方面的唯物主义的逻辑推广这样的看法，实践唯物主义坚持社会历史观方面的唯物主义对于自然观方面的唯物主义的优先性。这在思想史和理论逻辑上说都是符合事实的。但这种观点也意味着，实践唯物主义似乎认可了社会先于自然、社会高于自然、自然落后于社会历史。在自然观方面坚持唯物主义是初级的唯物主义，而在社会历史观方面达到唯物主义，才是更彻底、更高级的唯物主义。再进一步的推论是，从自然观方面推进唯物主义是初级的，而从社会历史观方面推进唯物主义才是关键和正道。甚至于从自然、本能、意志等方面推进唯物主义是没有作为的、没有前途的，而从经济、政治、社会方面推进唯物主义则大有作为。论者进一步在思想史上找到证据：费尔巴哈属于前者，而马克思属于后者。从今天的观点来看，这样的看法是值得进一步推敲的。至少我们可以说，后来尼采沿着费尔巴哈的路继续向前走，取得了瞩目的成绩。尼采的作为意味着，从自然、本能、意志等方面推进唯物主义，揭示意识形态背后隐藏的孱弱意志、怨恨与报复欲望，以呈现意识形态的自然基础，跟从经济、政治、社会方面推进唯物主义，揭示意识形态背后隐藏的经济基础、政治利益和社会根源，以呈现意识形态的社会经济基础，并不相互排斥，并不相互矛盾，倒是完全可以相互促进。自然落后于社会历史、自然方面的唯物主义低于社会历史方面的唯物主义，这样的传统观点恰好为轻视自然、缺乏生态维度提供了唯物主义的哲理依据。认为生产力就是改造自然的能力，认为自然界本身没有生产物质财富的能力，认为自然本身是被动的、非主体性的，只是为人类社会奠定基础的初级存在，是这种唯物主义理论进一步发展才会呈现出来的隐含逻辑。

从这样的角度看待传统的实践-历史唯物主义所隐含的对统治、开发自然所寄予的无限希望，以及对此的反思和自觉，就会进一步呈现实践唯物主义当初对生态维度的轻视和无意识。霍克海默批评马克思把社会理想建立在把全世界变成大工厂的基础之上。① 阿多诺（亦译"阿多尔诺""阿道尔诺"，除尊重引用著作原译名外，本书行文统一采用通用名"阿多诺"。其他人名有类似情况的同此处理）则接着这一批评继续说，马克思把发展生产力、确立理想社会的物质基础建构在进一步控制整个自然界之上，这时，"他认可了像对自然的绝对控制这样的大资产阶级的纲领"。② 把控制自然说成"资产阶级纲领"也许有些过分，不过阿多诺的意思是，连批判资本主义的马克思都没有看清控制大自然具有的资本主义性质。后来继承马克思的卢卡奇也继续把社会主义的实现跟"自然界限制的退却"内在关联起来，认为社会的不断发展会迫使自然界对人的限制不断退却，这种退却是人的主体性实现的前提条件，即必定"导致了人的人道（社会）本质日益明确地表现出来"③。自然的退却就是"人""人道"的上升；人与自然还是你进我退、你上我下、互为敌人的关系。如此一来，主体性与自然的关系就仍会是矛盾关系。作为主体的人即使不是从内在性中生发出来，也是从社会性中生发出来。不管从何处生发而来，反正人与自然是对立的，社会与自然也是如此。这个思路的必然结果就是，要是从自然角度理解人，就是一条错误的、没有任何前途的路。自然似乎是被动的、等待人们去揭穿奥秘、把握、开发、改造的客体对象，自然是没有主体性的。于是，一切美好的社会成就都是建立在对自然界更大的开发与统治基础上的。这个人道主义前提使得实践唯物主义的本体论根基缺乏深入的挖掘。今天，通过这种挖掘，我们更能认清实践唯物主义所包含的主体性精神，明了主客体对立是实践唯物主义的基本假定。实践唯物主义没有超越反而热烈地拥抱了主客对立的形而上学。一些优秀学者对马克思哲学存在论根基的深入挖掘，对内在论主体的反思与批判，伴随着 20 世纪 90 年代以来很受重视的生存论哲学的扩展，也就是从存在论扩展到认识论、辩证法和历史唯物主义层面，使得实践唯物主义开启的这种主体性

---

① 参见马丁·杰（亦译马丁·杰伊）的分析。他指出："马克思过分强调劳动作为人类自我实现的中心，是其中的一个主要理由，对此霍克海默早在《黄昏》中就提出过质疑。他认为把自然异化为人类剥削的领域，实际上已暗含在把人还原为劳动的动物之中了。如果按照马克思的思路，全部世界将被转换成'大工作车间'。"[（美）马丁·杰伊:《法兰克福学派史》，单世联译，广东人民出版社 1996 年版，第 294 页]

② （德）阿多尔诺:《否定的辩证法》，张峰译，重庆出版社 1993 年版，第 240 页。

③ （匈牙利）卢卡奇:《关于社会存在的本体论》下卷，白锡堃等译，重庆出版社 1993 年版，第 847 页。

哲学变革被推进到更为深入的层面。在这个层面上，更为广泛的论域、更为复杂和麻烦的一系列问题得以呈现出来。由此，对实践唯物主义的推进和反思，需要进一步思考主体性哲学的这种主客对立框架。海德格尔具有强烈的超越主客对立的要求，虽然对于把这个要求原封不动地嫁接到马克思身上是否合身会有不同的看法，但确定无疑的是，反思和推进实践唯物主义理论逻辑，需要全面反思传统的主体性理论，需要思考这样的主客体理论是否符合马克思的自然－社会一体论。

马克思的哲学是在一种统一体中看待自然和社会的关系的。在《德意志意识形态》的草稿中，马克思、恩格斯曾写过这样一句话："历史可以从两方面来考察，可以把它划分为自然史和人类史。但这两方面是不可分割的；只要有人存在，自然史和人类史就彼此相互制约。"① 怎样理解自然史与人类史的统一呢？如果把这种统一解释为自然低级、社会高级，低级的为高级的奠定基础，于是社会历史的发展建立在对自然的改造和统治之基础上，这种解释是否合理？主体性的原则和精神使得自然成为被动的"客体"和"对象"，丧失了主动性。使万物成为主体性的隶属品，使万物按照主体性的要求得到改造和调整，从而成为主体性力量的表现和象征，是这种实践唯物主义的基本内涵吗？实践唯物主义的进一步拓展，是否必须告别这种解释？连带着的另一个观点是，一种根深蒂固的看法认为，在自然方面达到唯物主义是初级的，而在社会历史领域达到唯物主义才是高级的。沿着自然领域推进哲学思考，在自然维度上深入挖掘，是无法推进唯物主义的哲学思考的；只有从社会历史领域进入，在社会历史维度上挖掘，才能推进对唯物主义的哲学思考。作为成功和失败的对比，费尔巴哈和马克思被拿来反复地诉说。显然，费尔巴哈是失败的典型，而马克思是成功的典型。但问题没有这么简单。费尔巴哈被施蒂纳的批判大棍打蒙了，再也没有缓过劲来，未能沿着深入挖掘自然的进路推进唯物主义哲学。费尔巴哈没有马克思的能力和志向，但不能因此否定他从事的这一路向的价值和希望。不难看到，尼采把费尔巴哈似乎走不通的"死路"走活了。通过对本能、欲望、自然的深入挖掘，尼采把很多社会性上很光鲜漂亮的言辞、思想看作心理脆弱、意志薄弱、无能为力的表现，并不像自己标榜的那般肯定。尼采的工作说明了，揭示言辞的社会基础是一种有效

---

① 《马克思恩格斯选集》第1卷，中共中央编译局编译，人民出版社1995年版，第66页脚注②。

的意识形态分析,揭示言辞的本能和自然基础也可以构成一种有效的意识形态分析。从自然和本能入手,跟从经济、社会基础入手,都可以展现一种深刻的意识形态批判力量,都可以拓展一条畅通的路,把对社会历史的分析向前推进。

马克思不同时期对于自然-社会关系的看法也许并不完全一样,不同时期有不同的侧重和视角。对马克思来说,我们所解释的"自然"都成了社会性的了,人们都是从现代社会的角度去看待自然、解释自然。或者说,实际的"自然"成了社会实践的一种产物;而人们对自然的看法势必也具有深厚的社会缘由。人们是从社会实践的角度去对待、看待先是作为实践对象后亦作为实践结果的自然的。作为实践结果的自然,现代社会所自生的自然,马克思非常重视,也构成了马克思自然观的重大贡献。但马克思的成功应该并不排斥从本能、欲望、自然角度拓展的意识形态批判,不排斥费尔巴哈没有做到而尼采取得成功的路径。实践唯物主义是一种开放的唯物主义理论,应该对揭示思想的社会经济基础和揭示思想的本能欲望基础持同样的欢迎态度,对自由与解放所需的一种合理的社会基础建构与一种合理的自然基础建构一样对待。这才是自然与社会统一的本有内涵。

三、主体性的孵化 II:物化论的推进,从人道主义到合理化

异化问题内在于主体性理论之中。"异化"往往被学者们理解为"主客颠倒",主体不成其为自己,失去自己的本质所是,就是异化。当实践唯物主义兴起时,这个概念一度在 20 世纪 80 年代初受到哲学界和文学界的热烈讨论,虽然后来未及深入讨论就戛然而止,但学者们的热情并没有因此消失。的确,在马克思早先使用过的概念中,在当今社会的重要性和使用率不但没有降低,反而有所提升的概念极少,而"异化"就是这样一个概念。按卢卡奇的说法,异化是我们时代的关键问题,也是马克思主义

复兴的重要生长点。① 阿格尔在 70 年代写的《西方马克思主义概论》序言中说："因为异化存在，所以马克思主义存在，而且必然存在。"② 同样的意思也被苏东剧变后的沃勒斯坦说了出来：如果马克思描述的其他所有东西都失效了，只要异化还存在，马克思主义就能存在下去。他至今仍然认为，"正是异化构成了我们时代怨愤的基础"。③ 吉登斯曾说，若说所有写过现代社会中"自我"这一题目的作者共有一个相同主题的话，"那么这个主题便是个体在联系到一个差异性和宽泛的社会世界时所体验到的那种无力的感受。假定在传统的世界中，个体实质上控制着形塑他的生活的许多影响，那么在与此相对立的现代社会中，这种控制已让位于外在的代理机构（agencies）了。正如马克思所认定的，在分析这个问题时，异化（alienation）的概念起了核心的作用"④。显然，对于这个有着如此重要当代价值的马克思主义概念，中国学界的研究仍有很大的施展空间。世纪之交以来，对它的研究重新以颇为学理化的形式开启。有的论者指出，"异化"这一术语存在不清晰、神秘、模糊之处。辜正坤在《读书》1999 年第 8 期谈论术语翻译的文章中，特意讨论了这个术语。他认为这个术语的德文 entfremdung 译自英文 alienation，而且在英文中它具有"把财产权让渡给他人""权利转让"之意；他主张这个词的含义是主客易位或颠倒，这样翻译就可以防止这个词让人感到别扭、神秘和深不可测了。⑤ 王若水在《读书》2000 年第 7 期著文《异化——这个译名》与辜正坤商榷。他认为辜正坤把英文与德文的关系恰好搞反了：这个词的英文译自德文，而且它也不能翻译为主客易位。因为除了主体变成了客体含义之外，它还有人受到社会关系的扭曲而使人失去自己的本质之义，即与自己分离、使自己异样化了、使自己不成其为自己的含义。⑥ 侯才教授也在《哲学研究》2001 年第 10 期著文做了进一步的补充：他进一步讨论了"异化"德文词

---

① 参见（匈牙利）卢卡奇：《关于社会存在的本体论》下卷，白锡堃等译，重庆出版社 1993 年版，第 786 页。
② （加拿大）本·阿格尔：《西方马克思主义概论》，慎之等译，中国人民大学出版社 1991 年版，第 1 页。
③ （美）伊曼纽尔·沃勒斯坦：《苏联东欧剧变之后的马克思主义》，俞可平主编：《全球化时代的"马克思主义"》，中央编译出版社 1998 年版，第 24 页。
④ （英）安东尼·吉登斯：《现代性与自我认同》，赵旭东等译，生活·读书·新知三联书店 1998 年版，第 225 页。
⑤ 辜正坤：《外来术语翻译与中国学术问题》，《读书》1999 年第 8 期。
⑥ 王若水：《异化——这个译名》，《读书》2000 年第 7 期。

的拉丁文词源、马克思早期对这个词的使用,以及赫斯对马克思的影响,等等。还有的研究者认为,entfremdung 应该翻译为"疏远化",表示与某种原来认为合理的东西疏远了、分开了、分裂了,或者"陌生化"。① 还值得关注的是,在西方,信奉马克思主义的学者越来越明显地来自社会上层,而不是社会下层。马克思主义的话语、兴奋点越来越与精英们的感受和性情相关。对于上层人物来说,"异化"的感受有增无减。社会上层感受到的"异化"与马克思在《1844 年经济学-哲学手稿》中讨论的工人阶级的"异化劳动"具有很不一样的特点和内容。所以,我在 2004 年发表的《异化:一种概念批判》一文中谈到:在"异化"这个名目之下,一并寄存着不同社会层面的人所分别具有的众多不同的、难以名状的感受和希望。以前我们对此没有给予足够清晰的分析鉴别,没有剖析其中哪些具有合理性,哪些是虚妄的。所以,它们在未经审查、一概具有了合法性生存之许可证的前提下混杂地结合在一起,并在此基础上不断地发起对现代社会的反击和批判。但实际上,从不同阶层感受的异化是不同的,从不同层面上的异化出发对现代社会的批判是不相同的,不能一概而论。②

新世纪以来,对异化问题的重新研究逐渐改变了原来流传的一些不符合事实的看法。首先,成熟时期的马克思其实一直在使用"异化"(entfremdung)概念,并不像先前国内学界一直流传的那样已经放弃了异化理论,并视"异化"为"过时的概念"。M. 考林教授和俞吾金教授早就分别在《成熟时期的马克思的异化观》③、《从"道德评价优先"到"历史评价优先"》④ 等文中指出了这一点。其次,"异化"在成熟时期马克思的理论中不再是一个纯粹的贬义词,而是含有一种历史性的肯定,具有复杂的意蕴。特别是学者们对作为一种具体的"异化"的"物化"进行了更加深入的研究。

研究表明,马克思使用的"物化"范畴至少有两个:Verdinglichung(物化)和 Versachlichung(事化、物象化)。这两个概念在《马克思恩格斯全集》中文第 1 版、第 2 版中都被不加区别地翻译为"物化",第 1 版

---

① 侯才:《有关异化概念的几点辨析》,《哲学研究》2001 年第 10 期。
② 刘森林:《异化:一种概念批判》,赵敦华主编:《哲学门》第 5 卷第 1 册,湖北教育出版社 2004 年版,第 59~74 页,特别是第 59 页。
③ (英)M. 考林:《成熟时期的马克思的异化观》,《当代国外马克思主义评论》第二辑,复旦大学出版社 2001 年版。
④ 俞吾金:《从"道德评价优先"到"历史评价优先"》,《中国社会科学》2003 年第 2 期。

甚至还把 Vergegenstaendlichung（对象化）也翻译为"物化"。Verdinglichung 仍然是当代社会批判理论使用的"物化"概念，具有明显的批判性意蕴。而 Versachlichung 经马克斯·韦伯和其他社会理论家的中转之后，在第二次世界大战之后已基本丧失了批判性意味，成了一个标示现代社会法理化统治类型、与效率的提高和公平的提升内在相关的中性词。回到马克思《资本论》的文本，可以发现，韦伯赋予 Versachlichung 的这个含义，其实早就在马克思那里存在着。马克思把 Versachlichung 视为三大社会形态之第二形态中的一种独特现象：在这一形态中，"人"由有形有状的物质财富之"物"和无形无状的社会关系之"物"所表征，人与人之间的关系也是由物与物之间的关系来表征。除去"物"，"人"难以标识自己。而且，一种意味着客观化、标准化、程序化、法制化、形式化、抽象化、精确化、自动化等多重含义的"物象化"（Versachlichung）通过提高效率与公平而有利于"人"的进步，有利于自由和解放的进一步推进。所以，针对"人的依赖关系"、生产力低下的社会，"以物的依赖性为基础的人的独立性"这第二大形式的社会显然是进步的。因为只有"在这种形式下，才形成普遍的社会物质变换、全面的关系、多方面的需求以及全面的能力的体系。建立在个人全面发展和他们共同的、社会的生产能力成为从属于他们的社会财富这一基础上的自由个性，是第三个阶段。第二个阶段为第三个阶段创造条件"①。也就是说，物化、物象化的生产关系所造就的生产力是自由和解放的物质基础。只有在此基础上，自由与解放才成为可能。

这样一来，如果说 20 世纪 80 年代人们提倡的主体性精神的目标就是建构一个象征着高效率、高公平的社会主义新制度的话，那么，至少会产生两个新的麻烦问题：其一，既然建构这样一种制度才是有效、长期防止践踏人的尊严和人格的根本所在，那 30 年前被人们认为是负面现象的"物化""物象化"现在就有了积极的正面含义。说得更直白一些，"文化大革命"中对人的迫害和不尊重，不是由于"物化""异化"造成的，反而是制度建构还不够合理化、不够"物象化"（Versachlichung）造成的！这可能是当初吁求人道主义、主体性的人们没有想到的结论。其二，疏而不漏的制度跟注重个体的主体性精神之间会产生一定的冲突和张力。韦伯针对合理化制度带来的"自由的铁笼"有所保留，卡夫卡更极致地判定这

---

① 参见《马克思恩格斯全集》第 30 卷，人民出版社 1995 年，第 107~108 页。

种制度扼杀个性、人格、尊严，这些论述会令 20 世纪 80 年代主体性精神的提倡者和 90 年代制度论的提倡者们心境复杂，因为他们当初不管是在吁求颇具个体性色彩的主体性精神时，还是在吁求严密、合理的制度保障时，根本就没有想到这一结果。这是主体性理论的某种尴尬，是理论内在张力的表现。主体性理论的进一步深化，会释放出它内在蕴含着的诸多问题、张力、冲突和多面性，使当初我们对主体性的理想显得单纯、简单、不够厚重和深入。

四、主体性的孵化 Ⅲ：崇高价值的陨落，虚无主义与形而上学

"实践是检验真理的唯一标准"凸现了实践的地位，不可避免地造成了自称真理的那些理论的地位的降低，特别是面对被视为僵化的理论之时，"实践"就更耀武扬威了。接续着这一精神，为现代化建设实践拓展道路的实践唯物主义，不免也成为致使"实践"染上浓烈的感觉论、试错论色彩的推动因素——它对当下、现实、经济、世俗的东西推崇备至，而对崇高、神圣、理想、形而上存在抱有天生的怀疑和不信任。沿着这样的逻辑，实践唯物主义所蕴含的道德、价值、文化维度难免不受到冲击，甚至日渐式微。随着主体性主要介入经济改革和建设之中，日益被追求自我利益最大化的经济理性绑架，形成了主要在经济生产意义上注释"主体性"和"实践"的新倾向。经济学家樊纲适时地指出，新的时代需要经济学和伦理学的分离，经济应该摆脱伦理的藩篱而径自发展；这种摆脱肯定是一种解放和进步，不值得担忧反而值得大力提倡。按照这种理解，原来与伦理学不可分割的经济学如今应该与伦理学分离了；人文色彩很强的政治经济学应该成为日益与自然科学靠拢的经济学；原来与道德须臾不可分的政治经济学应变成不讲道德的经济学。在改革开放中逐渐具备"帝国主义"风范的经济学，其主流已经日益偏向一种经济与道德的分离论。樊纲从 20 世纪 80 年代末开始就主张经济学不应该谈道德。他在 1989 年第 2 期的《读书》杂志上发表了《经济学不是道德说教》的文章；大约 10 年后在该刊 1998 年第 6 期上又发表了《"不道德"的经济学》的论文，力主经济不必讲道德。他认为经济学本身不谈道德是因为：首先，它不对一

种（任何一种）价值观的好坏做出评价；其次，它不研究各种道德观形成的历史，虽然不排除经济学把道德规范作为一个经济过程的"副产品"来看待；最后，经济学本身不研究如何改变道德规范。他的意思是：道德是道德学家的事，不是经济学家的事。借此，他轻描淡写地就把经济行为的社会道德效果问题推给道德学家，似乎经济学根本不必考虑道德问题，经济发展也不必顾忌道德约束和道德代价，道德问题仅仅是道德学家的事。由于道德问题显然无法跟占据中心地位的经济建设问题相提并论，它即使不是个无关宏旨的"小事"，也至多是一个次要的、推后才值得考虑的事情而已。只是由于社会分工不同、职业分工不同，经济学不去做其他学科所做的事情罢了。虽然他也明白，经济学这样做也是摆脱不了一种起码的道德前提，即接受了性本恶的假定："经济学把自己的任务定在如何在假定'性本恶'的前提下设计出经济体制、经济政策，以使经济运行取得较好的成果。"① 这就是卢卡奇在《历史与阶级意识》里讽刺的所谓"专门化大师"的典型逻辑：通过分门别类、专门化，把问题外推出去，推出自己所在的专门领域，视而不见了事。② "专门化大师"们把自己封闭起来，眼睛只盯着自己所在的狭小范围，不看外面，然后自己获得好处，进而获得正当性，而把问题和麻烦踢给其他学科、其他人。这种逻辑再借助于经济学帝国主义的氛围和气势，效果得以迅速扩大。

在这种情况下，主体性不能不起到一种自欺和遮蔽的作用。自己就是主体，主体视域就是合理的视域。这是把主体个体化带来的不利后果。随着共同体价值的式微，随着中国社会的日益发达，个人主义也日趋强化，个体主体性给很多个体和部门利益的辩护者送去了他们急需的逻辑，甚至准备了急需的辩护词。这方面最大的问题就是图海纳所说的"逆现代化"：社会越来越呈现为一种被经济－技术层面左右，而文化层面被蚕食的局面。文化要么以大众化形式融在经济－技术体系之中，要么以坚持独立性的形式苦苦寻觅存在空间并与经济－技术体系脱离和冲突。经济势力、经济自主权的扩大及其对其他领域的扩张使得社会越来越被经济逻辑支配，"经济政策取代了宪法，成为公共生活的中心原则"。③ 公共生活领域越来

---

① 参见樊纲：《"不道德"的经济学》，《读书》1998年第6期，第52～53页。
② 参见（匈牙利）卢卡奇：《历史与阶级意识》，杜章智、任立、燕宏远译，商务印书馆1995年版，第154～168页，特别是163页。
③ （法）阿兰·图海纳：《我们能否共同生存？》，狄玉明、李平沤译，商务印书馆2003年版，第33页。

越成为经济人逻辑的天下。经济－技术文化对人文文化的冲击与取代势必造成虚无主义。虚无主义就是基于对人文价值遭受击破和消解的忧虑而提出的哲学难题,其突出表现是:现代化在经济－技术层面的成功伴随着甚至促成着文化、道德、价值层面的衰落。列维·施特劳斯所说的德国虚无主义问题就是这么来的,就是指在经济－技术层面接受西方现代化,而在精神、价值、道德层面不接受西方现代化的这种后果。中国学术界20世纪末关于道德滑坡的讨论和21世纪初关于人文精神的讨论,就是这种忧虑的思想表达。

从哲学上说,虚无主义与近代主体性精神密不可分。笛卡尔的我思主体是一个与一切他性存在都切断联系的孤独个体,一个只能从自己的内在性中用力把自己做大做强的主体。只有在他进行理性之思时,他才能获得无可怀疑的确定性。这个我思主体恰恰来自古代虚无主义代表的诺斯替主义精神:曾是作为古代诺斯替教的摩尼教教徒的奥古斯丁,把人的奥秘所在定格在内在的灵性上。有灵性的人与低俗的外在世界格格不入,所以人之为人只能向内用功,把自己内在的灵明呈现发挥出来才是。这种内在性形而上学是支撑现代虚无主义的第一种形而上学。

中世纪晚期兴起的司格脱主义和奥康主义则锻造了另一种支撑现代虚无主义的形而上学:所有存在物都是个体性的。个体自足完满,个体都分有或包含着整体的本质,因而无须考察整体,只需考察个体就足以把握事物的本质。虽然这种个体形而上学诞生时还有浓重的共同体存在,即使是在很早就具有个人主义色彩的英国也是如此,但这种个体形而上学随着现代社会发展过程中日益强化的个体自足自立性和日益消解的共同体精神而不断强化,使得当代个人主义跟共同体主义不再结合而是发生断裂。内在性形而上学与个体性形而上学的结合,使得内在、孤独的个体世界日益成为每个人唯一有确切性、有意义、值得信赖和依靠的世界。一方面,内在性是人之为人的奥秘所在。这种内在性赋予人以无限的、自由的创造性。作为具有这种本质的主体,人具有非固定性的、向着不同文化开创的自由发展可能性敞开的巨大空间。施密特一针见血地指出:"在这一信念中,人的'动态的'创造力是以虚无为代价的。"① 另一方面,个体只相信自我,个人主体至上必然导致的结局就是一种相对主义。外在的神坍塌与消

---

① (德) A. 施密特:《现代与柏拉图》,郑辟瑞、朱清华译,上海书店出版社2009年版,第98~99页。

解了，内在的自我又各不相同。自己认可的价值只有对自己才是富有意义的，不必被他人认同。再加上在启蒙运动的背景下，个人主义、内在性与启蒙理性的结合，势必造就一个个的理性主体，这样的理性主体除了相信自己，除了相信经过自己理性思考的东西，别的什么也不相信。个体即使有内在的崇高价值信奉，也很可能各不相同；何况启蒙运动使得这种崇高价值很难经得起理性的质疑和推敲。所以，市场经济的发展，现代社会的驱动，使得实践唯物主义推动的中国现代社会建构没有像西方社会那样经过较长时期的发展才遭遇到信仰危机、崇高价值陨落的虚无主义问题。在中国现代化并不甚发达的背景下，现代性就发达起来了。道德滑坡、人文精神失落的讨论，早早就印证了这一点。

在尼采看来，仅仅是这样的逻辑还不足以孕育出大面积的虚无主义来。虚无主义的现代发生，还与柏拉图主义和原始基督教所共同塑造的另一种形而上学直接相关。这就是把现实所示的一切都视为虚幻的、不可靠的、非本质的、非真实的，而把一种简单归纳或向往、想象出来的一种世界视为永恒的、本质的、超验的真实世界。真实世界存在于现象世界的背后，决定、利用着现象世界。本质世界全由真、善、美等一切美好的东西组成，现象世界的一切最终都流向它、归于它。只要时刻想着，时刻放在自己心中，时刻为之努力和倾心，我们就能最后进入这个世界，就会被这个美好的世界所接纳、所同化。尽管这个形而上学世界的构建异常简单，尽管这是某种阿Q精神的变种，尽管这就像恋爱中的单相思那样不可靠，但尼采认为，苏格拉底之死驱使柏拉图发明的这种应对庸众和当局的哲学柏拉图主义，以及原始基督徒由于生活的失败、基于心灵自救发明的对上帝以及它代表的形而上学上帝之国的信奉，堂而皇之地成为西方社会流传两千年的文化传统。在哲学上如此简单，如此经不起推敲的简单形而上学，塑造了西方历史上根深蒂固的虚无主义。虚无主义就是基于这种简单形而上学所建构起来的，因而是虚幻的超验世界的坍塌与陨落。寄宿于那个简单形而上学王国中的真实与崇高，本来就是虚幻的、不真实的、虚假的崇高。所以，它的坍塌也是一种历史结束的寿终正寝，是自然事件。麻烦的是，本来是发生在西方社会的这种东西，却正在随着西方现代化而传遍全世界，也早已扎根于中国，成为我们不得不认真面对的麻烦问题。内在性形而上学、个体论形而上学、柏拉图主义的形而上学，这三种来自西方的形而上学伴随着现代化侵入中国。这恐怕是反形而上学的实践唯物主义始料未及的。遗憾的是，实践唯物主义恐怕没有明确反对第一、第二种形而上学；而对第三种形而上学，即使要去反对，也由于市民文化、大众文化的日益流行，由于崇尚感觉、敌视崇高和玄思的风尚，而不会把它视为问题，反而当作给生活带来轻松的东西了。何况，中国还有自己的形而上学传统。或者说，任何文化都会有自己的形而上学——这就是柯林伍德所说的那种作为每种文化预设前提，也就是不加怀疑的基本前提的形而上学。这是任何文化都避免不了的、正面意义上的"形而上学"。

实践唯物主义具有强烈的反形而上学意味。由于上述"形而上学"一词的多种意味，这样对多种"形而上学"的区分就显示出，实践唯物主义并不反对一切形而上学，而是采纳、拥护了某些类型的"形而上学"，或者不加思考、未予批判地接纳了某些类型的"形而上学"，对某些"形而上学"不予理睬，却对另一些需要认真思考和对待的"形而上学"一概否定，这一点现在迫切需要重思，多重意义上的形而上学需要实践唯物主义及其后继者认真对待！导致虚无主义的形而上学和遏制虚无主义的形而上学需要区别开来：前者是马克思与尼采批评的传统形而上学，后者是作为文化基本前提假定的形而上学，也是标识超越性倾向的形而上学。有的"形而上学"需要革除和超越，有的"形而上学"则需要重建。最近俞宣孟发表了一篇《将形而上学进行到底》的好文章。文章把"形而上学"理解为人对自己不断超越的倾向，认为自觉地转换自身生存状态就是形而上学的原本含义。西方传统形而上学超越经验的特点日益暴露出其缺陷，需要重思、重建。文章特别强调，中国传统形而上学"在全域与局部的关系中对全域的倚重，在长远与眼前的关系中对长远的照应，在义与利的关系中对义的强调，这个上上下下地转换自己状态的过程，就是形而上学的活动"。西方传统形而上学的终结，呼唤新的形而上学的启动。"西方传统的形而上学终止了，新的形而上学必将繁荣起来。"① 这应该是非常适时的、推进实践唯物主义思考的好见地。

不管当时是否意识到，实践唯物主义蕴含着上述进一步拓展所分化出的一系列问题。它们是实践唯物主义的推进，还是实践唯物主义的转化？无论如何，它们与实践唯物主义是密不可分的，是实践唯物主义中内在蕴含着的，是实践唯物主义进一步推进所必然昭示出来的，是现代性本质中的东西。实践唯物主义希求现代化，必然遭遇到现代性。中国的现代化、

---

① 参阅俞宣孟：《将形而上学进行到底》，《南国学术》2014 年第 2 期，第 57～70 页，特别是第 57 页。

现代性使得实践唯物主义在历史上既懋功卓著，又进一步分化。随着这种分化，一系列新的问题得以逐渐凸现。继承实践唯物主义精神的哲学探索，必须紧盯着这些问题，继续追究这些问题。可以说，实践唯物主义孕育了改革开放以来中国的马克思主义哲学。30多年来中国马克思主义哲学的发展，是对实践唯物主义内含着的诸问题的进一步求解。

第一层次　反思"自然历史过程"

第一章 超越"自然历史过程"
——初论重新理解社会发展的"自然历史过程"

把社会经济形态的发展理解为一种自然历史过程,是历史唯物主义的一个基本观点。这个观点是马克思在1867年出版的德文版《资本论》第一卷第一版序言中表述的。他说,"社会经济形态的发展是一种自然历史过程"(die Entwicklung der ökonomischen Gesellschaftsformation als einen naturgeschichtlichen Prozess auffasst①)。而在经马克思亲自修订、1872年开始出版的法文版《资本论》第一卷中,这段话改为,"社会经济形态的发展同自然的进程和自然的历史是相似的"(d'après lequel le développement de la formation économique de la société est assimilable à la marche de la nature et à son histoire②)。如何理解马克思表述的这个思想,如何理解马克思所做的这个改变呢?

《哲学研究》1989年第2期发表了陈志良、杨耕两同志关于重新理解社会发展的"自然历史过程"的文章《重新理解社会发展的"自然历史过程"》,该文首次消除了把"自然历史过程"与社会历史过程等同起来的历史性误解,力图还"自然历史过程"理论以本来面貌。在复原这一本来面貌时,作者认为,"自然历史过程"原本意指"自然界联系形式多样化的过程",具体说来便是动植物在其自组织地进化中器官不断多样化的过程。从生物器官多样化类比"社会器官多样化"再类推到历史发展道路多样化,似乎就是马克思所谓"社会经济形态的发展可理解为一个自然史

---

① *Karl Marx, Friedrich Emgels Gesamtausgabe* (MEGA), Zweite Abteilung, "Das Kapital" und Vorarbeiten, Band 5, Dietz Verlag Berlin, 1983, S. 14.

② *Karl Marx, Friedrich Emgels Gesamtausgabe* (MEGA), Zweite Abteilung, "Das Kapital" und Vorarbeiten, Band 7, Dietz Verlag Berlin, 1989, S. 14.

过程"的本质内涵。在充分肯定该文开创性贡献的同时，对该文的结论我有不同的看法。我认为，社会发展的"自然历史过程"理论集中凝聚着马克思的历史过程观，对此应该从马克思哲学的广阔背景中去追究其本质。

一、"自然历史过程"的本质内涵

关于"自然历史过程"的本质内涵，现在有多种解释。我们的教科书一般解说为"社会同自然界一样也是有客观规律的发展过程"。A. 施密特认为，"马克思把'社会经济形态的发展'当作一种'自然历史过程'来对待，这意味着他从严格的必然性来看待历史过程"①。这两种解释都是从性质上以社会类比自然，从历史规律、历史必然性与自然规律、自然必然性各自特性的相似上推衍自然史与社会史的类同。陈志良和杨耕的文章则是在内容上、在动植物器官多样化与社会人的器官多样化的内容类同上寻求这种相似并确立"自然历史过程"的内涵。不管是立意于内容还是性质，其方法论都是将社会历史与自然历史两个分割开来的系统序列直接类比，以自然史为基准或参考系，即从自然出发去寻找社会史与自然史的一致，而这与马克思的看法不能说是一致的。

马克思是以哲学的眼光而不是自然科学的眼光来看待自然的。在其哲学中，"自然—人—社会"是一个不可分割的系统存在体，对自然及其历史的理解只有在自然与人、自然与社会的关系网络中才有哲学意义。"抽象的、孤立的、与人分离的自然界，对人说来也是无"，并因而"没有价值"；只有"在人类历史——人类社会的产生活动——中生成着的自然界是人的现实的自然界"。② 我们注意到，首先，生物进化史不等于自然进化史。在 19 世纪，自然科学的两大成就——经典热力学和生物进化论对自然进化的描述是存在矛盾的，一向谨慎的马克思不会以后者的进化模式作为自然进化模式并又以此类推社会进化。其次，马克思对达尔文进化论

---

① （德）A. 施密特：《马克思的自然概念》，欧力同、吴仲昉译，商务印书馆 1988 年版，第 36 页。

② 参见马克思：《1844 年经济学－哲学手稿》，刘丕坤译，人民出版社 1979 年版，第 131、81 页。

的评价是有分寸的。一开始，达尔文理论被当作"历史上的阶级斗争的自然科学依据"，所谓"他为我们的观点提供了自然史的基础"，①含义仅在于此。在1862年重读了达尔文著作后，马克思开始对达尔文理论的马尔萨斯色彩感到好笑②；它"赞颂点滴纠正，憎恶通盘改换"的非辩证性与马克思的辩证法也绝不一致；按现代进化理论，"动态系统从来不是平滑地、连续性地进化。而是按较突然的跃迁和爆发的方式进化"③。可恰恰在这一点上马克思与达尔文是相对立的。应该看到，当马克思自己说"他（马克思——引者）只是在社会关系方面揭示出达尔文在自然史方面所确立的同一个逐渐变革的过程"时，他是在提供一种"欺骗士瓦莱的迈尔……的方法"④。后来，恩格斯——他对达尔文的赞扬大大超过了马克思，甚至将马克思的第一个伟大发现与达尔文进化论相提并论，可在没有确证他与马克思在此问题上的见解完全一致的情况下，我们不能把他的观点当作分析马克思的论据——在他撰写的评论《资本论》的文章中重复了这一观点，并在一系列论著中对此大加拓展。显然，这完全不能算作可以用达尔文所反映的自然史类推出马克思历史观的论据。

在这种情况下，设想马克思以自然界的历史的内容类比社会史的内容或特质，不能不说是一个逻辑难题。而且，按照马克思观察历史"向后思索"的哲学方法论——"我们只有站在现在的顶峰才能解释过去"，立足于社会历史观察自然而不是以自然史比附社会史才成为可能。事实上，马克思不是先得出"自然史过程"的内涵，然后以此类比社会史，而是相反，他已经理解了的社会史与达尔文后来所揭示的生物进化过程存在着某些可比的类似性，如阶级斗争与生存竞争、社会工艺史与自然工艺史等。但是，马克思是在哲学视野中看待这些类似的，也是从哲学出发寻找这些类似的，甚至于，他的表述也完全是哲学语言。

既然不能从自然史出发类比社会史，那么，马克思所谓社会发展的"自然历史过程"的内涵是什么呢？从这句话上下文的衔接中，我们不难找到答案。

在法汉译本中，马克思的原话是："不过这里涉及的人，只是经济范

---

① 《马克思恩格斯全集》第30卷，人民出版社1975年版，第574、131页。
② 《马克思恩格斯全集》第30卷，人民出版社1975年版，第251页。
③ （美）拉兹洛：《进化——广义综合理论》，闵家胤译，社会科学文献出版社1988年版，第43页。
④ 《马克思恩格斯全集》第30卷，人民出版社1971年版，第410、411页。

畴的人格化，是一定的阶级关系和利益的承担者。我的观点是：社会经济形态的发展同自然的进程和自然的历史是相似的。不管个人怎样超脱各种关系，他在社会意义上总是这些关系的产物。同其他任何观点比起来，我的观点是更不能要个人对这些关系负责的。"① 显然，前后文都在强调社会史是无人格的自在拓展，人是被社会关系网络罩住的社会动物，社会发展则是凭社会关系群以外在于人的形式——人类不能占有和控制的形式自在或自发的运行过程。首先，在这里，马克思是在社会与人的关系系统中规范社会史的。就社会发展与人的关系说来，历史表现为人格的自在性拓展。这种性质在自然史中也表现于自然与人的关系中。在各自与人类的关系方面，自然史与社会史是相似的。这也说明，马克思是在以人为中心的"自然—人—社会"系统中规范自然、规范社会的。其次，社会史与自然史的这种类似只能是性质上的类似。就内容来说，到那时为止，与人相关的自然的进化即便不是完全自然的，也只是受到人的外在影响，大规模地改变自然的内在结构还不能做到。但是，社会史却内在包含着人的作用，其自在性是众多个体活动总体结果上的特性。这是具有本质区别的。最后，如果我们在这里用社会生产器官的多样化这一内涵来规范"自然史进程"，显然与上下文不相符。在同一理论内容（社会史是外在于人的自在拓展）的上下文之间突然横出上述论点实在令人费解。

这样，我们就获得了"自然历史过程"的本质内涵：它既不是指社会规律与自然规律客观性的类同，也不是指社会发展遵循绝对必然性；不是指自然史与社会史在自组织的多样化这一内涵上的类同，而是指社会史总体结果上的非主体性，人类主体对社会客体运行的非调控性，即社会史的自在性、盲目性和无计划性。历史主体与社会客体的关系给社会史规定的这一特性俨然类似于主体与自然客体的关系给自然史规定的特性。这一特性使社会史在总体结果上表现为不依赖于主体的自觉参与活动即外在于个体参与实践的自在性过程，如马克思所谓"整个历史进程——指重大事件——到现在为止都是不知不觉地完成的"②。这是因为，存在于社会群体组合中的那种以生产力为基础的社会关系系统在社会史的拓展中起着至关重要的作用，被不发达的生产力所驱动、受各种社会关系所束缚的历史主体，虽然从个体角度看其参与性实践带有自觉性、目的性和计划性，但这

---

① 马克思：《资本论》，法汉译本，中国社会科学出版社1983年版，第4页。
② 《马克思恩格斯〈资本论〉书信集》，人民出版社1976年版，第574页。

种特性在总体结果中却被制度、社会关系和不可超脱的客观力量制约而成为一种盲目性、自发性、与原本目的不一致的非目的性。于是，社会史的运行就像自然史的运行——两者在人面前获得了统一，社会则成了卢卡奇和施密特所谓的"第二自然界"。社会发展不能由主体自己调整、控制，一种外在的关系和力量成了控制、创造这种结果的有力因素。这种"社会联系的各种形式，对个人说来，才表现为只是达到他私人目的的手段，才表现为外在的必然性"①，"表现为对于个人随意性起压倒作用的自然规律"②。这种状况在以物的关系取代了自然血缘关系和统治服从关系的资本制度中达到了历史的顶峰。在其中，"产品一经完成，生产者对产品的关系就是一种外在的关系，产品回到主体，取决于主体对其他个人的关系"③。这种关系成了控制和压抑作为主体的人的外在必然性力量，它对人独立化、自在化、物化了，"因此，在这些生产者看来，他们本身的社会运动具有物的运动形式。不是他们控制这一运动，而是他们受这一运动控制"④。作为控制器的社会关系"仿佛是一种自然关系，存在于个人之外并且不以个人为转移"，于是，社会客观关系和"不依赖于个人而存在"的运动过程及其条件"却表现为似乎是自然条件，即不受个人控制的条件"。⑤显然，在马克思那儿，作为规定和修饰社会历史现象的定语的"自然"意即社会历史不能由其主体控制、管理、计划、监督和调整，亦即社会历史运动对其参与主体的客观外在性、强迫性、神秘性。

由此便可得出结论："自然历史过程"理论的理论前提与其说是马克思对自然的看法，倒不如说是其异化观。历史发展的自然性之最终根源就是历史主体与其创造的社会财富（生产力、社会组织、社会联系、文化等）的分离，是后者从前者那儿获得独立性的异化。所以，"自然历史过程"理论的基本内涵是马克思早在阅读达尔文《物种起源》之前就已形成了的，这一理论产生的基础是马克思对历史特别是资本主义社会的研究成果，而不是把否定飞跃的达尔文进化论所反映的非辩证自然史观用于说明社会史的基本特质。

不能不看到，马克思对异化引起的"自然历史过程"现象是持有强烈

---

① 《马克思恩格斯全集》第30卷，人民出版社1995年版，第25页。
② 《马克思恩格斯全集》第46卷，人民出版社2003年版，第998页。
③ 《马克思恩格斯全集》第30卷，人民出版社1995年版，第35页。
④ 马克思：《资本论》，法汉译本，中国社会科学出版社1983年版，第54页。
⑤ 《马克思恩格斯全集》第30卷，人民出版社1995年版，第108、113页。

批判态度的。他反对哲学认同这种历史现实。A. 施密特曾正确地注意到马克思的这一观点"具有如下批判的意义的：人被包括在使自己得以实现的现实条件的总体之下，而这总体是人不能驾驭的、与'第二'自然的人相对立的"①。只要"现实条件的总体"作为人不能占有的外在物未被历史主体所占有，人就不能从"自然历史过程"中解放出来——对它的占有正是马克思哲学的最高价值。在哲学没有实现这一理想之前，其重要任务就在于以此为标准尺度对这一历史状态进行批判（性分析）。在探讨马克思的"自然历史过程"理论时，我们不能忘记其批判性前提。这一前提表明：它只是反映了一种不合主体价值因而应予结束的历史状态。陈述这一种历史状态并不等于弘扬反映这一状态的"自然历史过程"理论。换言之，这一理论的适用范围就是到资本主义为止的一切历史。即至资本主义为止，人类仍远"处于人类社会实行自觉改造以前的历史时期"②。按马克思当时的话说就是："在所有这一切发展中，并没有显示出自愿的、根据相互的协议而发生的变动的任何迹象。"③依照马克思的价值理想，由无产阶级建立的、充分占有发达的社会生产力和社会关系的新社会将不再隶属于"自然历史过程"，那时，"社会化的人，联合起来的生产者，将合理地调节他们和自然之间的物质变换，把它置于他们的共同控制之下，而不让它作为一种盲目的力量来统治自己"。④

二、超越"自然历史过程"

既然"自然历史过程"理论带有批判性，它所陈述的内容与马克思哲学弘扬的主体性精神就是矛盾的；既然这一理论仅仅反映了一种与马克思哲学的价值理想相矛盾的历史事实，那么，这种历史事实就应该被超越。马克思很早便把哲学的功能规定为塑造更为合理的人类存在。其哲学因而尤其注重探寻能够完成超越不合理历史状态的社会因素和主体力量。值得

---

① （德）A. 施密特：《马克思的自然概念》，欧力同、吴仲昉译，商务印书馆1988年版，第206~207页。
② 《马克思恩格斯全集》第46卷，人民出版社2003年版，第103页。
③ 《马克思恩格斯全集》第30卷，人民出版社1995年版，第15页。
④ 《马克思恩格斯全集》第46卷，人民出版社2003年版，第928页。

注意的是，超越资本主义的历史过程正是结束社会发展的"自然历史过程"的伊始。因为，这一超越是建立在对发达的社会财富全面占有这一基础之上的主体性过程，是充分认清社会历史的主导性趋势（即历史规律）的历史主体凭借自己代表的发达的生产力和先进的社会条件，利用随机呈现出的有利历史机会，自觉而能动地为人类选择合理化社会的过程，是在自觉塑造出的价值理想支配下，由高级决策集团、宣传组织集团、各级指挥集团和具体实施集团组成的历史主体系统充分发挥能动性的过程，是自觉性、计划性、选择性在其中发挥巨大功能的过程，而不能再是新的社会联系自身"自然而然地"发展起来的过程。所以，"全面发展的个人——他们的社会关系作为他们自己的共同的关系，也是服从于他们自己的共同的控制的——不是自然的产物，而是历史的产物"[①]。新社会的诞生史绝不能再是"自然史"，而是真正的人类史。

历史正处在从"自然史过程"向真正"人类史过程"转折的时代，反映时代精神的哲学在内容和功能上也面临转折和超越。旧哲学只理论地探寻存在（的既有本质），认同历史自然自在地进化而不自觉参与存在的进化，新哲学却要实践地塑造存在的未来本质，以突破和超越"自然史进程"的方式将被击碎的历史残片以合乎主体价值的结构形式予以重组。为此必须把哲学的时间向度从"现实→历史"调为"现实→未来"，哲学探究历史存在，也只是为了结束和改造历史。

于是，社会史行程在马克思那儿就逻辑地分割为资本主义及其前史——"自然史过程"和资本主义后史——"人类史过程"两大时间系列。在历史主客体关系方面，这两大系列的性质是存在质的差异的。在"自然史过程"中，历史主体性遭到贬损，历史客体对历史主体的给予性远大于主体对客体的给予性，而其演化是以自然方式进行的历史客体系统的自我组织。其发展机制和其中主体不可事前自觉影响、只可事后认知的必然性规律对历史主体都体现着一种外在的神秘性。要超越社会的"自然史进程"，必须去除这种神秘性。

第一，社会的"自然史过程"是如何发生的呢？从个体活动的自觉性、计划性、可控性到历史总体结果上的盲目性、反目的性、非控性，从个体活动的可知性到总体结果的神秘性，中间经历了一个复杂过程，其机制需要深入说明。简单地说，这种机制就是异化产生和运行的机制。它可

[①] 《马克思恩格斯全集》第 30 卷，人民出版社 1995 年版，第 112 页。

以从客体自身及客体与主体认知的关系两方面予以探究。就历史客体方面说来，存在于群体组合中的客观关系和力量在取得稳定性之后，就会取得一定规则，历史活动的总体运行就自然而然地按规则合"规律"地进行；并且，活动区域离主体愈遥远，这种合"规律"性就愈明显。资本体系的运行就是这样，在其中，"只要现状的基础即作为现状的基础的关系的不断再生产，随着时间的推移，取得了有规则的和有秩序的形式，这种情况就会自然发生"①。社会活动的连续性和再生产的稳固性是说明客观机制的重要范畴。从历史客体与主体认知的关系角度看，现实的关系秩序和规则总是与统治者利益相关，力图维护这种利益的意识形态必然为既定秩序和规则塑造一种天然合理性，并为之涂上一层自然必然性的光泽。因多种缘故认识低下的历史参与者，超脱不出意识形态塑造的把现实合法化、合规律化、自然化的思维框架，自觉不自觉地为蕴含有一系列规律和天然合理性的思维定势所消融。按马克思的意见，社会愈不发达，思维定势、思维传统愈稳固，持续时间愈长，作用也愈大。这样，社会史在参与主体面前就获得了与自然界在人面前呈现的自在性、天然性和神秘性。

第二，社会史进化总体上对参与主体的外在性使历史本身呈现为社会客体系统类似于自然的演化。客体系统的运动规律表现为社会史的固定必然性。因而，历史规律在"自然史过程"中呈现出精确性、永恒性、与主体无关的绝对外在性、明晰性、均匀性、与机遇无关的纯粹性。这种规律的得出与其说是根据社会史的特质，倒不如说是将相对发达的自然科学的规律观推广和类比于社会史。弘扬这种由亚里士多德奠定并经牛顿力学巩固的古典概念正是尚未超越牛顿时代的表证。与对"自然史过程"的批判相一致，马克思已经摒弃了这一旧"规律"概念。他坚持要把经济规律（从而可以进一步推广为社会历史规律）"要当作一种趋势来看"，而"一般规律"只能"作为一种占统治地位的趋势"，② 只能视为对充满随机性和质变的社会历史领域的既成事实从总体上进行的事后概括。作为主导趋势，占统治地位的趋势，必然意味着历史系统运行中还存在富有随机性涨落或恒常的次级趋势即不占统治地位的趋势。因而，在多种趋势共存的情况下，偶然机遇的随机出现，特别是它对某一趋势的偏向性（有利性）选择以及历史参与群体的内在力量更多地凝聚于何种趋势，对历史的方向性

---

① 《马克思恩格斯全集》第46卷，人民出版社2003年版，第896页。
② 《马克思恩格斯全集》第46卷，人民出版社2003年版，第195、181页。

进展及其程度就具有绝对不可忽视的作用。历史就是必然规律、偶然机遇、主体力量相互作用的总体效果。在超脱出与社会史的"自然史过程"相协调的旧"规律"观之后,主体对于历史主导趋势、有利机遇在有效的特定时空范围内的选择和利用,就更明显地表现为历史发展的重要环节和机制。可是,在"自然史过程"中,历史"规律"的这种本质和历史主体的功能却一直遭到埋没,历史主体还无能甚至无意驾驭与主体价值意向相矛盾的历史进展,于是,历史发展才呈现为类似自然史的进程。

从这一角度观察"自然史进程"中必然性规律与人的关系,就可以发现:在社会发展的"自然史进程"中,必然性规律是蕴藏于外在于人进行的社会历史总体的运动中,由于这总体是历史主体必须无条件接受而无能把握的外在,主体就只能在运动结束后或运动进行到一定程度才能对历史规律做出事后概括。而且,在"自然史过程"中,社会历史规律也只能是事后概括。事前的认知和建立在事前认知基础上的自觉介入历史主导趋势的运行,从而自觉影响历史,以尽最大限度保证历史运行在最有利于主体价值的范围内运行,还几乎是不可能的。在这一意义上,A. 施密特把"自然史过程"的内涵规定为"意味着从严格的必然性来看待历史过程"还是较为接近社会发展的"自然史过程"的本质内涵的。不过,施密特的规定与其说是对"自然史过程"诸现象之本质的概括,倒不如说是对诸现象之结果的概括。

超越社会发展的"自然史过程"是马克思哲学的最高期望的表达。正如 A. 施密特所谓,马克思哲学"为的是把人从自己构筑的、无法预测的经济决定这牢笼中解放出来"①。可是,要完成超越,最关键的还不是像卢卡奇所谓的认识,也不是没有充足基础的盲目参与性实践,而是超越所必需的发达社会力量。马克思尤其强调的正是超越者自身占有社会财富的程度和质量,也就是主体"能力的发展就要达到一定的程度和全面性"②。他认定无产阶级有摧毁资本主义的能力,但不管破坏掉一个既存的非合理客体有多么大的进步性,破坏和摧毁一个社会并不等于超越了这一社会。真正的历史超越是以超越主体为新社会塑造一种比原社会更发达的文化和更合理的体制为前提。资本主义凭借自己代表的先进文化和生产力超越了

---

① (德) A. 施密特:《马克思的自然概念》,欧力同、吴仲昉译,商务印书馆 1988 年版,第 32 页。

② 《马克思恩格斯全集》第 30 卷,人民出版社 1995 年版,第 112 页。

封建主义，社会主义也必须倾听葛兰西的狱中呐喊，凭借创建比资本主义更发达的文化和体制来超越资本主义。文化是超越历史的最深刻力量，只有创建并传播更发达的文化，才能增强超越者的内在创造力，保证无产阶级能力的发展达到足够的程度和全面性，并最终把马克思主义文化系统中存在的人类价值理想现实化。马克思当时已注意到，科学文化在社会发展中独立性地位的增强正是文化的历史地位和主体性的历史作用增强的标志；但处于革命时代的马克思不可能也不能更多地探讨建设新世界的种种建设性力量，相反，却更多地论及摧毁旧世界的种种矛盾、不稳定因素、危机、异化和斗争（马克思说过，存在就是斗争！①）。在社会主义建设时代，一方面我们要注意社会进行中的矛盾、斗争和不稳定性，但更主要的是探讨并弘扬与建设（尚未存在的、与主体价值系统相协调的合理化客体）时代相适应的对象化、社会凝聚、文化、主体性、创造性、选择性等建设性范畴。为真正把人类从社会盲目力量的决定中解放出来，为社会发展的"自然史过程"的真正结束创造并占有更多的社会财富。唯有如此，超越"自然史过程"才是可行的。

---

① 参见《马克思恩格斯全集》第45卷，人民出版社1985年版，第722页。

第二章 马克思历史方法论的启示
——关于把握历史规律的方法论问题

社会发展的"自然历史过程"的讨论核心之一就是如何理解社会历史规律，以及与自然规律的异同。在我看来，理解社会历史规律的关键是方法。从方法论入手把握历史规律，即使不是唯一的可行之道，也是主要的可行之道。

历史规律在对历史发展的理解中占据着突出地位。在很多情况下，人们利用它解释历史就像利用自然规律解释自然一样，只需考虑事物的初始条件和边界条件而无须考察作为思维工具使用的规律范畴本身。这种至今仍有相当市场的习惯把历史规律与自然规律等同化，用自然规律而且是适于机械系统的牛顿意义上的自然规律的性质来理解和规范历史规律。唯物史观诞生于牛顿力学和进化论居支配地位这一时代的事实，又给这种与马克思相左的习惯蒙上了一层"合法性"的外衣。本章立足于这一事实确立以下问题作为探讨主题：历史规律存在于何处？它是否都先验地对有待展开的社会实践绝对有效？历史规律如何得来（方法论）？一切历史规律都像自然规律那样既具有绝对重复性又具有不可避免性吗？在历史的稳定期与巨变动荡期，历史规律的制约作用是等同的吗？历史规律与历史趋势有何关系？与自然规律又有何区别？我们相信，对这些问题的探讨将有助于理解历史发展，有助于理解历史主体、历史机遇和历史实践在历史发展中的作用。

一、两个方面：存在论与方法论

历史规律存在于何处？历史规律如何得来？这两个关于历史规律的基

本问题展示了探究历史规律的两个方面：历史存在论和历史认识论。在历史唯物主义诞生之前，自赫德尔伊始并以黑格尔为代表的理性主义历史观把历史规律奠立于先验理性之上，而理性作为超时间的、必然的和永恒的自足自立体，不受历史的制约并在历史未展开之前已经存在。由于必然性规律是理性的基本内涵，历史也就成了一开始便被规律决定好了的固定过程。就像以胚胎为基础的生物发育一样，历史也是"胚胎"的逐步展开。历史规律就存在于"历史胚胎"中。在实践未发生之前，历史规律已经存在并等待决定它。这样，历史规律先验于历史变化和历史实践，其成立的根据不是对已发生的社会实践的事后分析概括，而是无须考究存在理由的理性。因为理性具有自然的普遍性，以之为基础的历史规律便具有不可避免性和绝对重复性。它在任何民族或地区那儿都必然是同一的和纯粹的，时空条件造成的特殊性不但不会改变这种同一和纯粹，反而必会被纯粹规律所克服而走向普遍。于是，作为纯粹本质（它构成历史的"共性""实体""灵魂"）的历史规律，其逻辑态比其在实在历史中呈现的现实态更真实更可靠，认识比存在更根本。当黑格尔把从这种"理性"的角度观视历史规定为历史的基本方法时，他也就为以"历史规律"否定偶然性和人对历史的作用开辟了道路：偶然性作为感性幻象，其相互碰撞和抵销最后正好呈现为必然性，即使抵销不完也只能给规律"巨著"补白而已；而人即便是英雄，也只是预成的绝对规律实现自我的被动工具。

　　显然，扬弃这种历史规律观是历史唯物主义辩证理解历史规律的前提。马克思在创立历史唯物主义的过程中抛弃了作为历史及历史规律之基础的"理性"观念和从中衍生出来的理性方法。他不再从理性角度而是从实践角度考察历史规律。在他看来，社会历史规律存在于社会实践及其过程之中，它在具有不可避免性的同时在多大范围内又具有重复性，在何种历史区间内又在怎样的程度上受到随机涨落的强烈影响，是以特定实践环境为转移的。社会历史规律并非在历史未展开之前就存在，而是在历史规律的运行过程中形成的，确切地说是在实践运行到一定程度时才会形成的。但形成与被发现并不必定一致。生产力决定生产关系的规律早就存在并在各历史时代发挥作用，但直到很晚才被揭示出来。因此，探究历史规律的关键并不在于它存在于何处，而在于它如何被测度、被概括出来，在于借助发现它的方法、手段、观念会不会使实在历史中存在的历史规律变形，在于它如何在这种认识过程中保持客观性和对实在历史的有效性。因此，我们从历史方法论入手对马克思的历史规律观进行分析。

二、历史方法论的启示

正如赫伯特·西蒙所谓,"为了建立理论,特别是为了建立那些使我们能够据之推理的理论,我们要对现实进行简化。我们不是试图捕捉真实世界的每一个复杂因素,而是仅仅抓住其中最重要的因素,并且小心防止使我们从理论中得出的推论,超越理论本身对现实的近似界限"①,在自然科学方法论的启示下,马克思也提出了类似的主张。在他看来,正像自然科学为探寻自然规律而塑造一种理想的实验环境一样,由于社会历史的特殊复杂性,社会历史学为揭示内在规律,就更需要就研究对象建立一种理想环境。其方法就是理想化取舍。这一方法的要旨就是,在确定研究对象和范围的前提下,通过研究分析、比较鉴别等,舍弃掉那些次要的、偶然的或随机的现象材料,把对象及其运行看作一种由那些重要的因素及其关系、方面组成的纯粹状态或理想状态。这样,这种方法就"总是假定,各种现实关系是同它们的概念相符合的,或者说,所描述的各种现实关系只是表现它们自身的一般类型的"②。《资本论》尤其是第一卷是应用这一方法的典范。在研究资本主义生产的内在规律时撇开了供求关系:"因为这种规律只有在供求不再发生作用时,也就是互相一致时,才纯粹地实现"。在研究积累规律时也撇开了一系列情况。③ 以颇重要的剩余价值规律为例,马克思在研究它时把工人直接劳动认定为它的来源,在实际上撇开了如下两种事实:一是简单劳动向科学劳动的转化使直接劳动及其数量作为生产的决定原则不断失去作用。"随着大工业的发展,现实财富的创造较少地取决于劳动时间和已耗费的劳动量,较多地取决于……科学在生产上的应用。"④ 因此,资本对 M(剩余价值)的榨取更多地体现在科技劳动之中。二是管理劳动作为社会化生产时代"比比皆是"的"一种生产劳动",还不断与资本所有权发生分离。这两种舍弃使研究在一种只有

---

① 参见(美)赫伯特·西蒙:《现代决策理论的基石》,杨砾、徐立译,北京经济学院出版社1989年版,前言。
② 《马克思恩格斯全集》第46卷,人民出版社2003年版,第160页。
③ 《马克思恩格斯全集》第46卷,人民出版社2003年版,第211、244页。
④ 《马克思恩格斯全集》第31卷,人民出版社1998年版,第100页。

资本家和直接劳动工人组成的理想资本主义中进行，并得出了纯粹的剩余价值规律。而"实际的社会结构——社会决不仅仅是由工人阶级和产业资本家阶级组成的"，由于科技劳动和管理劳动的实际作用，实际的资本主义社会是"中等阶级的人数将增加，无产阶级（有工作的无产阶级）在总人口中占的比例将相对地越来越小"[①]。那么，实际状况与剩余价值规律相矛盾吗？既然实际状况与理想假定有如此差距，那为什么还去假定或弃舍呢？

根据马克思的分析，可以认为，只要重要因素未被弃舍掉，只要现实的基本关系未被弃舍掉，并仍未发生根本变化，实际状况跟纯粹规律产生的差距就只是纯粹规律的表面上的例外，不会危及规律的成立。对剩余价值规律来说，虽然科技阶层和管理阶层作为不断增加的中间阶级，它们的生产劳动和在分配中所占的份额使占有剩余价值的资本与生产剩余价值的劳动之间产生了较复杂的关系，但剩余价值在资本与劳动两者关系中的客观存在是改变不了的事实。因此，"这个表面上的例外，远不是和一般规律相矛盾，远不是一般规律的一个例外，它实际上只是一般规律应用上的一个特殊场合"[②]。这样，对一般规律的考察阐述就用不着对复杂的现实关系做面面俱到的分析说明，因为那会影响规律的清晰度，使规律不能清楚地表现出来。在概括规律时，关键不在于分析变量的多少，而在于通过合理取舍使现实的基本关系或要素得以呈现。

可以说，任何社会历史研究者都是在大量弃舍相对于待研究的历史区间（时间、空间、领域）而言的非本质因素以塑造研究的理想环境这样的基础上逻辑地概括出历史规律的。作为规律存在的现实基础，历史事实是既定的系统存在又处在变化中。历史研究者在与之建立关系时，将首先确立题目，在时间、空间和领域三个方面界定出历史区间（研究范围）；而后自觉不自觉地从价值角度确立某些因素为重要因素，再通过分析概括这些重要因素确立起适于这一区间的历史规律；最后再超出这一区间验证此规律在其他场合中的适用性及其程度。在历史认识论上，发现历史规律的过程就这样依次区分为五个阶段。历史区间的设立是概括历史规律的第一阶段。设立区间就是规定研究在时间、空间和领域层次等方面的边界，这

[①] 参见《马克思恩格斯全集》第26卷（Ⅱ），人民出版社1975年版，第562页；《马克思恩格斯全集》第26卷（Ⅲ），人民出版社1975年版，第63页。

[②] 《马克思恩格斯全集》第46卷，人民出版社2003年版，第161页。

边界为本质与非本质、必然还是偶然的划定准备了参考系，某一联系或因素是偶然还是必然、是本质还是非本质要视在何种范围内方可确定。其次，确立哪些因素及方面为重要因素及方面是概括历史规律的第二阶段，即所谓"历史重建"阶段。为此必须弃舍掉那些与本质无甚关联的非重要因素、事实以及重要因素的非重要方面，建立起一个研究客体的基本模型。如马克思的资本主义模型是资本家与无产者的关系体，其他因素都附着于其上；熊彼特的资本主义模型则是企业家、资本所有者与无产者、贵族的共生体（两者得出的许多结论是一致的）。同时，第二阶段还必须完成对众多偶然性的分类、比较及处理。对那些与本质无甚关联的随机性、个别性的机遇在概括规律时须弃舍掉（这并不意味着它们在现实运行中不会产生较重要的作用，就是说，规律自身垄断不了进化），而对那些与本质密切相关或作为规律之表现的偶然性，则需要大量概括，"只有在对这些偶然性进行大量概括的基础上才能看到"①支配它们的规律。再次，在参照对大量偶然性的概括的基础上，对挑选出的重要因素、关系及其重要方面进行分析概括，即抽取其中不可避免性或重复性和稳定性的联系确立起历史规律，这是第三阶段。在第四阶段伊始，初步确立的历史规律由于建立在理想化舍弃建构的简单模型之上，没有把具体现实中其他复杂因素考虑在内，而必然是一种抽象的逻辑一般。这一阶段就是逐步把区间内那些尚未考虑的因素纳入分析，把它们附着在模型之上，使历史规律从逻辑一般达到更切合实际的具体水平。这也就是历史规律的具体化。最后则是对规律的验证或拓展，即第五阶段。所谓验证，即越出原设定区间而就时空变化后的条件检验自身的稳定性和不可避免性甚至重复性是否仍然成立。如果仍能成立，则可拓展此规律的适用范围。这是其进一步的具体化。

分析起来，在这一过程中至少有两个问题需要阐述。第一个问题是历史弃舍是如何进行的，弃舍的标准何在？这标准的适用性是历史的还是永恒的？我们认为，历史弃舍是按标准自觉或不自觉（多为不自觉）进行的，凡合标准者被取留，否则舍弃掉。而标准又是多方面融合成的一个结果。首先，标准依研究者对现实社会未来发展趋向的认知而定，取舍标准就首先"应该是使他企图重建的那个社会具有生命力的那些东西"。②所

---

① 《马克思恩格斯全集》第46卷，人民出版社2003年版，第938页。
② （英）B. A. 哈多克：《历史思想导论》，王加丰译，华夏出版社1989年版，第112页。

谓具有生命力，既可指能够有力促进社会重建的那些力量，又可指在重建社会中仍会具有活力存在的东西（，常常以对立的形式两种或几种因素共存）。其次，取舍标准又依赖于取舍者已有观念、方法和所具能力的容纳接受力，标准就体现为取舍者"他自己使这些因果关系适应于他的合理说明与解释的类型的能力"①。观念的僵化、已有方法的片面和失当以及主观能力的不足都会阻碍对重要因素及关系的接纳。这样，在科学认识规律之前的理想化取舍中，就不可避免地渗入了价值成分。这种难免的价值成分如何才能与科学客观性取得一致呢？

一般地说，这种一致性的取得必须经过对流行价值观念体系的批判性审视，主要包括限定它们和以现实的内容充实改造它们等形式。这些价值观念集中体现在组成统治阶级意识形态的理论体系的那些不言而喻的前提性假定之中，因而批判这些前提性假定就构成了限定和改造那些价值观念的主要途径（如马克思对群众、异化、自由等观念的批判性改造）。在马克思看来，摒弃以理想性价值（"应该"）剪裁现实的不合理抽象，达到对现实的合理抽象（即建立现实模型），只有在理论家及其所代表的阶级（或阶层）的利益欲求与历史进步趋向相一致时，才可能达到。只有站在最先进的生产力发展的时代高度，才能不被内在驱动着自己的利益所蒙蔽，从而使自己对现实运行的趋向的认知与客观历史运动趋向相一致。在这个基础上，通过先进文化的熏陶和掌握，取舍者具有足够的理论能力，才能做到对现实的合理取舍。

合理取舍标准的确立以及现实模型的建构，只是在现实的结构水平上凭一定的立场、视角、观念方法达到的一种水平层次。理论家立场的变化、视角的转换、方法的改进都有可能使标准和模型发生变化。对历史唯物主义来说，促使标准与模型发生变化的根本力量应是现实本身的变化。这就引出了第二个问题：具体历史事实的重要性是不是永恒的？实际上，历史规律的建立是以历史事实和关系的重要性因素与非重要性因素的区分在一定区间范围内具有恒定性为前提的。时间的延展与空间的拓宽有可能使区分变得模糊甚至打破这种恒定性。这可能至少有两种：一是理想化弃舍难免遗漏掉的对当时来说确为非重要的因素可能在新的时空条件下壮大发展成重要性因素，二是理想化弃舍有意弃舍掉的非重要因素在新时空环

---

① （英）爱德华·霍列特·卡尔：《历史是什么》，吴柱存译，商务印书馆 1981 年版，第 114 页。

境中可能成长为重要性因素（如在科技作用不明显时可弃舍掉科技劳动对剩余价值的影响，但在生产已成为科技应用的时代，对剩余价值的考察阐述就必须注重科技因素的作用）。一旦这两种可能的一种成为现实，先前确立的弃舍标准就必须改善，以此确立的现实模型就必须增加分析变量或干脆重塑模型，而先前确立的历史规律就必须重新确立新的样态依存条件和部分内容。于是，理论逻辑确立的历史规律便具有"在一定条件的组合下"的理想化前提，即依赖一定条件的相对性。它决定了：首先，历史规律并不像自然规律那样具有超时空的绝对性，不会一经发现便先验地适用于一切场合，不会在某特定环境中发现后便无论在中国还是美国、公元前千百年与今后千百年一定都同样一致；其次，要使在特定环境中发现的历史规律符合历史的发展和空间范围增大后的新环境，必须考察与前不同的新条件，把它纳入分析之中。这在逻辑上是进一步从抽象到具体。不断地增加变量分析是丰富现实模型并使之更切合实际状况的有效途径。理想化弃舍法如果不把这一点包涵在自身之内便会走入抽象思辨。我们认为，马克思未最终完成的著作《资本论》是应用了这种方法的。因此，根据马克思在第一卷中的简单资本主义模型（产业资本＋劳动）推衍出资本主义发展不断两极分化、中间阶层愈来愈少，就把马克思看成了固守那一简单模型并不考虑其他因素的简单理论家了，这是不符合事实的。如前所述，实际上马克思看到了资本主义的复杂结构及其变化，并认为资本主义的实际发展是中间阶层愈来愈多，工人阶级相对减少。从此可以得出一个结论：理解《资本论》的经济原理必须以理解其中的历史方法论为前提。只有如此才能视其为一个整体，而不是单个原理的叠加；只有如此才能立足于"具体"高度理解每一原理，而不把理解停留在抽象的逻辑一般层次（即把原理简单化）。

从此而论，就唯一的现实可建立多种模型。可以通过一种基本关系结构建立简单模型，而后再逐渐把其他复杂因素考虑进来；也可以通过多种因素的共存结构建立较复杂的模型。在研究资本主义发展规律时，马克思采用了第一种模型，而熊彼特采用了第二种。对马克思的方法来说，以为模型简单而必定使结论与现实产生差距甚至流于逻辑推导这种较有影响的观点，是令人不能接受的。正如哈耶克所说，"实际问题不在于是否某种方法最终会导致假设的均衡，而在于哪种方法将保证更快更完全地适应不同地点、不同行业的每日变化的环境"。① 只要模型是开放的、非僵化的，弃舍是相对的而非固定不变的，从简单模型出发，逐步把对象结构层次上模型未涉及的因素和发展层次上模型不可能涉及的因素纳入分析，结论就会符合现实。历史唯物主义正是以此解决理论内部价值与科学的可能性冲突并使两者获得统一的。

通过理想化取舍法建立的历史规律，由于不可能囊括结构层次上和发展层次上那些被理论弃舍掉（或未及考虑）而在现实中却不可能不发挥作用的因素，具体地说它就只能是一种在一定时空范围内必定具有不可避免性（有些同时也有重复性）的居统治地位的主导趋势。如马克思所谓，"一般规律作为一种占统治地位的趋势"，"一切经济规律"都"要当作一种趋势来看"，由于理想化弃舍，在规律之外，"必然有某些起反作用的影响在发生作用，来阻挠和抵消这个一般规律的作用，使它只有趋势的性质"。② 可以说，这种一直未引起后人多少注意的新式历史规律观，是马克思从对立冲突角度、以理想化取舍法研究社会历史的一个结果。现在的问题是，它具有哪些内涵呢？

三、新式历史规律观的内涵分析

对这种规律观，我们从四个方面进一步分析。

第一，历史规律的不可避免性和重复性。

既然历史事实和历史关系的本质性与非本质性的区分并不能超越时间和地域的限制，在此时此地为本质并不意味着在彼时彼地必亦为本质。于是，把作为本质的历史规律界说为具备在所有时空的重复性，显然与社会历史事实的本性不相符。过去，人们总是以自然规律的特性理解历史规律，戴着自然科学而且是近代自然科学的眼镜观视历史规律，结果不是像波普尔、李凯尔特那样因为在社会历史中找不到自然式规律而否定社会历史存在规律，就是将历史规律与自然规律相混同，从"历史存在规律"跃

---

① （英）A. 哈耶克：《个人主义与经济秩序》，贾湛、文跃然等译，北京经济学院出版社1989年版，第171页。

② 《马克思恩格斯全集》第46卷，人民出版社2003年版，第181、195、258页。

迁到"历史存在与自然同样的规律",以致不能很好地理解历史规律与实践的关系(常把规律认定为高于实践的东西)。其实,规律的产生有两条途径:一是对重要事实的归纳概括,寻求事物内部稳定、不可避免的和重复性的本质;二是大量随机事件的共合,产生一种不可避免性,但不对规律覆盖的每一事件具有重复性。在自然领域,无论哪一途径产生的规律,规律产生的特定时空并未给规律规定一种时空局限性,在此时此地发现的规律在彼时彼地亦成立。齐一性是自然现象的内在本质,普适性是自然规律的内在本质,所以,常常是普适性愈高,其适用范围也愈大,使用价值亦愈大。但在社会历史领域,规律产生的特定时空并未给规律消除自身的时空局限,在此时此地成立的规律在彼时彼地不一定成立。随机共合虽能产生不能适用于从中概括而来的随机事件的每一事件的规律,但它并不像在自然中天然具有在其他时空场合下同样成立的"时空重复性";相反,时空条件的变更却可能使规律丧失在原来时空环境中的成立条件。通过重复性方式产生的历史规律虽在一定时空范围内普适于一切事件和现象,但它没有超出这一范围仍绝对有效的天性。历史规律无论以何种方式产生都具有不可避免性,在一定范围内也可能具有重复性,但不可避免性和重复性都不一定超越一切时空限制。在一切民族范围内既具有不可避免性又具有重复性的历史规律在逻辑态上是高层次、适用范围最广的规律,要保持这种普遍规律的史学价值和解释力,必须高度注意被遗漏、被弃舍掉的因素的时空变化。如果把得自一定时空环境的历史规律上升为一经得出便先验地对一切场合都绝对适用的规律,或者把路人尽知的大实话杜林式地界说为规律,把概括历史规律的抽象度和范围的提高视为规律价值和使用价值的提高,那么,空洞和无聊就会吞噬掉规律的价值和意义。

应该略加指出,马克思对历史规律的看法经历了一个从不考虑时空限制到注重重复性的时空范围的转折。对导致资本主义产生发展的历史规律,马克思在 1881 年致查苏里奇的信中明确指出,它仅仅适用于西欧地区;而且马克思开始谨慎地用 historische unvermeidliehkeit(即"历史的不可避免性",编译局译本译为"历史必然性")称之。这意味着马克思历史规律观的注重中心从重复性转换为不可避免性。

第二,历史规律的逻辑态与现实态。

在既成的实际历史中,历史规律作为在一定地域和时间范围内恒定的、不可避免的、可能是重复性的东西,便是历史规律的现实态。它作为原型本身无法说明自身,只能向人呈现,而人接受呈现时又受到特定历史条件、利益欲求、价值观、方法等因素的影响，受到这种影响后表现在理论中的历史规律便是逻辑态的历史规律。我们能够理论地确切分析的规律就是受影响后呈现的历史规律，对它的分析必须摆正一个前提：历史实践和历史规律的关系。现实态的历史规律是在历史实践进程中形成的东西，其存在依赖于历史实践的开展和运行，只有实践运行到一定程度，那种支配实践运行的稳定的、不可避免的、可能还有重复性的联系才会形成。所以，逻辑态历史规律作为现实态的反映就只能是在实践过后或进行到足够程度时才概括分析得来的，只能是对具体既成历史事实的事后认识。应该看到，其一，事后认识表明了历史规律的时间效应，不经证明便先验适用于任何创新性实践的历史规律是不合逻辑的。其二，逻辑态历史规律的稳固性是暂时的。只有在社会实践的结构、功能、水平恒久不变的基础上，这种稳固性才会得以保持。历史规律逻辑态的内容和方法的变更与社会实践的结构功能转型和水平提高密切相关。其三，历史规律的逻辑态依研究者方法、角度和取舍标准的不同可能具有多种类型，但其现实态却只有一种。就是说，只可能有一种逻辑态规律符合现实。从此而论，可以逻辑地把历史规律规定为严格的类似自然规律的东西，但这种逻辑态只能流于抽象，看不到现实态的真正状态。历史唯物主义作为唯物主义要求逻辑必须符合历史，因而，对历史规律的逻辑规范必须立足于其现实态的真正状态，把它看作一种会受到其他趋势、随机干扰影响的一种主导性趋势，其实现一般通过与先进历史主体的结合才会顺利完成。其四，对现实态历史规律的逻辑概括需经历一个从逻辑抽象到切近现实具体的认识过程。只有在这个过程达到的最高点上才能确切理解在抽象阶段上表述的规律。如果停留在抽象阶段理解这认识过程表述出的规律，像把资本主义发展理解为两极分化愈来愈严重以致矛盾无法解决的过程，并认为马克思晚期就这么主张，正是未理解把历史规律艰难反映出来的方法论。当阿格尔把马克思的矛盾理论视为"一种观念式的构想，具有逻辑上的完美，但是往往并不密切适合于经验世界"[①]时，他正是未真正理解这一方法论。其五，从逻辑抽象角度而论，即撇开规律的特殊形态专注于规律的逻辑关系而论，在一切社会中都存在并发挥作用的历史规律是存在的，如生产力决定生产关

---

① （加拿大）B. 阿格尔：《马克思的辩证理论与西方马克思主义》，中国社会科学院情报研究所：《当代国外马克思主义研究——纪念马克思逝世一百周年译文集》，中国社会科学院情报研究所1983年版，第35页。

系的规律。它作为弃舍了特殊性的"一般类型",对个别社会实践都有制约作用。但是,它在不同社会不同时代表现出来的具体类型是有差异的。生产关系在怎样的程度上决定于生产力,又在何种程度上对生产力具有先导作用,在中国与西欧、在资本主义商品市场自发调节时期与国家干预时期都有差异。具体运用这个规律必须考察它在特殊环境中的表现。历史唯物主义不反对逻辑一般,只反对不分场合永远同一的抽象一般规律。最后,就特殊实践来说,其实施前会存在它必须遵循的规律,但这些规律没有完全覆盖历史发展轨道,它们对历史发展的覆盖率(程度和面积)不可能等于或接近百分之一百。这意味着,以历史中的一个点为轴心,可以把历史规律分为两类:一类已形成、已被发现也已被证明具有一定范围或最大范围的一般性;另一类正在形成、等待被发现和证明。后一类规律主要是指历史如何发展和特殊社会形态下的规律而言的。

第三,恒常期与巨变期历史规律分布的差异。

既然历史规律依存于历史实践,实践结构、功能的恒常期稳定与其既有结构、功能的剧烈变更就必定影响实践之中的稳定联系。对此马克思曾赞赏过如下观点:马克思否认"经济生活的一般规律,不管是应用于现在或过去,都是一样的","在他看来,这样的抽象规律是不存在的……一旦生活经过了一定的发展时期,由一定阶段进入另一阶段时,它就开始受另外的规律支配"。① 在这方面,耗散结构理论关于非平衡开放系统运动的研究给我们提供了科学启示。它认为,远离平衡态的开放系统在靠近分叉点时会"呈现出很大的涨落。这样的系统好像是在各种可能的进化方向之间'犹豫不决',通常意义下的著名的大数定律被打破了。一个小的涨落可以引起一个全新的变化,这新的变化将剧烈地改变该宏观系统的整个行为。人们无疑会把这些和社会现象进行类比,甚至和历史进行类比"②。社会历史作为典型的开放系统,一旦恒常期的稳定态被打破,巨变期到来,它就"包含着潜在地巨大数目的分叉,……这样的系统对涨落高度敏感"③。这样,小的随机涨落也可能增长甚至改变整个结构,个别活动并非注定不重要;同时,那种超越时间的稳定又永恒的规律以及由它支撑的

---

① 《马克思恩格斯全集》第44卷,人民出版社2001年版,第21页。
② (比利时)伊·普利戈金、(法)伊·斯唐热:《从混沌到有序》,曾庆宏等译,上海译文出版社1987年版,第48页。
③ (比利时)伊·普利戈金、(法)伊·斯唐热:《从混沌到有序》,曾庆宏等译,上海译文出版社1987年版,第373页。

理性的安全感和永恒感似乎一去不复返了。在永恒规律和由它支撑的近代理性固有的安全感于科学认识面前消失之后，历史的本真面貌就呈现在认识面前。那是一个结构和功能性规律获得、稳定、巩固、分化、消失并又向新的有序结构和规律不断演化的过程。在不同历史时期，历史规律的存在样态、作用范围和限度以及与历史偶然性和主体性的关系会随着随机因素特别是机遇和主体实践行为历史作用的突现式增长或弱化而发生变化。在恒常期，由于结构和运行规则的稳定性，历史规律对历史实践的支配作用较为显著，认识概括历史规律也较为容易。一旦历史陷入动荡、革命，原结构和规则不能再有效地组织和控制历史运行，随机机遇、社会主体力量的方向性凝聚以及对机遇的测度、把握和利用，就会明显增强为影响历史运动的重要因素。一句话，"在某个分叉附近，涨落或随机因素将起着重要作用，而在分叉与分叉之间，决定论的方面将处于支配地位"①。这就要求，考察历史规律必须联系具体历史时期，否则将容易陷入思辨和"形而上学"。

第四，历史规律与历史趋势。

既然我们按马克思的观点把历史规律定义为在一定时空范围内占统治地位的主导趋势，我们就必须考察历史规律与历史趋势的关系。在这方面，"把规律和趋势严格区分开来"的主张加上波普尔关于"规律和趋势是根本不同的两回事"的观点颇有影响。对这两种相似观点的详细讨论非本章篇幅所能容纳，但我认为，问题的关键在于对历史规律的逻辑规范。把规律与趋势严格区分开来的见解是将近代自然科学的规律观念应用于并不太适合它的社会历史领域所产生的一种时代性结果。波普尔把规律视为必须具有普适性和绝对重复性的东西，规定"若具备条件 C1，C2，…，Cn，则存在趋势 t"并且只有把 C1，C2，…，Cn 完全陈述出来，才能算历史规律。所以，"断定在特定时间和空间有某种趋势存在的命题是一个单称的历史命题，而不是一个普遍的规律"。② 显然，这是以近代自然科学那种适用于宏观机械系统的传统规律范畴为标准来衡量社会历史，而这正是一种与社会历史本性不相合的后母式的不公正做法。现代科学已证明

---

① （比利时）伊·普利戈金、伊·斯唐热：《从混沌到有序》，曾庆宏等译，上海译文出版社1987年版，第223页。

② （英）卡尔·波普尔：《历史决定论的贫困》，杜汝楫、邱仁宗译，华夏出版社1987年版，第91页。

那种传统规律观不完全适用于微观领域和非平衡热力学系统等领域。社会历史系统只能比微观领域和非平衡热力学系统更复杂而不可能更简单，因而，不适合微观系统和非平衡热力学系统的传统规律观自然更不适合社会历史系统。无论是以近代自然规律的观念否定人类历史只能按一种严格的道路、方向来运行，还是用以论证社会历史规律超时空的绝对重复性和不可避免性，都是以敌视历史特性为前提的。

我们认为，历史规律在逻辑上呈多层次的分布。在不可避免性层次上，历史规律的产生必须满足以下条件：具有不可避免性，在多种共存的历史趋势之中起主导作用，在不可避免性和主导作用有效的时空区间之内具有较大影响。不可避免性作为必然性的一种含义其维持需要特定条件的组合；而主导作用和较大影响力的维持一般也不可能永远如此。所以必须规定规律的时空界限。当认识确认为历史规律后，就开始试图在重复性方面拓展规律的适用范围。到底在多大区间内具有重复性从而使历史规律进入既有不可避免性又有较大重复性的高层次，则需要比较分析。由于寻求重复性必然弃舍掉一些因素，而它们在现实中的作用与地位又在变化，所以，重复性的适用范围愈大，弃舍也愈多，使规律受到被弃舍因素的干扰也愈多，规律的严格性和精确性愈可能受现实的制约与影响，或者，规律的趋势性愈明显。理论可以在逻辑上建构一种"不受"干扰的严格规律，但那只是一种与现实有很大差距的抽象逻辑。在这种情况下，如列维所说，"如果仔细区分一个观点究竟是理想的还是现实的，就可以解决很多显见的矛盾"[①]。作为注重现实（的时空变化及被逻辑弃舍掉因素）的历史唯物主义者，若视丰富且变动的历史现实于不顾而只满足于逻辑态的抽象，不但有愧于唯物主义的称号，而且久而久之这规律的价值也会不断降低。对此，我们受到的启示是：在历史规律问题上，正如在社会历史的其他方面一样，真正做一个依据现实建构观念的唯物主义者，在方法论上贯彻唯物主义原则，的确不是一件简单的事。

---

① （美）M. J. 列维：《现代化的后来者与幸存者》，吴萌译，知识出版社1990年版，第24页。

第三章 论马克思历史观对事实与价值冲突的两种解决

从历史规律方面理解社会发展的"自然历史过程",理解社会历史规律的客观性问题,势必涉及社会历史事实与价值的关系问题。从方法论的角度来说,事实与价值的关系问题是社会历史思想中的一个核心问题。

随着事实与价值在现代社会中冲突的加剧,如何科学地阐释并解决这种冲突,就成为唯物史观所面临的重大文化使命。本章考虑的核心在于,马克思在建构唯物史观的过程中为合理解决事实与价值的冲突奠定了怎样的方法论前提。我们不同意西方个别学者把马克思历史观说成是立足价值出发点的逻辑推演,也不赞成"奥地利马克思主义"者又把它说成只有事实判断而绝无价值判断的极端观点,而是试图探讨马克思历史观中蕴含的解决事实与价值的冲突的两种思路。

一、理论解决

我们不从语义而从语用角度,即从主体基于一定需要对已成或将成存在所做的选择这种意义上使用"价值"一词。尽管这并未直接回答价值是什么,却已经在功能意义上把它界说为基于一定需要的选择性。同样,我们在非虚设、非理想的意义上使用"事实"一词,或者,"一种事实是使有些真的命题成为真的东西"。① 事实只能从实践经验中获得确立的根基和途径。因此,事实不仅已经发生,而且正在发生甚至还无限地发生下去

---

① (美)刘易斯:《价值和事实》,中国社会科学院哲学研究所现代外国哲学组编:《当代美国资产阶级哲学资料》第一集,商务印书馆1978年版,第11页。

（只有事后方可确定是否为事实）。理论就是利用已发生和正在发生的事实为依据建立一个由概念、命题、方法等组成的逻辑系统去解释已发生和正在发生的事实，预测将会发生的事实。理论要针对历史性存在做到这一点，有两个基本步骤：一是在广泛涉猎经验材料和理论材料的基础上，达到概念模型层次的认识；二是在概念模型起点上建构一个逻辑严密的理论系统，进一步将丰富且变动着的事实之本质结构、关系、因素纳入其中，达到科学的理论化水平。在这个过程中，与我们的问题相关的是，通过经验渠道对事实及其问题的纳取，对相关理论命题和方法的批判与吸收，以及概念模型的建构。就对事实的说明而论，理论不必也无法认知每一个事实及其方面，而只会选择有意义的事实及其方面予以注意和认识。我们可以从两个方面进行分析。

第一，理想是价值之诗。

作为对事实变动的寄寓方向，理想在理论建构者对事实的发现、偏重和如何安排它在理论系统中的地位等方面呈现出程度不同的价值规范效应。对它的分析需要区分两种基本思路：一是把先验理想（通过上帝、必然律或自然要求的保证）设定为变动着的事实系统的方向目标，把它作为"应有"来批判"现有"；二是最大程度地把价值理想的原有内涵暂且束置一旁，通过对事实的经验关注和分析，根据事实的现有状态和条件确定价值理想目前的适度内涵，并把它设定为发展的方向规范。马克思对价值理想的态度就经历了从一到二的转变。《莱茵报》时期及其以前，他基本上是以"应有的东西"抨击"现有东西"，接触现实才使他逐步从"理想主义……转而向现实本身去寻求思想"。1844年他开始批判蒲鲁东把平等作为理性的创造原则并看作"财产赖以构成的基础，而作为这种理性的根据，它又是证明财产的一切论据的基础"[①]，认为这只能针对现实想象出一个观念王国并发出软弱的伦理评价。对于当时的马克思来说，他所接触到的"应有的东西"主要包括平等、自由、正义、摆脱了固定分工并充实自己的劳动、个性全面发展、人优于物等。

当马克思从理想主义转而向现实寻求思想时，他并没有完全放弃这些价值理想。唯物主义地对待价值理想，不是抛弃（这非但很难也很可怕），而是根据现实状况确定规范及其合理内涵，并把它的实现与现实利益力量和组织化的主体力量联系起来。成熟时期的马克思仍然伸张上述价值，只

[①] 《马克思恩格斯全集》第2卷，人民出版社1957年版，第50页。

是它们的内涵和它们在理论分析中的地位已隶属于对经验事实的科学分析而有所变化。他认识到,对未来能是什么的回答,不能以"应该"对抗现实,更不能基于对现存一切的非批判认可,而在于哪些和什么样的理想作为实践设定目的在现时代才有实现的可能,才能与现有条件和由社会内在矛盾群决定的整体运动趋向相一致,在于怎样适度规范这些价值理想从而使之获得实现。所以,想用正义、自由、平等和博爱来取代社会主义的唯物主义基础,是愚蠢的。因为自由、平等、正义是什么还要依据一定的事实方向确定。从根本上说,"工人阶级不是要实现什么理想,而只是要解放那些在旧的正在崩溃的资产阶级社会里孕育着的新社会因素"[①]。面对当时发达的乌托邦,马克思做这种论述很有针对性。人们常把这种论述视为他反对一切价值因素的论据。可是,不能忘记,他分析现实的最大特点是基于实践观点的批判性,批判必须以立足未来发展的高度确立一个衡量尺度(即对未来有所设想、希求和设定)为前提,而未来尚非现实的品格使这个衡量肯定具有价值"应该"的色彩,不管它多么合理,多么依据现实。社会中的(新旧)因素和趋向很多,被选择的只能是其中一部分。以此而论,对社会事实的分析批判没有一定的价值立足点是难以想象的。理论着眼于未来连续性变动对离散事实的基本态度,构成了评判该理论科学合理性的一个成分,合理性评判要视评判发生的具体场合而定。无视价值的这种科学功能而把马克思理论说成"只形成事实判断,而不具有价值判断",那就等于说,面对资本主义的关系颠倒和荒谬,面对人间疾苦和残酷,马克思只是接受现实的一切而对之无动于衷,这是对马克思多么严重的误解和歪曲!

所以,维尔特的下述见解是合理的:"没有关于正义合理性观点,马克思对资本主义的批判是不可思议的"[②]。问题的关键不在于价值是否存在,而在于价值是怎样存在的,在于这种价值观念确立的基础何在,即它如何才能唯物主义地确立起来。笔者认为,**价值在理论逻辑中的确立直接建立在它处理的经验事实是离散的、分别的这一事实基础上**。事实本是连续的整体,理性却无法一下子认识到整体们,只能通过经济逐渐在众多离

---

① 《马克思恩格斯全集》第 17 卷,人民出版社 1963 年版,第 363 页。
② Andreas Wildt, *Gerechtigkeit in Marx' "Kapital"*, In: Emil Angehrn und Georg Lohmann, *Ethik und Marx: Moralkritik und Normative Grundlagen der Marxschen Theorie*, Hain verlag bei Athenäum, 1986, S. 166.

散性事实中逻辑地观照这一整体。价值就在个体将众多离散事实连为理论整体时发生。所以，首先，平等、自由、个性全面发展、非异化劳动、人优于物等价值观念只有在马克思科学分析社会整体的基础上才能确立起来。离开这种科学分析谈论价值是没有意义的。马克思不是从事实中推出价值规范，而是以现实状况规范、选取、限定或改造那些价值，给它们提供一个科学根基。马克思在论及土地所有权的正当性时指出，它"和一定生产方式的一切其他所有权形式的正当性一样，要由生产方式本身的历史的暂时的必然性来说明"①。因此，马克思历史观中的价值观念无论在内涵还是在功能上都不同于传统道德观念。其次，从功能上说，上述意义上的价值是一种规范目标方向的目的性价值。它作为对未来的目的性价值设定在理论对事实的注重和变动分析中发挥作用。它往往靠理论获取的特殊经验与自身的普遍要求之间的张力来维持。任何社会文化中都有赋予活动和经验以意义的目的性价值系统。这种目的作为抽象观念和要求与主体面临的特殊条件和活动经验相连接而参与理论建构。理论建构者选择接受了哪些价值会直接影响到他去注意探寻那种能够实现被选价值的社会力量，会影响到他在对事实的分析中优先注意或接受与价值的实现密切相关的东西。

不过，不能过高估计目的性价值在理论地解决事实与价值冲突时所起的作用。因为马克思很明白，历史还远未进化到依据"应该"行动而不计较私利的程度。这也正是价值与事实相比在理论中占据次要地位的原因，也是他尽力把"应该"限定在"是"之范围内的原因。笔者认为，马克思历史观用以解决与事实相冲突的价值因素还有重要的另一面，即从对相关理论分析批判中承续下来的或经某种启发而建构的概念模型，以及一些被采纳的理论命题、观念和方法，我们称之为前提性价值。

第二，前提性价值以及概念模型的建构。

面对事实的复杂和丰富，理论要从中揭示其内在联系，就必须进行理想化弃舍，设定一种仅由重要事实及其内在重要关系和方面组成的概念模型。概念模型的建构为理论对事实的分析提供了一个基本框架，因而在理论对事实的分析中相当关键。它的得出既受到目的性价值的影响，又受到建构者所接触到的经验材料和先前理论材料的强烈影响。这种理论材料以方法、观念和命题等形式影响理论家的理论建构。考虑到理论家面对前定

---

① 《马克思恩格斯全集》第46卷，人民出版社2003年版，第702页。

理论观念、命题、方法时常常不是或不能总是在经事实充分验证后再决定接受抑或批判，对前定理论的接受与批判在理论建构中就是一种功能很强的价值性因素。

马克思历史观对其他相关理论的批判是极其鲜明的。这主要是指对统治阶级意识形态的批判。任何意识形态所赖以维系的命题和概念中都有不少明显或隐含的前提性假定。马克思历史观的科学性首先就是要求以经验事实比照并批判这种假定，以真正事实来改造旧的意识形态所塑造的"事实"，揭示其虚幻性。在接受某些理论的个别观念和命题时，马克思极为慎重。最突出的是对黑格尔和摩尔根。接受黑格尔的某些基本命题曾是招致青年马克思痛苦疑问的缘由，而摆脱黑格尔的先验观念对马克思历史观的科学建构又是极其重要的且很不轻松，更非一蹴而就的。马克思对黑格尔哲学中许多抽象假定的批判和超越远不是在写了《黑格尔法哲学批判》和《德意志意识形态》甚至《资本论》第一卷后就完成的，而是直到逝世前都在进行的一个漫长过程。对普遍理性说支配下的欧洲中心论（认为欧洲社会的发展规律普适于全世界）的超越就是他晚年才做出的；直到《资本论》第一卷，对普遍理性论贬抑自发性成分及其在社会发展中难免的积极功能方面的批判与超越也很不明显。无论如何，有一点很明显：马克思对黑格尔逻辑主义的摆脱对合理解决事实与价值的冲突至关重要。因为摆脱的关键在于，要以经验事实为依据，而不是按照普遍理性的要求和逻辑类推建构理论，不是按先定图式和逻辑需要剪裁和处理事实，以"应有"规范"现有"，而是以事实确定图式，以"现有"规范"应有"。概念模型的建构，必须以对经验事实的分析比较为基础，而后再把经验层次上有意义的事实和发展层次上有前途的事实纳入逻辑分析结构，在模型与事实之间保持一种开放性结合。可是，社会作为高度复杂的开放性系统，经验事实的确定只能是相对的，一劳永逸地把现实情景中的一切事实捕捉净尽是不可能的。主体视野的拓宽、前提假定或方法工具的合理更改以及对象客体的开放性变化，都会使经验事实丰富起来。所以，先定模型与经验事实存在一定差异便是正常的。各种理论的差异其实常常并非在完全合乎与不合乎事实之间进行选择，倒在于概念模型反映对象客体重要方面的程度，在于模型基础上的说明与经验事实的差异程度，即该理论解释重要事实及客体重要方面的多少和程度。

尤其还要注意如下情况：**经验发现的事实尚未能在概念模型的逻辑系统中得到处理**。在这种情况下，我们后人没有理由把依据概念模型推导出的逻辑结果视为理论家对社会发展所做的结论，也没有理由作出理论家肯定会把经验事实看作理论结论的结论，而只能说：在有些问题上，马克思尚未来得及把事实性描述统一到理论逻辑系统中，未能完成经验事实与概念模型的逻辑统一便离开了人间。这样，首先，他生前未在理论逻辑系统中把获得的个别经验事实材料完全整理和统一完毕。但严密的理论系统表述与个别经验性表述都是说明事实并可检验的符号表述形式。后者只是对某一方面事实的认识，理论系统才有可能更充分地认识整体事实。一般说来，理论系统说明的事实就是概念模型及其逻辑系统能够覆盖住的那些，因而都是有限的量。判定理论价值的尺度正在于它能解释的事实的多少。除理论说明的事实之外，可能还有尚未或难以进入理论逻辑系统的事实被个别经验性表述"抓住"。只要符合事实，即使没有进入理论系统，个别经验性认识表述的价值也不能否认。有些模糊性经验认识如若与先定表述形式系统有严重冲突或未能与其他已确认的经验事实联系起来，它就不能进入形式系统，甚至不能形成符号表述。因此，事实与价值的理论统一还必定受到符号形式表述的限制和影响。符号形式表述系统愈完美和复杂，这种限制和影响的可能性愈大。因为形式愈精致严密，后发现的经验事实进入这个形式系统就更难处理一些，形式本身的逻辑要求就更高些。被经验抓住的个别事实可能一时不能进入形式系统，但不能因此断定理论建构者就否认这个经验事实。马克思理论逻辑形式表述的精致和严密要求我们应该特别注意这一点。其次，概念模型是"帮助行为者探索问题情景诸方面的工具，而不是对现实世界组成部分的描述"①。《资本论》尤其是第一卷中的诸原理常常正是概念模型层次上的表述。我们不能把它当成对具体事实的最终分析结果和最后结论，更不能以此否认某些在它之外对真正事实的经验表述和理论表述。因为马克思的模型和形式系统对事实是开放的，而不是封闭僵死的。再次，理论逻辑系统中概念模型层次上的认识与经验表述之间以及与思维具体层次上的认识的差异，正是价值与事实二者冲突在理论中的表现。把这三者区别开来，是分析这种冲突在理论中的表现的前提。对马克思来说，以概念模型为框架把所获得的一切经验认识材料统一组织进理论系统，达到思维具体的水平，是解决事实与价值的理论冲突的基本思路。在这一活动过程中，理论系统的逻辑化形成及其程度的

---

① 诺顿语，参见（英）P. 切克兰德：《系统论的思想与实践》，左晓斯、史然译，华夏出版社1990年版，第312页。

提高并不意味着对事实说明的完成以及说明程度也肯定提高。在很多情况下，理论会偏离事实走进逻辑推演。一旦如此，问题最有可能出在模型建构上，也可能出在因立场、角度和能力对事实的经验观察结果上。作为泛逻辑主义的反对者，马克思是谨慎地防止这种逻辑推演的。最后，思维具体水平上的认知是相对的和历史的。客体本身和主体（视野、方法）的开放性变化决定了经验事实也在不断变化。要求对一切经验事实做出说明这个提法本身就是成问题的。所以，事实与价值的理论统一也只能是相对的、历史的具体统一，就是说，事实与价值的冲突是内生于哲学文化中的恒固存在，不能一劳永逸地获得解决。马克思理论解决此冲突的价值在于其方法论和思路，而不是最终结果。

二、实践解决

从理论角度看，事实与价值的统一取决于价值如何确定和通过什么途径、方法对事实进行说明。而从客观现实角度看，统一又受制于事实的变化：事实朝什么方向变化？能否向着设定的价值实现的目标变化？在对这一问题的求解中，蕴藏着一座从事实过渡到价值的潜在桥梁。事实与价值在现实存在中的矛盾将在作为实践活动结果的历史发展中不断得到解决。这是马克思历史观中蕴含着的第二种解决事实与价值冲突的思路。

从某种意义上说，哲学就是对人与外在世界之间关系的理论探究、沉思和澄清。当人们从外在于己的那个浑然一体的世界中把自己分隔和超脱出来确证自我时，就意味着哲学意识的诞生。组成这种意识的发生学前提至少有两个：人通过内省和外喻等形式对自己这个微观世界的设想，以及与人对应的、由人解释的外在宏观世界。前者是人的意向和各类价值设定组成的隐喻性世界，后者则是由各种现实存在物组成的事实世界。前后两者的关系（矛盾、一致）在不同时期的不同文化中表现出的差异颇大。差异产生的最根本原因在于人对自身的价值规范和设定。在这里，"如何解释我们自身是一个至关重要的问题，它要影响我们将如何去塑造我们的将来，并且更为明显地要影响我们怎样去解释这个世界"[1]。对社会发展的

---

[1] （美）A.马塞勒等：《文化与自我》，任鹰等译，浙江人民出版社1988年版，第91页。

目的性设定就是对能够在理想人形象的实现中存在的某些理想价值的认定。以各种先定文化和新创文化中那些被视为应该存在的东西为素材搭架起的理想人类自我构成了实践目的性设定的前提。由于近代"发展"观念中一直含有胚胎发育的隐喻，发展的定向被认为是自然的、无须考察的。人们认识不到这种定向与价值设定和价值选择密切相关，反而认为发展是纯事实本身的自然运动，自然运动则由内在的严密必然规律支配着。这种严密规律在理性的逻辑中获得形式表述，而理性认知到的规律不折不扣地就是认知对象的内在规则。理性得出的严密规律会自然地保证价值理性的实现。价值理性"与事物的本质相一致"，与自然本性相一致。人们肯定会以自己的努力促进自然规律决定了的善事。这就是近代发展观的价值理性自然实现论。在这一论证中，作为事实与价值冲突之表现的逻辑规律与事实本质的矛盾、价值目标与事实运动的矛盾以及规律与人活动的矛盾很突出地显现了出来。考虑到黑格尔对这一论证的阐发和机械唯物主义亦在弘扬严密必然规律的事实，摆脱黑格尔、超越机械唯物主义的马克思想必充分体验到了事实与价值的近代冲突的精神意蕴。在马克思看来，工业社会的实际发展不是正在实现而是某种程度上正在泯灭着功利主义和理性主义所设定的众多价值，物化正在吞噬一切！问题在于，马克思试图解决人类发展进程中事实与价值冲突的思路和理论关键何在？

我认为，马克思通过澄清历史规律的真实样态揭示出社会发展并不存在一个预先设定的目标（目的），因而历史发展的结果取决于参与实践的各种实在力量如何组合和如何运行，从而把发展目标的确立规定在人类实践的各种客观力量和主观参与因素的交互作用中，把设定价值理想的现代化与实践初始的事实条件和主体的选择性参与联系起来，才为事实与价值的统一铺设了实践桥梁。在对事实与价值二者冲突的这种实践解决中，关键性的理论环节有两个：

一是对社会历史规律的重新规定。从历史方法论角度看，历史规律只能是对一定历史区间内居统治地位的主导趋势的表达。人们认识历史规律时难免要弃舍掉的那些非重要的因素、关系以及重要的因素和关系中的非重要方面，却又常常在交互作用中酿酝成次要趋势和随机机遇，它们与主体力量的不同结合会对实际的发展进程产生不同的影响，或者说，它们发挥的历史作用取决于特定环境条件下历史主体如何利用它。不同阶级、不同阶层和集团的主体由于其利益和价值趋向的差异，他们选择何种趋势和机遇并把自己和自己能调动起的力量凝聚于何种趋势的实现也会产生差异。并不是一切主体力量都能自觉地选择主导趋势予以维护和奉献（那是理性主义的假定），利益或价值趋向的不同会使特定阶级或阶层、集团的主体把自己的力量倾注于维护某个次要趋势，甚至会使某些主体力量放弃对发展的选择参与而甘愿被动地等待接受一种既成结果。发展目标首先就是在这种客观态势和能够占有、利用不同客观力量的主体力量的多种复杂结合的交互作用中形成的。在某些历史环境中，被确立的目标不一定就是历史发展规律所要求的。社会向何处发展以及怎样发展并非完全机械地被规律所垄断。客观态势、客观力量因素、机遇和主体力量及其组合结构，都构成规定发展目标、发展进程的因素。

这样，社会就表现为一种客观既定存在与主体实践的选择性参与交互作用着的系统，而不是既定存在按预定好的轨道自然运行的自在系统。人类实践对社会发展的运行也就获得了一定自主性。如果说"把历史设想成发展就是把它设想成理想价值的历史，理想价值是唯一有价值的东西"[①]，那么，在上述基础上，主体设定的理想价值并不必定就是无意义的浪漫想象。只要价值目标相对现实状况和人的要求而合理，它在历史实践造就的发展中就可以获得实现。事实与价值的冲突就可望在实践促动的发展中不断获得解决。对马克思来说，这就意味着，必须而且能够创造一个新世界，在它之中，那些积极发展着的进步事实不再被统治阶级的意识形态所歪曲和掩盖，与此事实相一致或建立于其上的价值目标将获得实现。由于统治阶级意识形态已构成维持统治的现实的组成部分，其中有许多价值性概念假定、滞后的观念和方法及思维框架，所以，从价值角度看，这里的关键问题表现为两个：对意识形态的批判与超越，合理确立价值目标。它们共同构成了实践地解决事实与价值冲突的第二个关键环节，我们着重探讨后一方面。

二是对价值目标的合理确定。对此，首先必须消除这样"一个实证主义假定：在现实世界中有一个这样的系统，这个系统的目标能够加以界定"[②]，系统在运行之前便事先内定了一个固定目标的观念是不符合事实的。社会发展的目标是在客体运行与主体因素（包括价值）交互作用中被

[①] （意大利）贝奈戴托·克罗齐：《历史学的理论和实际》，傅任敢译，商务印书馆 1982 年版，第 217 页。

[②] （英）P. 切克兰德：《系统论的思想与实践》，左晓斯、史然译，华夏出版社 1990 年版，第 312 页。

确立的。目标与价值的关联几乎是现代社会科学所取得的一个共识。认为只要经济增长、物化财富增多便肯定带来一切方面的繁荣进步的想法愈来愈被证实为盲目乐观主义。因为以之为目标的发展给世界体系已经并继续带来人的疏离、不平等、生态破坏、城市犯罪、暴力增加以及"烦"与"畏"等一系列问题。因此,发展绝不是全方位的进步,只能是以某些方面的颓败和停滞为代价,以某些方面后发展和不发展为前提的某些方面的优先展开。因此,对目标的价值选择非但现实而且也是必然的。于是,发展不仅是客观态势和客观因素的自然要求,更是主体根据合理价值选择及其相应手段通过对客观因素的一种合理组合而对某种态势的促动。目标选择、相应的手段选择以及人的自我观念都会对发展样态发生明显影响。就目标选择来说,首先,它是对历史趋势的选择。目标只有在符合发展主导趋势的前提下才可能获得合理性与现实性,而与主导趋势相悖的目标不可能长期生存。由于主导趋势往往与先进生产力的代表相关联,目标首先应由他们去确立、引导和组织实施。其次,根据人的需要合理排定价值次序,在发展不能造就全方位进步的前提下,合理安排目标追求的先后次序,把发展引起的某些破坏性减少到较低程度。这种价值选择是通过问题的确立、选择和求解等渠道实现的。按照辩证法的观点,社会发展由内在矛盾促动和引发,但矛盾常以群组方式出现,不但人们不可能平等对待各种矛盾,不同的主体因利益和价值的差异会在矛盾群组中优先选择一些矛盾予以求解,而且即使同一种矛盾不同主体对其认知、求解的次序和手段也可能会不同。所以,客观存在的社会矛盾大多并非自然地直接导致发展,而往往在主体对其认知、重要性认可和确立求解手段等环节中化为"问题"之后,经由"问题"间接进入发展。所谓问题,我们界说为实践主体意识或认知到的矛盾。主体认识到矛盾直接与产生了一种尚未满足的需要相关,他(们)希望通过解决矛盾达到需要的满足,所以,巴尔特"把问题定义为一种尚未满足的需要,这种需要要求把已知的目前形势转变成人们心中期望的形势"[1],虽不确切,倒颇有道理。正因为问题的确立总与主体需要相关,为了特定需要,人们有时以夸大矛盾的方式扩展问题强度,甚至根据微弱或莫须有的矛盾人为制造问题,从而使客观矛盾与问题有时产生较大差异。这就引出了目标问题的唯物主义态度,即依据客

---

[1] 联合国教科文组织编:《对世界问题的认识与分析》,中国对外翻译出版公司1989年版,第29～30页。

观矛盾的实际状况确立问题,而后在对问题的合理选择和对求解手段的选择中确立目标。夸大或制造问题与先盲目确立目标而后依据目标实现的障碍来确立问题,非但不是唯物主义态度,而且会在实践中带来更严重的问题。在趋势选择之后,发展目标就是在对进入实践系统的问题进行选择和找寻手段求解的过程中确立的。并不是所有矛盾都能成为实践问题,也不是矛盾肯定以本来面貌成为问题,更不是社会实践会调动终归有限的力量去求解一切问题。只有具备求解价值的社会矛盾才构成推动发展的现实因素,那些未被注意的矛盾则以潜在的作用方式自然地对发展发生作用。

于是,社会实践总是变动地、"经济地"求解那些有意义的问题。这就意味着事实和价值在实践系统中的密切关联。发展观上的唯物主义原则就是要求以事实为基础合理确立价值和问题,而后调动和凝聚起实践力量去不断解决这些问题。但对问题的求解绝非因为确立的合理性而一蹴而就,相反,"应该完成的事情,必得在无限多的问题上作艰苦的运筹调度才能完成"[①]。正是在这一次次的完成中,社会实践通过求解有意义的问题组群,不断实现着人类的价值意向,从而不断解决着事实与价值的冲突。

---

① (美)熊彼特:《资本主义、社会主义和民主主义》,绛枫译,商务印书馆1979年版,第514页。

第四章 自然·自然性·自发性

——再论社会发展的"自然历史过程"

无论是在关于社会发展的"自然历史过程"的讨论中,还是在关于实践唯物主义的讨论中,以及涉及如何评价"西方马克思主义"的某些思想时,"自然"范畴都是一个相当关键的范畴。尽管国内外都有过专门论述马克思"自然"概念的专著,但似乎都没有把这一概念的多义内涵及其系统性说清楚。在这种情况下,对马克思"自然"概念做一些语义分析,区别其多种不同内涵,并把这些内涵当作一个具有内在联系的系统来把握,对于进一步讨论新唯物主义的许多问题,不仅是必要的,而且成了一个最起码的前提条件。本章将从这种分析出发,继续探讨社会发展中的"自然性"问题,特别是关于社会发展的"自然历史过程"问题。

一、马克思理论中的多义"自然"

"自然"和"自然过程"本来是大自然本身的存在和运动,不带有价值和文化的意义。但一经与人发生关系,被不同文化背景下的人所表达,它就具有了文化符号的意义。所以,"自然"和"自然过程"意味着什么这一问题,在不同文化、不同理论那儿得到的回答可能不一致,甚至相反。中国古代视自然为至高无上的天地,西方近代却视之为机械复合体式的"奴隶";古代视自然过程为轮回,西方近代开始视之为线性进步……。随着社会文化的发展,人类理解的"自然"和"自然过程"也在不断变化。既然如此,生活在西方近代文化后期和自由竞争的资本主义商品经济背景下的马克思,其心目中的"自然"所包含的内涵当然也有很强的独特性。马克思不是自然科学家,他并不从自然科学角度研究具体的自然现象和过程。他之所以关注"自然",主要是由于"自然"与其社会理论的中心范畴"实践"有不可分割的密切联系,即自然构成了人类实践的内在要素。现在的问题是,实践视野内的"自然"是指什么呢?

略而言之,实践视野内的"自然"至少有以下多种含义:

本然的大自然,即本体论上意义那种未被符号化尤其是未被理念化的自然。它首先以感性形式进入实践意识,它是实践发生的原始基础,也永远是实践得以存在和发展的基础;同时它也构成人类意识产生的历史土壤。这种"自然"含义我们称为自然Ⅰ。对自然Ⅰ,马克思的定义是:"凡不是人的活动的结果,不是劳动的结果的东西,都是自然,而作为自然,就不是社会的财富。"①马克思一开始关注的"自然"就是这种。他把它称为"外部自然界"或"外在的感性世界"。但随着他从实践的角度理解外在感性世界,"自然"的含义和范围发生了一个根本变化:人类实践创造的某些结果性存在也构成了人类的自然。于是,又有了以下多种"自然"。

自然Ⅱ:由人类活动创造的,但因由来已久、难以具体指明其形成机制的或长期不变的某些东西。这种含义的"自然"既以名词出现,又多作形容词和副词用。如"语言,也是感性的自然界","劳动是人类生活的永恒的自然条件",思维是一个"自然过程"等。

自然Ⅲ:指资本主义商品经济之前那种自给自足的社会经济现象及性质。在这种状态下,耕、牧、纺、织、缝"在其自然形式上就是社会职能",无须把它们交换出去以得到社会承认。不过这种状态下也存在自发形成的规模有限、结构简单的商品交换,也有"自然形成的资本",但它们没有也不可能造就人与大自然、人与人之间全面发达的关系。这两种关系还很狭隘,在其支配下的发展一是很缓慢,二是以不同地区、部落、民族和部门间少有联系的孤立形式进行,三是常遭受突发性偶然事件的干扰并可能中断。资本主义商品经济的发展渐渐消除掉了这种自然现象,使"自然"范畴的含义在扩展、改变、分化中不断复杂起来。

自然Ⅳ:理念化的自然(胡塞尔语),即被理性规范为规律存在体的自然。机器大工业的发展呼唤出的近代自然科学大大改变了"自然"范畴的含义。它放弃了原先那种散发着生命光辉的感性直观的自然形象,使自然和理性从上帝的怀抱中挣脱出来成为自立自足的存在,并开始把自然视

---

① 《马克思恩格斯全集》第26卷(Ⅲ),人民出版社1975年版,第473页。

为合乎理性的第一块天然园地。它认为自然是用数学语言说话的，在一切自然（首先是物理）事件之间必定存在着数学逻辑般的严格秩序。于是，"自然"就成了规律的存在体。

在讨论近代理性背景下诞生的这种规律意义上的自然对社会历史的意义时，必须注意马克思对它的两种态度。首先，他反对近代科学前期存在的、并由古典经济学挪移来的反历史的规律"自然"。这种自然观念认为，自然事物都有一种永恒不变的内在本质（规律）。这本质是事物天然如此具有的，并无形成、发展、演变的过程。资产阶级古典经济学正诞生于"反历史的 18 世纪"，它充分汲取和承接了 18 世纪"自然"概念中永恒的规律性意义，并进一步价值化，衍生出"天然合理"的新义。马克思坚决反对这种"自然"概念，认为把资本主义的经济规律说成"自然规律"（在这样使用此概念时有时加引号，有时干脆不加），把资本主义生产当作社会生产的永恒的、永远合理的"自然形式"，是资产阶级意识形态的狭隘眼界。这种众所周知的资产阶级意识形态概念我们称为自然Ⅴ。相对于此，马克思高度评价关于进化现象的"地质形成史""动植物器官形成生长史"的自然观念，尤其高度评价黑格尔从胚胎发育的渐成论那儿改造来的"发展"观念，并主张从历史变化的角度理解规律存在体的自然。

其次，马克思高度评价对感性世界（自然）的理性化认知和改造所带来的历史进步性。在这方面他的闪光思想是，作为社会存在和发展基础的"劳动"，随着商品经济的逐步开展不断发生着一种根本性的变化。《资本论》时期的他没有停留在劳动是社会发展之基础的泛泛之论上，而是历史性地探讨**什么样的劳动构成什么时期的社会发展的基础**。不仅如此，他在历史地具体探讨何种劳动构成何种社会之基础的同时，更着眼于对自然的理性认知和改造所带来的社会后果上：理性对自然的胜利导致了社会理性化的盲目运行，使人正在成为理性化运转的奴隶。更可怕的是，理性化若成为人不问其存在理由与根据的本然如此状态，那将是人类的灾难。正是在对这种状况的分析中，马克思看到了一种独特的"自然"现象。

自然Ⅵ：商品经济副产品的"自然"。各单位的分工、生产、交换很大程度上受偶然性机遇和任意性的影响，只是在自发形成的秩序中才存在"必然性""规律"。这"必然性""规律"在一定程度上也是由于主体没有（能力）对整体体系施行合理调控所致。他说，商品生产中"一种内在联系把各种不同的需要量连结成一个自然的体系"①。人与这体系的关系仿佛成了自然关系,"存在于个人之外并且不以个人为转移"。这体系中的各种社会条件也"表现为自然条件,即不受个人控制的条件"。这种含义的"自然"基本上是"无法控制""自发的"意思,且作为形容词使用。在"自发"的含义上,它又与自然含义具有某种承续关系。在这一承续关系上,自然性=自发性,它自人类历史之初便伴随人类的创造,至资本主义时期仍然作用显著,且规模和范围都在扩大。马克思对自然Ⅵ现象的批判态度把超越这一现象诉诸历史实践的进一步发展。"超越"意味着什么呢?笔者认为,**自然Ⅵ标志着马克思哲学思索"自然"所达到的最高度,同时与其他含义相比在当今也最有讨论价值**。这些讨论分析我们将在本章第二、三部分初步展开。

自然Ⅶ:价值应该的"自然"。思想未成熟的青年马克思有这种观念。这种观念把价值成立的根据判为先天自然,从而把自然看成了盛装善、美等非物化价值的容器。马克思在《1844 年经济学-哲学手稿》中视男女关系是最自然的关系,是类的关系,这"自然"就有理想性的本然善的意思,有"应该"的意思:男人只有把女人看作同样的人对待才合乎自然。

除以上诸种"自然"含义外,还有以下几种。自然Ⅷ,审美意义上的浪漫化"自然"。马克思对它的评价不高。自然Ⅸ,逻辑意义上的"自然",理所当然的意思。这种用法在马克思那儿很少。自然Ⅹ,表示具体的、未抽象化之意。例如说魁奈没有从普遍性上把握劳动,只把它当作一种特殊的、具有自然规定性的形式。

二、把握住似自然过程论的本质内涵

上述分析表明,"自然"在马克思的理论中是一个由多义内涵构成的复杂观念。**以前我们仅在实践的发生前提意义上谈论自然及其与人的关系,没有从实践造就的结果形态上看待社会历史的自然及其与人的关系。于是造成了视野的狭窄和落后**。国内出版的有关专著是这样,即便是施密特,在其名著《马克思的自然概念》中也没有完全越出这一步。他认为马

---

① 《马克思恩格斯全集》第 44 卷,人民出版社 2001 年版,第 412 页。

克思把自然视为"人的实践的要素,又是存在着的万物的总体",而没有从实践创生结果中挖掘"自然"的深层意蕴。近年人们讨论人和自然的关系,大多只盯住人和外在大自然的关系。人与人类实践自生自创的各种"自然"(不是"人化自然"!)的关系,这个马克思早已做过研究的问题,一直未引起足够重视。其实马克思的深刻和独到之处并不在于人对外部感性世界的理性认识和改造上,**而在于对这种理性改造所带来的问题和对社会性自然的批判性认知和实践改造上**;在于他已隐约发现,人对外部大自然的理性改造关系中所出现的问题正出自人类实践自身的创生系统中,或者,实践在社会历史中造就的"自然"就是问题的根源。就是说,真正从实践角度看待自然,就不能只停留在自然是劳动的前提和对象这种朴素水平上,也不能停留在对自然的理性认知和改造的近代水平上,而应该着眼于现代高度追究实践创生的各种"自然"及其根源、功能和发展前景。这是其一。

其二,鉴于"自然"范畴的多义性,在讨论与此有关的问题时,就应该有基本的语义澄明,否则就会导致混乱。同时,鉴于"自然"所蕴多义的系统相关性,讨论也应立足于多义组成的结构,不能抽取其一无限发挥。就社会发展的"自然历史过程"理论来说,马克思在不同场合使用的"自然"一词具有不同的含义所指,绝不是在任何地方出现的"自然"一词都包含有前述十种含义;更不可以把某特定场合下使用的"自然"一词的具体含义抽象泛化,然后不加分析地直接应用于其他场合去立论。有鉴于此,本章重申,要恢复在我看来是马克思社会发展似自然历史过程的下述理论本义:一定时期内的历史实践创生的"自然"与作为实践前提的"自然"在对人的关系上的相似性,与坚持社会发展具有规律这一命题并不矛盾。相反,人类实践创生出的与原态自然相似的各种"自然"现象,其存在和运动都有特定的规律。就是说,**上述理论本义与规律性有不可分割的关涉联系。但它关涉到的不是有没有规律、坚持不坚持发展的规律性,而是各历史时期社会历史规律存在和作用的特定历史方式。**马克思反对的正是规律"通过人的实践活动而实现"的某些特定的社会方式!马克思对人类实践自己创生的"自然"现象的批判态度就是主张通过变革消除那样一种盲目力量通过个体和分散的群体实践实现的社会状况。大谈规律通过人的实践而实现尤其是展开,不见得符合马克思新唯物主义,倒很可能堕入神化规律的黑格尔式命题。① 我认为，把社会过程分为"客观的"和"人的"两方面，再"统一"起来（暂不对这些词进行语义分析），把社会发展理解成通过人的实践而实现的自然历史过程，就以为是马克思社会发展似自然进程理论的意指，这是因过度抽象泛化而造成的对马克思的莫大误解。马克思从不这样玩弄"人的""客观的"等抽象名词，而是具体分析具有一定历史性的社会过程，分析社会过程整体通过哪些人的实践而实现、怎样实现，对哪些人是外在的、对哪些人是不知不觉的，等等。抽象掉特定时期特定集团的人和社会实践的具体历史性而泛论通过人的实践实现的社会过程，并不加区分地抽象和弘扬，正是不折不扣地掩盖了马克思理论的真实内涵：区分各种不同的通过人的实践实现的合规律的社会过程，分析它们的落后性、进步性和发展的规律性，并致力于逐步合理改造社会自生的"自然"现象。这是我们从语义分析角度得到的一点结论。

进一步地说，立足于西方近代文化那种人与自然深度分裂的背景上把社会过程视为统一自然界中的特殊运动是个愈来愈具有现代意义的思想，显然，在现代坚持这一思想比在古近代要有意义得多。但把人及人类社会附属于大自然，视社会过程为自然进程衍生出来并由它决定着，且认为这统一的进程受某种不以人的意志为转移的法则的支配，却是古代文化中便有的观念（虽然用词不一样，但词义极相近）。中国古代先哲早就把社会历史现象纳入自然予以解释。公元前8世纪的古希腊诗人海西德则把社会历史过程理解为从繁荣到衰弱、周而复始的循环轮回，而它当然是受不依人的意志为转移的某种法则支配的。近代思想中的理性主义冲动也急欲填平合理性的自然与非理性的历史间的鸿沟，把自然与历史统一于理性。黑格尔便是在胚胎发育隐喻的基础上把社会历史"发展"理解为有严格规律的合理性过程。**马克思要做的主要工作并不是大书特书历史有一个自然基础，以及人类历史进程具有与自然规律同样的规律**，而是要批判地揭示在自然基础上人类实践发展过程中创造出的不合理的副产品，揭示社会历史规律与自然规律的不同，借以区别对历史只予以自然化的简单理解，区别对历史规律的近代自然科学式的简单理解。如果认为社会发展似自然进程的重要理论命题就是指历史有一个自然基础和历史具有规律，那就把马克思这一命题所蕴含的比之更精深更有高度的思想内容遮蔽起来了。所以，马克思关于社会发展似自然历史这一理论命题的特定含义虽以"社会发展

---

① 参见拙作《历史规律研究的四大转变》，《江海学刊》1993年第5期。

以自然为基础""历史与自然都有规律性"为基础,但并不归结为这两点,而是具有更为深刻的思想内容。诸如,高于黑格尔的历史规律观,对自然Ⅵ的批判性认知和改造等。可以肯定:首先,马克思关于历史自身的自然的产生、发展和逐步得到认知与改造的理论,标志着马克思社会发展理论所达到的时代高度。这也就是社会发展似自然历史这一重要论题的特定内涵所达到的时代高度。尤其是对自然Ⅵ的批判分析与实践改造论,使马克思成了分析现代化发展的负面性的一位思想先驱。后来韦伯所谓脱离和泯灭价值理性的社会合理化进程、卢卡奇所谓只有把握住整体性的主体才可能认识和改变的物化和原子化历史趋势、霍克海默与阿多诺所谓启蒙理性因其内在逻辑走向自己反面进程,基本上都是在马克思上述思想基础上的进一步延伸和发展。其次,我们对似自然进程论的解释,正是为了避免那种仅仅在实践的前提意义上看待自然,并因此把社会发展似自然的内涵只是解释为社会历史有一个自然基础和与自然一样具有规律性的简单朴素倾向。最后,必须指出,人对社会史创生的"自然"现象就像人对原自然一样,一开始无知,然后逐渐提高认识水平,并进行合理化改造。马克思"自然历史过程"论正是要超越仅仅把社会历史视为规律存在体并因而把它完全合理化、把社会创生的"自然"视为永恒合理来弘扬的思想水平,超越对社会及其"自然"只是认知合理化的水平。把马克思的这一理论理解为社会历史有自然基础和也有规律性,正是停留在这种认识水平上,而没有体会到马克思这一理论包含的那种要求对社会的"自然"进行艰苦的实践改造的实践含义。

三、对自然Ⅵ的再探索

在建立和完善社会主义市场经济体制的今天,关于自然的思考又具有了突出的当代意义。在这方面,问题的核心在于,自发性在现代社会发展中的地位和作用如何?

可以说,关于这个问题的见解表述目前仍比较模糊和混乱。近代西方启蒙理性主义不加区分地视自发性为落后的观点仍未受到批判性反思,马克思关于自发性在社会发展中地位和作用的思想也没有得到认真深入的研究,更谈不上对现代科学(包括社会科学)关于自发性的新思想进行分析、批判和汲取了。相反，在马克斯·韦伯等人"现代化就是一种理性化扩张"思想的影响下，国内的一些研究者对现代化中的理性化扩张抱有较片面和模糊的理解，甚至认为它意味着把一切都理性化，并取消一切自发性。本章为此提出两个基本问题：自发性都是落后的、该消除和能消除的吗？商品经济等于由自发性支配的经济吗？把自发性看作一种落后，是一概应予消除的，甚至把它与愚昧和群众联系起来，这是试图把经济、政治、道德、文化艺术都理性化的近代理性主义所持的观点。近代理性主义把理性甚至是思想观念形态的理性视为发展的启动和推动力量，认为未达理性者就只能在发展边缘徘徊，甚至在圈外无目的地盲目运动，无法参与合理秩序的塑造。这种思想倾向自19世纪末以来一直在近现代中国思想史上甚有影响，直到现今也未受到彻底的批判性审视。它把发展解释成一群"理性人"的事业，是理性先知带领和利用无理性的盲从者走上历史运行的"正轨"。先知们通过启蒙、灌输等手段把多数人从自发活动水平提升到自觉致力于启蒙者认可的目标的活动水平上。从自发到自觉于是就成了至今仍深有影响的一个发展模式。这个模式把达到理性自觉当成了实现发展目标的必要前提，把发展寄寓在参与主体为了理性的实现而具备的理智能力，甚至牺牲自我利益的理性自觉修养上。于是，按理性要求而不按实践利益行事的"理性人"和完全合理性的严密规律就构成了发展实现的保证和基本特点。把两个保证结合起来考虑，就得出了未认识到发展规律的人处于盲目、自发状态，而认识到发展规律的人则处于自觉状态的二分法结论。长期以来，我们没有对这种二分法进行深入的分析研究，致使当今中国的社会主义实践早已不再崇拜"把社会改造成完全按理性运转"的启蒙理性主义梦想之后，也就是社会主义实践已经走出启蒙理性主义的误区之后，我们在理论上还没有及时跟上实践的步伐，没有及时对自发性的作用、对自发→自觉模式、对现代理性的结构与功能做出符合时代水准的理论研究与回答。

其实，虽然马克思在19世纪不可能立足现在的问题进行思考，但他对神化自我意识理性的鲍威尔等人的批判已使他在走出启蒙理性主义误区的道路上迈出了一大步。他充分肯定了自然Ⅰ的历史进步意义，认为自发产生的许多文明成果虽然对现代人而言是"自然"的东西，但却是社会进一步发展的基础和条件。商品经济的文明就是在这种基础上缓慢发展起来的。把自发性一概看作该贬斥的落后，甚至与群众联系起来，那是成熟马克思所反对的。在他看来，自发产生的分工、自发形成的商品交换、自发形成的资本等等,都是商品经济进一步发展的历史基础。"以分工为基础的协作或工场手工业,最初是自发地形成的。一旦它得到一定的巩固和扩展,它就成为资本主义生产方式的有意识的、有计划的和系统的形式。"① 从工场到工厂,也是"自发进行的工业革命"。到了机器生产阶段,资本主义生产就开始自觉地应用科学技术来缩短必要劳动时间了。所以,资本主义生产及其发展就整体而言并不是完全由自发性支配的。**自发与自觉两种性质的因素在其中是结合在一起并存在。问题的关键不是要不要自发性,而是自发性与自觉性在一种社会生产中以何种独特的组成结构和运转方式结合起来。**就整个社会而言就更是如此。资本主义生产中的自觉性因素,除了"对自然科学自觉有计划的应用",还有一系列法律干预,如"工厂立法是社会对其生产过程自发形态的第一次有意识、有计划的反作用"②,以及通过军事力量开拓市场、采取贸易保护政策,等等。当时,自由资本主义的单个企业的生产经营都有计划,由它们组成的整个社会生产却不是这样。但马克思在从合作工厂向股份企业的转变中发现了一种趋势:生产的社会化不但造成对经济生产的管理与资本所有权发生分离,而且从自发市场调节中内在地发展出了一种范围逐渐扩大的、对自发性的有意识的自觉调节。在这个基础上,他设想未来社会的发展要超脱出自发性占主导地位的自由竞争的社会经济形态,超越自然Ⅵ所标志的这种以自发性为主导、主体对其整体不能调控的社会经济形态。至于这种超越是否能完全取消自发性调节,达到完全由理性控制的水平,他没有做出十分确切的说明。在思想未成熟的早期,尚有把劳动转化为完全自主的活动、"消除一切自发性"等与所批判的鲍威尔等人相关的思想残留。在对黑格尔理性主义的批判达到一定深度和水平之后,他就不再简单地看待自发性和自觉性了。当然,要进一步探讨他在这方面的思想,就得涉及他的"理性"范畴。

继马克思之后,现代科学更是在与自发性有关的问题上取得了进步。它进一步继承和拓展了近代科学后期取得的秩序世界与历史性变化相关的思想。耗散结构论认为,开放系统和非平衡往往就是自发形成某种结构和秩序的不可逆过程的基础,是有序和组织之源。詹奇的自组织论和拉兹洛的广义进化论都认为,作为系统不稳定标志的内部涨落在系统内部自放

---

① 《马克思恩格斯全集》第44卷,人民出版社2001年版,第421页。
② 《马克思恩格斯全集》第44卷,人民出版社2001年版,第553页。

大，构成自组织的基础，并造成多种不稳定序列。每个序列都可能导致自发形成某种新的自维生结构。涨落也许是随机的，但它造成的结果却不再是纯粹随机的了。在这里，关键是适当条件的具备。"在每个层次上，如果适当的条件建立起来了，那么自组织过程则取代了随机发展，在此'起点'，处于均衡，并促进和使得复杂性秩序的出现成为可能。"① 这表明，**不经过一定时间的不可逆振荡和系统自组织，一下子就确立起十分合理的秩序规则，是不可能的。**大自然的进化是一种自组织的进化，自发性在其中有关键的作用，而这种作用与机遇的存在和功能密不可分。社会历史的发展虽有了不断增长着的理性自觉性，但没有自发性、机遇导致的自组织进化做基础，规则秩序的形成与存在也无从谈起。

在探讨自发性对人类文明的进化的突出作用方面，哈耶克（亦译"海耶克"）是一位代表。他把人类文明进化的根本基础看作既非本能，亦非理性，而是处于本能与理性之间的东西，是自发产生的那种人际合作的复杂的扩展型秩序，是自发形成的语言、货币、法律、市场秩序和道德准则，虽然不断进化着的理性能够对它们进行合理调整和改变。据此，"决定价值体系与社会制度的不是先前的起因，而是一个具有特定结构或特定模式、且毫无意识的自组织过程"②。笔者认为，这种对自发性社会作用的肯定是有道理的。哈耶克的错误不在于做这种肯定，而在于他仍然未走出"自发—启觉"简单二分法的误区，即把自发与资本主义联系起来，把自觉与社会主义联系起来，借以攻击社会主义是"理性乌托邦"。其实，不但马克思的工作努力正是要把社会主义从那种主张把一切都理性化的乌托邦之梦中解放出来，而且，正在致力于改革开放的现实的中国社会主义也绝不像哈耶克攻击的"社会主义"那样否定商品经济的自发性作用，更未否定其他方面自发形成的文明成果及其作用，没有追求绝对理性化。中国社会主义的改革开放已经使哈耶克关于自发与自觉的二分对立失去了意义。中国当代社会的发展与当今世界发展的新格局都已经走出了上述二分对立的误区，并在努力寻求自觉与自发、自组织与理性规划相互融合的新机制。可以说，自组织与理性调控的相互融合构成了当今社会发展的鲜明

---

① （美）埃里克·詹奇：《自组织的宇宙观》，曾国屏等译，中国社会科学出版社 1992 年版，第 14 页。
② （英）F. A. 海耶克：《不幸的观念》，刘戟锋、张来举译，东方出版社 1991 年版，第 5 页。

特色。这说明，首先，正如世界体系论代表沃勒斯坦所说，要否定"以五花八门的伪装出现的自发社会—理性社会这个两分法"①。我们不是从自发社会走向理性社会，也不是坚持社会活动的一切自发性。事实上，**每个社会都是某种理性社会，从中产生出它自己特有的自发社会；或者相反，每个社会都是某种自发社会，从中确立起自己特有的理性秩序**。理性社会许可、鼓励、要求和创造出一定的自发系统。自发系统是理性社会存在和发展的基础。既然每个社会都会有或产生出自己相应的自发性，那么，关键是取消那种与该社会不相适应的、不合时宜的落后的自发性。要取消一切自发性是不可能的梦想。其次，由于自发性的作用功能与机遇涨落密不可分，在现代科学新机遇观的催促下，对自发→自觉二分对立模式的变革和对自发性特定的功能的肯定，势必也要求对历史规律、历史机遇进行新的思考。社会的运行和发展完全受符合近代理性的严密规律的支配，偶然机遇属于"感性幻象"②，背后肯定隐匿着时时刻刻都在决定它的必然规律，这样的观念属于牛顿时代，并不符合追究复杂性的现代理性精神。所以，撇开历史机遇（或视之为靠不住的表象呈现，"理性"可以轻轻抹去）及其与社会历史规律和人的活动的关系，来谈论自由自觉的活动，认为抓住了规律就能不折不扣地达到自由，以致规律就等同于"自由自觉活动的现实结构和实现形式"，在我看来也是应该"超越"的了。无论在方法论上还是具体结论上，我们都该沿着马克思开创的对黑格尔近代理性主义方法和观念的反思与超越之路，立足现代理性，超越近代理性主义那种否定机遇的实际存在与重要功能、否定一切自发性的观念；超越那种仅从本体论层次上抽象谈论历史规律，只注意内容的客观性，看不到形式和方法对内容的影响的思辨式谈论水平；超越在近代二分法框架内做非此即彼的断定的水平。唯有如此，我们才能立足于一个新的维度上观见马克思"自然历史过程"论的创新性及其达到的高度！

---

① （美）伊曼纽尔·沃勒斯坦：《是否应当否定19世纪的社会科学?》，《国际社会科学杂志》1990年第1期，第95页。

② 黑格尔语，参见（德）黑格尔：《历史哲学》，王造时译，商务印书馆1963年版，第95页。

第五章　回归自然与超越自然

——三论"自然历史过程"

在惯常所理解的历史唯物主义中，自然是被改造的对象，改造成果即作为改造自然能力的生产力。一种强化马克思与恩格斯思想差异的观点甚至于把重视社会历史归于马克思，而把重视自然归于恩格斯，认为社会历史领域的唯物主义高于自然领域的唯物主义。按照这种观点，自然领域的唯物主义是低级的，而社会历史领域的唯物主义才是高级的。在自然领域贯彻唯物主义古老已久，没有什么新意，没有什么发展前途，只有进一步把唯物主义贯彻到社会历史领域，唯物主义才是完整的、有高度的。进一步地说，在青年黑格尔派的哲学转变中，像费尔巴哈那样从自然、感性、本能角度推进唯物主义，是无潜力可挖、没有希望的。只有从社会历史领域推进唯物主义，才是唯一有希望的路。由此，在这种理论逻辑中，自然的地位很低下，处于待改造的被动地位，意味着没有生命，缺乏主动品格，机械地按照内在的固有规律运行着；而且，自然与社会被对立起来，两者处于分离状态。由此，超越自然是唯一和最高的要求；回归自然似无必要，甚至是倒退。可是，马克思把社会历史的发展归结为一种自然历史进程，把社会历史归于自然。上述惯常理解与马克思的观点是否一致？是否存在矛盾？在总结、推进实践唯物主义的背景下，这一点很值得进一步关注。适度拉开与实践主体性的距离，重新审视马克思关于"社会经济形态的发展同自然的进程和自然的历史是相似的"这一命题的意义，显得十分必要。

一、告别近代主体性解释模式：确立作为
正当性与合理性的两种"自然"

1867年，在《资本论》第一卷德文第一版序言中，马克思提出了"把经济的社会形态的发展理解为一种自然史的过程"的观点，而后1875年在马克思亲自校正因而"在原本之外有独立的科学价值"的法文版中，这一观点被修改为"社会经济形态的发展同自然的进程和自然的历史是相似的"。① 如果说前者表示社会经济形态的发展"是"一种自然史过程，那么，"是"被改为了"类似"。

怎样理解"是"与"类似"的区别，体会马克思把"是"改为"类似"的用意和避免可能引起的误解，我国学术界于20世纪80年代末90年代初曾进行过热烈、深刻的讨论。② 讨论的关键点之一在于，如何理解作为社会经济形态发展基础、特质和问题的"自然""自然性"，及其与主体性的关系。在强调主体性的20世纪80时代，我曾把马克思这一重要命题的含义理解为，不只是强调社会经济形态的演变有一个自然基础和具有类似于自然规律的客观规律，而着重揭示现代社会发展不同于自然进化的规律的新颖性与特殊性，揭示现代资本主义意识形态塑造的、力图为既定秩序的凝固化和永恒化提供论证的"自然"的真实基础。这一解释体现了尽快改变、提升超越的实践主体性精神，呼吁为超越既定"自然"状态提供理论分析和论证，并认为这才是最值得当时的我们进一步讨论的核心所在。这一基本立场至今未变。但当时讨论的中心显然是主体性和超越性，对基础性和正当性意义上的"自然"关注不够。

从全面性和维持张力结构平衡性的角度而论，对基础性和正当性意义上的"自然"是需要加以强调的。在《自然、自然性、自发性》一文中，我曾概括出马克思关于"自然"的十种用法（含义），认为第Ⅵ种含义最

---

① 马克思：《资本论》，法汉译本，中国社会科学出版社1984年版，第839、4页。
② 参见《哲学研究》杂志发表的陈志良与杨耕（1989年第2期）、张一兵（1991年第2期）、刘森林（1989年第10期、1994年第3期）、陶富源（1992年第1期）、胡承槐（1992年第3期）、王贵明（1992年第7期）讨论该论题的文章。

有高度也最有价值。① 现在我的看法没有改变，但对第Ⅶ种含义的分析应加以修补。马克思没有仅仅在规律、法则意义上看待"自然"（从而，社会历史发展似自然历史过程也不仅仅系指社会历史发展同样有规律），也在规范、正当意义上界定"自然"。规范、正当意义上的"自然"不能仅仅理解为价值应该，更不能仅仅诉诸思想未成熟的早期，视之为盛装美、善等非物化价值的容器，而是指"自然"表示一种正当性、合理性的含义。它起码包括两个方面的意思：一是自然构成人类历史的基础与前提，无论人类历史怎样发达，它总也脱离不了自然的根基，超脱不出大自然给予的限制，并在这个意义上是隶属于大自然的，或者在某种意义上总是大自然历史的一部分。如果脱离开这一基础，设想脱离大自然根基的人类历史，那就是马克思、恩格斯唾弃的传统形而上学才主张的幻想，是与"上帝""幻觉""虚构""形而上学"直接联系在一起的意识形态。具有合理性和正当性的第二种"自然"的意思是，在人类实践奠基和造就的现代人类史中，也存在着一种使人类史的根基日益雄厚并具有正当性的"自然"，这就是由生产力、生产关系的进展所塑造的"自然"。如果说，为人类史奠基的"自然"是作为人类历史前提的"自然"，那么，使人类史的根基日益雄厚化的"自然"则是人类实践活动结果的"自然"。两者依次继起，密切相关，相辅相成。

之所以强调基础性和正当性意义上的"自然"，是由于现代实践哲学以自由为至高追求，并以自由贬抑自然所导致的。康德启动了自然与自由的截然区别，认为两个领域的法则互不干预，"自然概念对于通过自由概念的立法没有影响，正如自由概念也不干扰自然的立法一样"；在此基础上，他肯定自然低于自由，自由能利用和改造自然，即"前者（自然概念——引者）不能对后者（自由概念——引者）发生任何影响"，而"后者应当对前者有某种影响，也就是自由概念应当使通过它的规律所提出的目的在感官世界中成为现实"。② 虽然康德力图通过审美判断力来弥合自然的合规律性与自由的合目的性之间的冲突，但如果像后来的思想家从历史发展来解决这种自然与自由的冲突，就很容易沿着不断推崇自由、同时贬低自然，走向一种脱离开自然的根基、径直追寻纯粹自由的完美王国的结论。它表现于两个方面：一是内在性充足的主体自立自足，二是主体可

---

① 《哲学研究》1994 年第 3 期。
② （德）康德：《判断力批判》，邓晓芒译，人民出版社 2002 年版，第 9、10 页。

以建构、营造一个纯理性王国。马克思对这种倾向和立场持坚定的批判态度，保持足够的距离。在历史唯物主义的逻辑中，这都是传统形而上学的体现。

历史唯物主义对自足自立的纯粹主体的否定，早在《德意志意识形态》中就被明确提出来了。马克思、恩格斯指出："全部人类历史的第一个前提无疑是有生命的个人的存在。因此，第一个需要确认的事实就是这些个人的肉体组织以及由此产生的个人对其他自然的关系。"① 就是说，被近代哲学界定为"主体""自我"的"人"是一种自然存在，而不是笛卡尔和康德那样的纯粹自我、绝对主体。人是一种自然，不是与自然迥然不一的那种内在自我。或者，自然界是人的无机的身体，"自然界是人为了不致死亡而必须与之形影不离的身体"②。作为肉体、自然的人，既是社会历史的驱动者、创造者，也是其总结者。其自然天性给社会建构和社会想象规定了限制。撇开吃穿住行等自然需求来设想纯粹的历史主体，不管是我思主体还是先验自我，都会陷入纯粹、没有任何缺陷的形而上学幻相。虽然马克思还没有深入到后来像尼采、弗洛伊德所强调的人在情感、本能层面的缺陷分析上，但他早已强调人的生物需求是社会历史的基础。这一基础给予奠基于先验、纯粹主体的自由王国以明显和巨大的自然限制，使得对历史理想的想象回归现实基础。

否定了自足自立的绝对主体，就意味着告别自然与自由的截然二分，意味着人与自然的统一、人类史与自然史的统一。对此，着重从社会历史出发思考的马克思，跟着重从自然出发思考的尼采，都明确加以肯定。马克思坚定地主张人与自然的统一，肯定自然史和人类史"这两方面是不可分割的；只要有人存在，自然史和人类史就彼此相互制约"③。在分析男女关系时，他更是认定这是一种自然关系，在其中，"人同自然界的关系直接地包含着人与人之间的关系，而人与人之间的关系直接地就是人同自然界的关系"④。尼采也明确反对人与自然的截然二分，认为"在现实中，不存在任何这样的区分：'自然的'品质和那些称作'人类的'品质是一

---

① 《马克思恩格斯选集》第1卷，人民出版社2012年版，第146页。
② 马克思：《1844年经济学-哲学手稿》，刘丕坤译，人民出版社1979年版，第49页。
③ 参见《马克思恩格斯选集》第1卷，人民出版社2012年版，第146页注①。
④ 马克思：《1844年经济学-哲学手稿》，刘丕坤译，人民出版社1979年版，第72页。

起密不可分地成长起来的"①。如果说尼采使自由承诺"消逝于一种无所不包的自然本性之中"②，这种自然本性更多是一种健全的强力意志，而马克思把自由的实现更多与一种社会历史性的生产方式的必然性进步联系起来，也就是一种社会历史造就的"自然"内在联系在一起，那么，他们各自强调的"自然"虽有明显差异，但人与自然的统一、人类史与自然史的统一则是他们共同的原则立场。

即便马克思、恩格斯关注的重点在现代经济形态的结构、发展及其规律中呈现出来的作为实践结果的"自然"，但他们绝不否定作为历史基础和前提的"自然"。他们首先强调："全部人类历史的第一个前提无疑是有生命的个人的存在。因此，第一个需要确认的事实就是这些个人的肉体组织以及由此产生的个人对其他自然的关系。当然，我们在这里既不能深入研究人们自身的生理特性，也不能深入研究人们所处的各种自然条件——地质条件、山岳水文地理条件、气候条件以及其他条件。"③ 显然，囿于关注重点的原因，他们"在这里不能"深入研究人与自然的关系，不过这不妨碍肯定如下事实："但是，这些条件不仅决定着人们最初的、自然形成的肉体组织，特别是他们之间的种族差别，而且直到如今还决定着肉体组织的整个进一步发展或不发展。"④ 马克思、恩格斯在这里的强调重点是肉体组织、身体赖以生存和发展所依赖的物质资料的生产，以及其中所体现出的生产方式，但并不否定身体、本能的地位与作用，只是不像尼采那样把着重点放在身体、本能、意志等自然性因素方面而已。跟从自然出发反思现代社会史的尼采相比，马克思的特质和贡献更突出地得以彰显。着重点的不同不妨碍马克思与尼采都在人与自然、自然史与人类史相统一的角度看待人和人类历史的共同性——而这恰是"自然历史过程"论所强调的重点所在。

---

① 参见（美）丽贝卡·S. 皮里：《尼采在二十一世纪的影响》，王爱松译，黑龙江教育出版社 2015 年版，第 59 页。
② 罗伯特·瑞斯艾：《奴隶，主人，暴君：尼采的自由概念》，哈佛燕京社编：《启蒙的反思》，江苏教育出版社 2005 年版，第 280 页。
③ 《马克思恩格斯选集》第 1 卷，人民出版社 2012 年版，第 146 页。
④ 《马克思恩格斯选集》第 1 卷，人民出版社 2012 年版，第 146 页注③。

二、"历史"的意蕴：从自然与历史统一的
视角看待现代史

如果我们把大自然称作第一自然，把作为人们实践活动的结果但却长期由来已久、习以为常的东西称作第二自然，那么，以前我们强调的主体性，是因为有很多其实是作为实践活动结果的、人为的东西常常被披上"自然"、天然合理的外衣，被资产阶级意识形态所"自然化"，也就是把第二自然视为第一自然，是两类自然存在的混淆，而对它们形成基础和作用方式的还原性分析是一种意识形态批判。现在强调自然性，首先就意味着从自然-社会历史的统一过程中来看待社会经济形态演进的性质，也就是致力于从更大的视角来看人类活动与自然进程的一致性，强调一种更大更高的视角。梯明秀说得对，"马克思之所以能够提出这样的主张，是因为他没有将唯物史观的立场单单限定在人类的社会历史上，而是将之扩大到自然历史的整个领域进行演绎性解释"①。也就是说，除了人类的社会历史，还有生物的历史和天体的历史。人类主导的社会历史虽然具有自己独特的特点，但最终还是跟生物的和天体的历史过程一样客观。我想，马克思关于社会经济形态的发展类似于自然历史过程的思想，并不仅仅是指社会历史过程受客观规律支配着，这种规律不以人的意志、意识和意图为转移，反而决定人的意志、意识和意图，而且还进一步蕴含着，应该在社会历史过程与自然历史过程的统一中看待社会经济形态的演进，应该在与生物的历史和天体的历史的类似和统一中看待人类社会的历史。至于这种类似和统一定格在什么地方，类似和统一到什么程度，那是需要进一步探究的。

虽然身处"这个时代远离自然"②的时代氛围之中，重视社会历史分析的马克思却并不排斥和否定自然的地位与作用，不但是因为社会历史需

---

① 韩立新主编：《当代学者视野中的马克思主义哲学：日本学者卷》，北京师范大学出版社2014年版，第5页。
② 诺瓦利斯语，参见《夜颂中的革命和宗教——诺瓦利斯选集卷一》，林克等译，华夏出版社2007年版，第111页。

要自然的前提和基础,更是因为人对自然界的关系被包含在唯物史观最为推崇的"生产""生产力"之中。马克思、恩格斯说,生命的生产,包括劳动和生育,意味着双重的关系,"一方面是自然关系,另一方面是社会关系"[1]。生产力既包含着自然关系,又包含着社会关系。只要把人对自然的关系的生产力考虑进来,作为历史发展的基础,人与自然的关系就跟人与人的关系融合在一起,就不会造成自然与历史的对立。因为两种关系交织在一起,马克思在特意增加的编注里指出:"人们对自然界的狭隘的关系决定着他们之间的狭隘的关系,而他们之间的狭隘的关系又决定着他们对自然界的狭隘的关系,这正是因为自然界几乎还没有被历史的进程所改变。"[2] 如果不是从现实的生活生产出发,脱离现实看待历史,"就把人对自然的关系从历史中排除出去了,因而造成了自然界和历史之间的对立"[3]。现实地看待社会历史,人跟自然的关系就必定内在于这种社会历史之中。无视人的地位与作用,是与形而上学的幻想联系在一起的。

我认为,虽然马克思、恩格斯立足于自然与社会历史统一的视角看待历史发展,但他们并没有在超越现代文明史的意义上把社会"历史"理解为包括地球上出现的所有文明兴衰史,更没有使社会"历史"包括人类文明出现前的地球或宇宙进化史在内的"历史"。所谓"自然历史过程论"的"历史",是以现代文明为基准,从现代文明及其社会主义前景出发,按照从后思索的方法论所勾勒出的。因而,它只能是一种以现代文明的诞生、发展和前途为核心的"历史",特别是现代文明如何向前推进的"历史",而绝不是尼采所谓文明"永恒轮回"的历史,也不是恩格斯在《自然辩证法》中所说的宇宙学意义上的"永恒轮回"的历史。马克思、恩格斯在历史唯物主义意义上所说的"历史"只能是具有严格的经验根据的导致现代文明产生、发展和继续推进的"历史"。也就是说,马克思是在高度关注当下的社会历史,从现代社会的发展史角度来思考社会历史发展的自然历史过程的。在这一点上,马克思更坚持现实感,不愿谈论过于宏大的历史。按照历史唯物主义的逻辑,尼采那种超出现代史的永恒轮回观显然具有一定的形而上学嫌疑。缺乏经验基础的历史想象都是过于遥远和

---

[1] 《马克思恩格斯选集》第 1 卷,人民出版社 2012 年版,第 160 页。
[2] 《马克思恩格斯选集》第 1 卷,人民出版社 2012 年版,第 161 页。
[3] 《马克思恩格斯选集》第 1 卷,人民出版社 2012 年版,第 173 页。

宏大的历史设想，马克思不予置评。在这个意义上，马克思是过于宏大叙事的反对者，是宏大历史言说的静默者，尼采反而是这种宏大视界的主张者。我认为，马克思是在现代性框架内看待社会发展的，他拒绝离开这一具体的历史框架来谈论遥远的人类历史。而尼采显然是要超越这种框架来看待人类历史，甚至以超出这一框架看待人类史为己任。在马克思的眼里，人类能够确切把握的只是当下的历史，以及与当下发生的历史直接联系着的历史：它必须"是经验事实"，必须"具有同样的经验根据"。① 当马克思说"历史本身是自然史的一个现实的部分，是自然界生成为人这一过程的一个现实的部分"② 时，他特别强调，这里的"历史"和"自然"都是现实的，不是抽象的。所谓"现实的自然界"，就是指"在人类历史——人类社会的产生活动——中生成着的自然界"，或者"通过工业而形成……的那种自然界"。③ 现实的历史，则是工业驱动、凝聚起来的历史。不但因为"工业是自然界、因而也是自然科学跟人之间的现实的、历史的关系"，而且，"谁产生了第一个人和整个自然界这一问题""本身就是抽象的产物"，不具现实性。④ 历史唯物主义的"历史"不是一切可能的"历史"，而只是对自身而言现实的"历史"。马克思强调，"人们所达到的生产力的总和决定着社会状况，因而，始终必须把'人类的历史'同工业和交换的历史联系起来研究和探讨"。⑤ 显然，马克思看中的是现代文明、现代社会，历史是串起现代社会前后的历史。他不愿意谈论跟这个历史无甚关联的很久前或很久后的事，认为那是无法言说的。所以，他谈论的自然进程是现代社会的自然进程，不是一般的，任何一种文化、文明的自然进程。他坚守这个底线，认为突破它就会陷入形而上学。尼采虽然也坚决反对传统形而上学，但按照马克思的标准，他显然突破了底线，步入了尚无经验基础的更遥远、更宏大的人类史。马克思的历史进步观和尼采的永恒轮回观由此得以奠立和发生。尼采所说的"永恒轮回"是地球上人类文明兴衰意义上的轮回，不只包括现代文明，反而一定要超出现代文明才能看出他所谓的"永恒轮回"。尼采的这种做法具有脱离开经验根据

---

① 参见《马克思恩格斯选集》第 1 卷，人民出版社 2012 年版，第 169 页。
② 马克思：《1844 年经济学 – 哲学手稿》，刘丕坤译，人民出版社 1979 年版，第 82 页。
③ 马克思：《1844 年经济学 – 哲学手稿》，刘丕坤译，人民出版社 1979 年版，第 81 页。
④ 马克思：《1844 年经济学 – 哲学手稿》，刘丕坤译，人民出版社 1979 年版，第 81、83 页。
⑤ 《马克思恩格斯选集》第 1 卷，人民出版社 2012 年版，第 160 页。

的"形而上学"之嫌,因为它超越了马克思所谓必须"具有同样的经验根据"的历史观,虽然还没有达到恩格斯在《自然辩证法》中所说的宇宙学意义上的更大尺度上的"永恒轮回"。恩格斯说的"永恒轮回"系指"诸天体在无限时间内永恒重复的先后相继",它的时间跨度大到"这个循环完成其轨道所经历的时间用我们的地球年是无法度量的"。① 因此,恩格斯在《自然辩证法》中论及的"永恒轮回"或"永恒循环"是宇宙史意义上的,不是历史唯物主义意义上的"历史",无法跟历史唯物主义所说的"历史"相提并论。在这个意义上,当费切尔说,恩格斯的这种"永恒循环"说诞生出的"宇宙循环的无意义性使人类进步的意义成了问题"② 时,他是有些过度忧虑的。宇宙学意义上的"永恒轮回"的"历史"是伤害、冲击不到历史唯物主义的"历史"观念和原理的,因为两种"历史"差异太大,无法并列而论。既不在恩格斯的"永恒循环"更不在尼采的"永恒轮回"意义上看待"历史",而是紧紧根基于必须"具有同样的经验根据"来看待现代社会历史及其"自然历史过程",才是历史唯物主义社会历史观的本有内涵。

三、以自然正当革除形而上学的完美
　　虚幻:阶段不可超越

"自然历史过程"论对自然性的强调,除了人与自然、人类史与自然史的统一这个含义外,再一个突出的意蕴就是对缺乏自然基础的种种纯粹世界的拒斥。这种纯粹世界具体表现为某种纯精神王国、纯理性王国、纯自由王国等。

康德批评传统形而上学,力图为之建立科学的基础。他把无法跟人的能力相对应的"物自体"置于跟神的能力相对应的位置上,并在认识论上大力限制它的作用与功能。但在实践哲学的意义上,他却倾向于把(道德)实践主体视为某种"物自身",认为人不能仅仅在现象界中服从自然

---

① 参见《马克思恩格斯选集》第3卷,人民出版社2012年版,第864页。
② 参见费切尔:《马克思与马克思主义》,赵玉兰译,北京师范大学出版社2009年版,第194页注①。

的必然规律,更应该在本体界中服从自在之物的规律:"不仅仅是对人作为现象的规定,而且是对他作为自在之物的规定",这就是自由的命运。①自由的人服从内在的规律,但这个内在是需要人自己去靠理性觉知的;如果在没有觉知的状态下,也就是在现象界,人会感觉到内在规律还是外在于自己的。一旦人意识到自己的内在品性,听从纯粹理性的要求,意识到唯有自己才是接近自在之物性质的存在,或者说,唯有人是目的,唯有人才是超越因果必然性世界的自由存在,其他物是手段,都只能服从因果必然性世界的自然规律,那么,与遵循因果必然律的物迥然不同的物自体王国就被道德主体确立起来和发动起来了。这个王国是自由王国,超脱开了现象世界。康德虽没有把完全听凭自由的理性主体放置在一个更高的历史发展阶段上,更没有将这种主体跟经验主体相等同,但却很容易喻示出遭受非理性因素干扰和侵袭的经验主体以没有这种干扰和侵袭的纯理性主体为理想目标的逻辑结局。经验状态的不完美无限切近纯粹状态的完美,通过一个过程的积淀和准备获得过渡的桥梁,是很容易迈出的一步。在黑格尔完成这一步的跨越后,仍然无法掩饰这个纯粹自由王国与基督教的彼岸世界的内在联系,无法掩饰这个纯粹自由王国是一个变形的"上帝国",无法掩饰这个受纯粹理性驱动的实践主体跟全知全能的神的内在联系。

康德这个纯粹理性的自由主体,仍然是尼采所说的完美的神,一神论意义上那个全知全能、统领一切的神。众所周知,崇尚自然的尼采曾经用"自然本性"来拆解、抵消和否弃康德那奠基于纯粹理性的、完美的因而是某种"上帝国"的"自由王国",认为完美的"上帝国"实际上是一种简单、虚弱的"形而上学"拟造,恰恰缺乏现实的根基。而这个"现实"首先是"自然本性"。由此,自然科学揭示的"自然"对于形而上的作为"上帝国"的"自由王国"具有治疗作用。当尼采说,崇拜上帝的人"把天文学家、地质学家、生理学家和医生所说的自然看成是干涉了他们珍贵的所有,因而是一种攻击,觉得攻击者真厚颜无耻!他们一听'自然规律'就觉得是对上帝的中伤"②,并用"自然本性""自然规律"消解"上帝"时,马克思不会反对,只会觉得意犹未尽,或者未点中要穴。脱

---

① (德)康德:《实践理性批判》,邓晓芒译,人民出版社2003年版,第138页。
② (德)尼采:《快乐的科学》,黄明嘉译,华东师范大学出版社2007年版,第133~134页。

离开自然根基，违背自然规律才得以建构的那种完美无缺的"自由王国"，之所以缺乏现实的根基，是一种传统形而上学幻想，并不仅仅是由于脱离自然基础、违背自然规律，更是由于缺乏社会历史的坚实基础，意味着社会现实基础的匮乏。当尼采只是在第一种具有正当性、合理性的"自然"意义上批评形而上学拟想时，马克思进一步还在第二种具有正当性、合理性的"自然"意义上批判形而上学拟想，把社会历史发展理解为一个扎根于自然，生存力、生产关系、上层建筑的进步都需要扎扎实实逐步向前推进，历程和发展阶段无法随意超越，必须遵循社会发展规律的"自然历史过程"。因而，马克思的自然历史过程论也蕴含着自然历史过程的每一阶段都有自然合理性的意思：每个阶段不可超越，每个阶段都具有自然正当性。

"自然历史过程"论的核心思想，首先就是反映在每个阶段不可超越的历史发展论上。每个阶段都有自己的历史任务，不顾现实基础的随意超越，是不足取的。虽然这并不意味着严格、亦步亦趋的机械决定论，但"自然历史过程"论的确对历史进步持一种现实的、理性的立场，并以此与浪漫想象、不顾现实条件的冒进、总想一下子解决所有矛盾与问题的做法保持足够距离。在表达"自然历史过程"论的《资本论》一版序中，马克思特意指出："一个社会即使探索到了支配它的运动的自然规律，——本书的最终目的就是揭示现代社会运动的经济规律，——它还是既不能跳过也不能用法令取消它的自然发展的各个阶段；但是它能缩短妊娠期和减轻分娩的痛苦。"[①] 根据历史唯物主义具体、历史的原则，一个纯粹的理性（自由）世界是不可想象的，它只能是一种传统形而上学拟造品。

"自然历史过程"论拒斥简单抽象、一劳永逸的形而上学。一下子就期望一个完美的结局，希望从历史中猛然蹦出一个完美的世界，那不是历史唯物主义的态度，却是十足的传统形而上学拟想，是形而上学无视现实的想象。马克思用立足自然界、受既定的社会历史环境制约的"现实的人"替代了遵循纯粹理性要求的自由主体之后，那个对应于物自体、上帝的纯粹世界就坍塌了，就被置于传统形而上学黑暗王国里去了。

"自然历史过程"论必须设定一个最低限度的历史目标，没有它就没法设想历史各阶段的不断发展和各阶段的任务，但这个目标又不能预先设

---

① 马克思：《资本论》，法汉译本，中国社会科学出版社1983年版，第4页。

定具体样子，而只能诉诸每个阶段的"现实"并根据这种"现实"得以确立。按照历史唯物主义的基本精神，每种理想目标都得根据现实的基础得以建构。脱离开现实基础的甚至一劳永逸的美好、可靠和坚实的建构，必定是传统形而上学的臆想，是缺乏现实生命的抽象，是没有扎根于现实大地的简单想象。

正是在这个意义上，马克思说："工人阶级不是要实现什么理想，而只是要解决那些在旧的正在崩溃的资产阶级社会里孕育着的新社会因素。"① 在《德意志意识形态》中，马克思、恩格斯更是指出："共产主义对我们来说不是应当确立的状况，不是现实应当与之相适应的理想。我们所称为共产主义的是那种消灭现存状况的现实的运动。这个运动的条件是由现有的前提产生的。"② 不管这句话是否像广松涉那样认为是马克思提醒、修正恩格斯的，马克思对采用传统形而上学构筑一个固定、具体的先验理想作为共产主义目标的做法进行了明确否定是无疑的。共产主义只是一种根植于具体现实的前提而发生的追求自由和解放的运动。

我认为，从哲学上说，创立了历史唯物主义的马克思、恩格斯已经消解了那个没有矛盾、没有冲突、完全和谐、应有尽有、完美无缺的"理想国"，认为那是一个十足的传统形而上学锻造品。如果说他们的著作中还有一些类似、接近的表述，使人联想起完美无缺的终极目标的设定，虽然不同文本、不同语境不能一概而论，但基本上是一个受到语境影响或限制、处于特定语境下的表达，或者说只是一个修辞学上的说法，没有实质性的哲学意义。费彻尔曾提出，马克思主义与无政府主义都认为，绝对的自由、完满的利益和谐，只有在国家消亡，在"历史的终结之处"才能实现。"这两者都把自由看作统治的彻底消亡"。马克思主义跟无政府主义者的区别仅仅在于，这个过程决不是一蹴而就、一步到位的；或者，马克思把它诉诸联合起来的人类的实践创造。③ 我觉得，这是当时受施蒂纳的牵制与影响所致。《资本论》中就不这么迁就施蒂纳之类的无政府主义者了。在那里，马克思说，自由王国跟物质生产的必然王国总是连在一起，无法分开。当他说"自由王国只是在必要性和外在目的规定要做的劳动终止的

---

① 《马克思恩格斯全集》第17卷，人民出版社1963年版，第363页。
② 《马克思恩格斯选集》第1卷，人民出版社2012年版，第166页。
③ 参见（德）费切尔：《马克思与马克思主义》，赵玉兰译，北京师范大学出版社2009年版，第207、220页。

地方才开始"时,他是强调,意味着"必须与自然搏斗"的劳动在任何社会都是必需的,即"在一切社会形式中,在一切可能的生产方式中,他都必须这样做"。① 马克思把为自由奠定基础的层面称为"自然必然性的王国",认为"这个领域内的自由只能是:社会化的人,联合起来的生产者,将合理地调节他们和自然之间的物质变换,把它置于他们的共同控制之下,而不让它作为一种盲目的力量来统治自己;靠消耗最小的力量,在最无愧于和最适合于他们的人类本性的条件下进行这种物质变换。但是,这个领域始终是一个必然王国。在这个必然王国的彼岸,作为目的本身的人类能力的发挥,真正的自由王国,就开始了。但是,这个自由王国只有建立在必然王国的基础上,才能繁荣起来。工作日的缩短是根本条件。"② 在这里,马克思用了"彼岸"这样的使人想起基督教的词语,但我认为这仍然是个修辞学表达,因为即使那个"真正的自由王国"也是一种"社会形态",包括在上述必需生产、劳动的"一切社会形态"之内。因而其中总会有人与自然的矛盾,以及根植于这种矛盾的人与人的矛盾,各种价值、原则之中的矛盾,等等。既然"一切社会形态"中矛盾总会存在,设想一个没有矛盾、一切问题都根本解决、所有美好价值都和谐统一的完美社会,本身就是基督教千年王国的世俗版,是马克思坚决反对的传统形而上学的东西。在马克思表达了拒斥传统形而上学之后,我们必须把马克思的这种"彼岸""真正"之类的用词视为修辞学用词,剥掉它的哲学形而上学含义,否则就会使他陷入自相矛盾。

四、结论:回归自然与超越自然的一致

看来,从自然出发,立足于自然与社会的历史统一发展唯物主义之路的可行性,才是历史唯物主义的题中之义。马克思没有否定从自然出发发展唯物主义的路径及其价值,他强调的只是不能仅仅从自然出发,而要从自然与社会的历史性统一出发。鉴于资本主义意识形态力图塑造虚假的、人为的"自然",回归真正的自然,就成了唯物主义历史观的一个内在需

---

① 《马克思恩格斯全集》第46卷,人民出版社2003年版,第928页。
② 《马克思恩格斯全集》第46卷,人民出版社2003年版,第928~929页。

求。回归真正自然是突破资产阶级意识形态束缚的必要。而要回归的"自然"不只是一种意味着客观规律,不能仅仅在合规律性的意义解释马克思"自然历史过程"论的"自然",还必须在规范、正当性意义上看待"自然",即在发展阶段不可随意超越、规定了人的本性、规定了发展的限制与边界、只能随着生产力的增长和生产关系的变革为自由和解放奠定越来越坚实的基础、矛盾永远存在等意义上注释"自然"。但这种"自然"又不是恩格斯后来所说的宇宙演化意义上的"自然",也不是尼采所谓超越现代文明的那种"永恒轮回"式的"自然"。这种具有正当性与合理性的"自然",是作为历史、实践前提的"自然",和由生产力、生产关系的历史发展建构起来的那种社会历史的"自然"。可以说,由生产力、生产关系的逐步发展所孕育出来的那种社会历史的"自然",虽然是社会历史过程中通过人的实践活动不断创造出来的,但仍然既不随意跃迁(即符合自然规律),又不能彻底超越自然,或脱离自然。在这样的意义上,由生产力、生产关系的逐步发展所孕育出来的那种社会历史的"自然"与作为历史、实践前提的"自然"是统一的、一致的,绝不矛盾。作为人类实践活动结果的"自然"与作为人类实践活动前提的"自然"虽然有明显差异,甚至从各自角度、从细微角度看这种差异很大、很明显,但是如果从自然和社会统一的更大角度看,这种差异还不足以使两者产生根本的对立,不足以达到两者相互否定的程度。如果看到的仅仅是差异和对立,那应该是观视角度还不够宽广。

于是,在这样的意义上,存在着回归自然与超越自然的一致:回归是要确定现代"历史"发展的出发点、可能性边界、限制、现实基础和实在的发展历程,防止陷入虚幻的形而上学想象;要超越的"自然"则首先是资产阶级意识形态塑造、冒充为具有永恒合理性的"自然",而后是与低水平的生产力相关的,落后、封闭、停滞的"自然"状态。马克思"自然历史过程"论提醒我们,这种"超越"不能在传统形而上学的意义上诉诸一种纯粹理解,即不能把"超越"理解为一种无须自然基础,无须历史阶段过渡,而且是对绝对自由王国的追求。两种具有正当性、合理性意义上的"自然"在历史唯物主义中起着重要的奠基性、平衡性作用。它使历史唯物主义在自然与社会历史之间、回归与超越之间、自然性与主体性之间,都保持着一种平衡性的张力结构。

当然,鉴于自然科学揭示的各个具体领域的"自然""自然史"随着科学的发展不断丰富和发展,具体到物理、生物、天体等各领域的"自然""自然史"与社会塑造的"自然""自然史"如何统一,那是需要随着科学的进展不断丰富和完善的。对此历史唯物主义应该予以密切关注,但却终究不是历史唯物主义的核心内容。

第二层次 反思"发展"

第六章 当代中国发展着的"发展"观念

随着现代化建设和发展研究在我国的双重进展,"发展"已经成了一个使用频率很高却又颇为模糊的词汇。仔细观察就可发现,启蒙主义的进步论、与胚胎发育含义相结合的黑格尔理性发展论、古典经济学和现代经济学的发展观念都时常被当作当然合理的东西予以使用,甚至加以弘扬。这一事实更加重了丹尼斯·古雷特如下断言的分量:"我们如果不掌握发展的内在含义,不管有多少关于发展的资料,用处也不大。"[①] 这就不能不使哲学提出分析"发展"观念的任务。

一、走出胚胎发育隐喻的误区

"发展"一词(deveolpment)在近代最先出现于对胚胎发育的研究中。启蒙运动以来形成的近代社会发展观的基本内涵,就是在胚胎发育的基础上,结合人文主义的规范和基督教线性时间观的某些影响而形成的。胚胎发育的定向性、发育过程具有的严格步骤和预定必然性,以及对同类的绝对普适性,为近代发展观念奠立了基本的内涵:发展具有固定的目标,是一个由各分段步骤组成的线性进程,其行进由最初便内在其中的必然规律支配和决定着,这一进程对同类具有普适性。由于现代化的一个中心含义是理性化,所以,近代以来被大加弘扬的人的理性就被理性主义发展观当作发展的前提来对待,以至于把它当成发展的胚胎基础。可以说,

---

[①] 转引自(美)M. P. 托达罗:《第三世界的经济发展》(上),于同申等译,中国人民大学出版社1988年版,第92页。

近代发展观念中一直隐含着一种胚胎发育的隐喻。它一直为发展的内涵解释提供着温床。近代理性主义发展观的突出代表黑格尔，就是在此隐喻基础上解释发展的。在他看来，发展犹如发育，先得具有一个胚胎基础作为发生前提，否则发展就无从谈起。这个基础就是作为世界基础、灵魂、主宰和推动力的理性。未来发展的步骤和支配发展进程的必然律早以浓缩形式包含在历史胚胎之中。这种神话理性的倾向使发展脱离了实际而陷入了宿命论。这主要是通过两个环节完成的：一是对发展规律的神秘化。规律作为一种通过偶然幻象表现出来、其实又早以浓缩形式存在于胚胎之中的必然性力量，不管人的实践如何对待它，它肯定都能实现自己。这种规律观与近代科学的机械论或规律一样，把偶然性、机遇认定为主观性存在，因而根本没有超出机械论或规律观念。这种观念虽然在现代科学面前已丧失了存在价值，但它还以隐晦的形式残存于不少人对发展的理解中。二是理性的具备是发展的前提。人只有充分地理性化了，才能真正有效地参与发展事业。如果人没有充分地发动起自身的理性，就不能对发展做多大贡献。理性的内在要求比实践利益对发展秩序的形成、对资源的更合理使用、对财富的合理分配更根本更可靠。于是，从理性中就衍生出两种基本的力量：一种是对付实存自然的理智，它能通过分解认知自然并发明技术改进实存；另一种是对付利益诱惑，防止人浪费、迷失和堕落的理性内在要求及其化于人身上的修养，它能对利益欲望形成一种绝对命令式的价值指令，使自己凌驾于其他力量之上，并广泛体现于秩序的形成和遵守、合理使用资源与财富、优先考虑长远甚至他人等方面。

迪克凯姆和许多现代化理论家把事先转变了的态度、价值观、信仰和行为规范看作启动和延续发展的关键所在。对于发展中国家而言，所谓上述方面的转变无疑是在符合西方近现代社会理性的意义上而言的。因此，在这些方面，理性又具体衍生出一种作为发展之基础的力量。这种力量在不少现代化理论的赞同者看来也是在似胚胎的意义上构成发展的基础性前提，即只有先具有了这种力量，然后才能孕育出现代化来。这种倾向恰恰与中国当代的一种思想倾向相一致。自五四运动以来，中国知识界就广泛流行一种首先通过思想文化的变革来实现中国现代化的思想倾向。这种倾向自19世纪末20世纪初在中国知识分子群中产生起就甚有影响力，在"文化大革命"以至20世纪八九十年代的文化讨论中仍可以看见它的踪影。由于这种倾向在中国近代就与社会达尔文主义纠缠在一起，即与生物进化的某些原则密切相关，所以它与胚胎发育隐喻具有天然的顺应关系。

根据林毓生先生的见解，这种倾向是"被根基深厚的中国传统的倾向，即一元论和唯智论的思想模式所塑造的，而且是决定性的"①。这一事实与另一种事实相结合，大大加固了胚胎发育隐喻在当代中国发展观念中的继续生存。另一事实是：自从马克思主义传入中国，黑格尔哲学在我国的影响甚大，在不少场合，人们并没有充分意识到黑格尔的观点与马克思主义观点的根本区别。黑格尔把理性视为世界根基和主宰的观点固然被放弃了，但他那与理性胚胎发育模式密切相关的有关历史必然性、历史机遇、历史理性的自发与自觉、历史发展通过二极对立模式而进行的观念仍潜移默化地在流传，甚至还打着马克思主义辩证法的旗号。这其中的原因之一或许就是黑氏的理念、二极对立模式与中国传统哲学的某些范畴和二分模式"心有灵犀一点通"的联系。必然规律在发展之初就预定好了并决定发展实践；一切历史机遇都只是主观性的存在，其背后都存在着一种必然性在驱使它；自觉性肯定促进发展而自发性可能阻碍发展；每一时代都有一种决定该时代基本风貌的时代精神；发展通过两种对立力量的斗争融合而实现；所谓现实以"胚胎的形式包含着未来"，诸如此类既不符合现代科学又不符合马克思主义的观念不但时常被正面谈论着，而且有些还被当作成熟正确的马克思主义观点予以弘扬。这不能不使我们得出结论：首先，近代发展观诞生时蕴藏的胚胎发育隐喻仍在俘获着当代中国的发展观念；其次，把作为发展基础和前提的先有性"胚胎"视为理性、视为思想文化的现代变革的倾向，由于根深蒂固的历史原因仍潜存于当代中国的发展观念中。与发展观念密切相关的必然规律、机遇、主体能力、自发与自觉的创造等观念所受黑格尔极端理性主义的影响也远未彻底消除。它们与中国某些传统相结合，妨碍着对市场中的人及与之相关的现象的合理理解。胚胎发育、理性胚胎发育的发展模式在建设市场经济的今天应该受到马克思主义的反思了。

现代化真是某种胚胎的自然发育吗？这一问题的答案对于早内发国家与晚外发国家来说可能并不完全一致。不过20世纪晚外发国家的现代化实践表明，后发现代化并没有一种由某种先形成的胚胎、严格的分步步骤、胚胎形成后永不再变的结构和既成必然性等组成的同类普适模式。社会发展并不是胚胎发育，许多随机和富有选择性、弹性的因素和关系使它

---

① 林毓生：《中国意识的危机："五四"时期激烈的反传统主义》，穆善培译，贵州人民出版社1986年版，第81页。

不具有固定的程式化。最重要的是，社会发展是人为的，人的需求、价值指令、交往态度等对发展有着不可忽视的弹性作用。结构主义社会理论和经济理论的兴起，已经使发展观念发生了一个根本性变化。发展不再被视为某种胚胎基础上的自然成长，而是"从一种相对稳定的结构向另一种结构的多方面转换过程"①。发展的关键不在是否形成了某种胚胎似基础，而在于找到一种机制使原有结构发生合理性转变。发展并不像现在许多人理解的那样，是一种规模的扩大，而是一种结构性合理变革。对于后发国家而言，市场作为社会发展的一个基础绝不是一种胚胎，它本身并不能自然发育，而是人为建立的、向更合理的经济社会结构整体性转型的机制转换器或功能空间。虽然二元结构部门模型、钱纳里模型以致社会学中的一些社会结构模型并非尽善尽美，并非适合于一切后发国家，但结构转型理论却明显比胚胎发育的发展理论合理，并为打破预先认定各国发展模式是同一的西方中心主义开辟了道路。在这个基础上，摒弃胚胎发育隐喻，立足于本社会独特的经济结构特别是政治文化结构来探讨本社会的发展，将进一步对发展做出合理解释。

二、价值因素在发展观念中的地位

虽然五四运动以来的多数中国知识分子坚持以思想文化的变革作为发展基础的观点，但社会主义现代化建设实践却首先在经济改革上取得了明显成效。这自然加强了20世纪五六十年代世界上兴起的发展研究把发展主要视为经济增长的观念，这种观念试图割断经济增长与文化价值的联系纽带，径直把财富、财富的增长甚至财富的增长速度看作衡量发展的基本尺度。发展于是被视为经济现象，被看作通过国民生产总值和人均国民生产总值的增长，为人民提供更多物化消费品和劳务消费的过程。这种发展观念不关心价值要求的合理与否，或直接把功利当成唯一的价值。只是由于各种引发问题的出现，发展的内涵中才有了自觉的价值要求的地位。自70年代以来，价值意识的觉醒伴随着经济增长与众多社会问题的不协调

---

① （美）霍利斯·钱纳里、莫尔塞斯·塞尔昆：《发展的格局》，李小青等译，中国财政经济出版社1989年版，第10页。

性而增强，它导致了一种新的发展观念：发展并不是在一切方面平等地一齐展开，而是在某些方面获得发展的同时有一些方面可能滞后甚至退化。经济发展后不但不是原有一切问题都迎刃而解，而且还会带来新的问题。因此，必须同时考虑和计算痛苦的代价，从正反两方面的综合结果中评估发展。仅仅从有益的方面弘扬发展是一种片面。斯特里顿当时就指出："发展应该被重新解释为对今天世界上的主要祸害：营养不良、疾病、文盲、贫民窟、失业和不平等的进攻。从总增长率来衡量，发展已经取得了巨大的成功。但是从就业、正义和消灭贫穷方面看，它是个失败，或者只不过获得部分成功。"[①] 这表明，在发展面对的众多问题中，总有一个优先选择求解某个或某些问题的性质。而选择主体总具有一种特定价值观，正是它对等待被求解的问题群进行了先后次序排列。经济学家也认识到，经济分析的经济政策也总有一种价值前提。不反思这一前提就是视原有的价值观为当然合理的前提。这是理论进步导致一些发展理论家去关注不同社会的文化价值在该社会发展中的作用。70 年代末出现的内源发展战略就强调了各不同国家的"内源"：社会文化条件、价值系统、居民参与的动机和方式等。在这样的基础上，80 年代的发展研究对价值因素的强调有增无减。一些发展理论家甚至提出了"发展最重要的不是经济，而是道德"的命题，并着重探讨发展对自然和技术的合理态度、物质财富与人的幸福及人的全面发展的关系、国内国际间的公正基础等，从而使发展具有了更多层次和更多方面的含义。

发展观念所蕴内涵的这种迅速转变，使处于现代世界发展体系中的我国在建构我们的合理发展观念时面临一种复杂的时代处境。早发国家已着手反思解决发展的片面性，我们正处在经济起飞的起跑线上；我们在大力弘扬科学技术，早发国家已经对科技理性作批判性审视；当我们要鞭挞委顺、高蹈和无为的道家精神时，西方出现了"新道家"……无疑，作为晚外发国家的我们与早发现代化国家目前面临的问题并不一样，为此所需要的发展观以至文化价值更不存在亦步亦趋之关系。但这绝不能成为我们可以无视文化价值在发展中的作用的理由。因为现代发展观念的逐步演变并不仅仅是立足于发达国家的问题而生的。它与发展中国家发展进程中出现的问题也密切相关。由此，当代中国发展观念的建构在遵循与中国具体实

---

① 转引自（美）M. P. 托达罗：《第三世界的经济发展》（上），于同申等译，中国人民大学出版社 1988 年版，第 92 页。

际相结合的前提下，也面临一个适应当今世界发展观念的变化的问题和任务。适合本国并有助于现代化进展的文化价值在发展初期的作用可能不明显，但向更高层次水平的发展是离不开这样一种文化价值的。

三、初步结论

通过以上分析，我们可以从如下方面规范发展观念的内涵。

第一，发展是命运还是抉择？古代的时间变化观和近代发展观都认定一种天意命运或预先决定了的社会发展及其进程。现代科学已不断证明与机械力学系统相适应的经典规律观的适用范围是十分有限的。当代中国的发展观念应根据马克思的社会历史规律观，并结合现代科学的规律观建构合理的发展规律观。这种观念是为规律划定一个必然性边界，在这个边界之外存在的依次是个别趋势、机遇和不可能性。规律的严格性首先是针对边外域而言的；在边内域中，又指为参与运动的因素规定了必须遵循的规则和可能性框架。无论在边外还是边内，在众多因素和关系的交互作用中，都存在着可能出现的机遇。这些机遇有的是相对于一定范围观视而言的，更多的则是绝对的、与主导趋势发生不发生关系以及发生怎样的关系都不确定的东西。机遇具有随机性、不可重复性、成批性与稀疏性的交叉、有效期短、功能作用可塑性强等特点，并且它还有一种因观察视角和思维方式的不同而其结果很不一样的特点。这样，发展进程中主体的选择既要对准边域线内外的主导趋势和其他趋势，又要注意对准随机出现的相对和绝对机遇，把对稳定性规则性关系的遵循与对随机宝贵机遇的及时有效选择密切结合起来，从而对发展做出更合理的把握。

第二，发展是胚胎发育还是结构转换？上文已经论及，这里不再赘叙。

第三，价值在发展中的功能何在？发展既然不是自然力量或神秘力量推动的与人无关的过程，而是在多种可能趋势中选择后又在主导趋势边内域中谋求合理选择的过程，因而，发展主体在对客观形势进行分析、对发展趋向和面临问题进行选择和认知时，肯定会受到他（们）头脑中存在的价值观念和前定认知图式等价值先定因素的影响。价值的这种规范效应主要体现在目标界定上，因为界定目标主要就是在现实存在的问题群中选择解决特别是怎样解决和如何安排求解次序中完成的。要使被界定的目标是现实的、长远的和合理的，就必须反思、调整并合理建构我们的价值观念、认知图式和思维定势。近代盲目自信的乐观主义和 20 世纪初出现的悲观沉沦都不适合当前我们所处的这个复杂而又充满希望的时代。

在价值规范效应中，另一个重要的方面就是二分性模式问题。在经典发展观以致 20 世纪的现代化理论中，二分范式居支配地位。传统与现代的对立作为最基本的二分范式又衍生出东方与西方、野蛮与文明、静止与动态等二分性对立。无论是对整个世界、某个社会还是哪一个具体问题，简单古老的二分法仍在被广泛采用。在一定程度上，这种二分法不是没有道理。但作为对当今复杂世界的科学分析，二分性对立的模式就远远不够了。能够取代它的科学范式，是日益完善的系统性范式。这种系统性范式绝不是朴素整体论，甚至也不完全是传统的硬系统论范式，而是不断完善着的"二软"系统范式。科学的系统范式对朴素的二分对立范式的革命，也将导致人们的发展观念发生一次革命。

第四，发展观念的中心何在？通过对发展观念演化的考察，笔者认为，人是发展观念的中心所在。对人的不同看法和寄寓会直接导致不同的发展思路和方略。把人视为功利追逐占有者，并因此着眼于通过建构一种制度来诱使和约束人的内在潜能的有效发挥，这种功利主义人论导致了一种独特发展方略，即把人看作按理性内在要求行事因而满身理性修养的理性人，并着眼于人的理性自觉的理性主义则导致另一种发展方略。现代化是从击倒神偶像并确立"人"的形象开始的。对人的本性、人的需求、人的世俗业绩、人的价值的新规范，内在地决定着人们对发展的理解。在某种意义上说，谋求合理地释解发展也就是合理地理解人是什么这一问题。"置身于进化的潮流，就是要探索我们自己内部的自我，并且发现在我们中的统一性和整体性。"① 正是在人这里，我们发现了发展与哲学最密切的连接。如果我们同意舍勒的如下见解："按照某种理解，哲学的所有核心问题均可归结为这样一个问题：认识什么？人在存在、世界和上帝的整体中占据何种形而上学的位置？"②，那么，我们就可以说，对发展进行探究是哲学的一项极其重要的任务。

---

① （英）彼得·拉塞尔：《觉醒的地球》，王国政等译，东方出版社 1991 年版，第 158 页。
② （德舍勒）：《人的理念》，刘小枫选编：《舍勒选集》，上海三联书店 1999 年版，第 1281 页。

第七章　发展的价值基础追思

综观发展观念的演化，不难发现，人们对发展所蕴涵的价值基础、对发展所达求的理想目标的认识日渐丰富。依笔者之见，这种认识与发展的机制分析是深化发展问题的哲学研究的两大基本方面。本章试图探讨的就是价值基础这一方面的几个问题。

一、发展：从事实认定到价值追问

近代的"发展"一词最初来自对胚胎发育的研究。它起先是指生物胚胎在大小、形状和功能方面逐渐成熟的过程。而规模、功能、分化、复杂性、适应力、定向性就是规范其内涵的基本方面。在被用于说明社会变动时，它曾吸取了在基督教线性历史观基础上形成的进步观念的许多意蕴。在定向性方面，基督教历史观中那种线性进程具有一个预定目标的含义与胚胎发育的定向性相结合，被近代发展观念所吸取，并在经受了人文主义的价值改造后成为社会发展观念的一个基本含义。于是，发展不是最终走向灭亡前的末日审判，而是走向"千年王国"，即价值理想获得实现的美好国度。社会发展被视为朝这种固定方向不断"进步"的行程。自由、平等、个性全面实现、幸福、高尚、美德都曾被理性主义和功利主义界说为发展的目标所在。于是，"把历史设想成发展就是把它设想成理想价值的历史"①。可是，近代发展观念中的胚胎发育隐喻使社会发展被看作似生物体的自然成长，理想目标被视为到了一定阶段便自动结出的自然果实

---

① 克罗齐语，参见（意大利）克罗齐：《历史学的理论与实际》，商务印书馆1982年版，第217页。

(比如黑格尔就反对把发展中的所有现象看作本来一开始便存在、只是隐藏着还不明显的这种胚胎预成论观点,而主张发展的真正含义是一开始就已存在的东西慢慢孕育、成长、分化、壮大,直至最后显现出来的这种胚胎渐成论观点),所以,发展的定向性就被认为是自然的、无须考察探究的。人们意识不到这种定向与自己的价值选择密切相关,意识不到发展的价值基础或文化基础。

虽然标榜按自然本身的要求行施的近代发展导致了危及人类生存之自然基础的后果,并且,20 世纪初已经有人抨击过社会发展的胚胎,指出社会发展绝不是像一颗树似的,均匀而自然地进行;但是,20 世纪五六十年代兴起的发展研究还是以试图割断经济增长与文化价值的联系纽带的面貌出现的。早先是功利主义把经济增长视为追求多数人幸福、高尚和美德的基础和中介,而幸福并非消费自身。经济增长、工业化、城市化、契约化都体现着一种手段性意蕴,虽然这手段与目的被看作具有天然的内在联系,但两者还不能划等号。20 世纪五六十年代兴起的发展理论试图把发展的价值基础当作外衣来剥掉,干脆把财富、财富的增长甚至财富的增长速度看作衡量发展的基本尺度。发展就被看作一种经济现象,即通过取得国民生产总值和人均国民生产总值的增长,然后为人民提供更多的物化消费品和劳务消费的过程。有人径直把发展看作原处于停滞状态的国家产生一种"具有能够产生和支持每年 5% ~ 7% 的国民生产总值增长率的能力"。大众消费是这种发展观念的根本目标,商品的量及其增加是唯一的价值之源。在实现商品增加的手段意义上,一些经济学家又把这种价值还原为储蓄和投资的货币量,一些社会学家则把它还原为转变了观念、态度和行为规范或具有现代技术的主体。

随着各种引发问题的呈现,"发展"的内涵在 20 世纪 70 年代开始发生了一些变化,它在经济增长的范围内被人们从减少和消灭贫困、不平等及失业方面重新加以解释。价值要求在发展中的作用和地位开始受到重视。一些经济学家认识到,"从一开始就必须承认,什么是合乎理想的,什么是不合理想的这样一些伦理或规范的价值前提,通常是经济学科,尤其是发展经济学的主要特征"。不管我们怎样掩饰价值观念,它"必定是经济分析和经济政策的一个不可分割的组成部分","经济分析的确定性和经济方案的正确性,始终应该根据基本的假定的性质,即根据其价值前提来评价"。① 这样，发展从具有单一目标的单面过程成为具有多种目标的多面过程。在多样目标中，经济增长仍在第一位，人道目标在其后。有人试图把这一位序重新排列，强调人道价值对经济增长的影响及其在发展中的地位。这种从发达国家状况出发的趋向近来很有兴盛的趋势，它强调发展伦理，要求重新理解"贫困""工作""参与"并给予其新的价值界定。某些发展研究者甚至提出，发展最重要的不是经济，而是道德。这自然是立足于提出者所处的高度发展阶段和水平来说的。对此，国内一种观点认为，晚外发国家的现代化发展尚未达到发达国家的水平时，无须关切对发展价值的探讨，似乎那是等到经济高度增长之后才会呈现出来的问题，似乎晚外发国家的现代化是在直线式地重复早发国家现代化进程的各个阶段，并重温它们逐个阶段依次出现的问题。其实，晚外发国家的现代化进程的国际环境已大大不同于早发国家的现代化，这种不同使它在当今世界体系中的现代化追求具有一种把早发国家现代化历史不同阶段出现的矛盾问题堆积在一起，并要求"一揽子解决"的特征。它不可能简单地逐次重复早发国家的现代化各阶段，而是在出发点和途中就面临对众多问题综合处理的形势。所以，探讨发展的价值基础的研究中所取得的进步，我们也不能等闲视之。从我国的特点出发探讨发展的价值基础，是发展问题的哲学研究的不可或缺的一项工作。

二、发展的价值根基追问

现代化作为发展的过程，意味着不断地超越和改变现实，而超越就意味着一种不同于现实的因素参与了发展。价值因素就穿插在现实与对其超越之间。现实作为复杂的关系体，其中存有多种非但不平等而且相互冲突着的因素、关系和问题，何者在迈入未来的发展中获得优先权，哪种因素或关系得到注重，哪些问题得到优先求解，直接受到主体价值趋向的影响。从哲学角度看，现实及其存在、改变发生于人与周围世界的交往结构中，价值也就发生在这个交往结构中。按惯常的理解，价值与主体基于需

---

① （美）M. P. 托达罗：《第三世界的经济发展》（上），于同申等译，中国人民大学出版社1988年版，第18～19页。

要对现实所做的选择和所抱的态度相关，它是主体以自己的某种拥有与外在现实世界发生选择性关系时发生的。立足于发展角度，我们在发展主体的拥有中暂且挑出价值理想和前定思维范式两类，从而把对发展的价值基础的考察暂且限定在价值理想和思维范式两方面。

发展的基本价值理想是满足人的最基本的需要，这几乎是个共识。但人们在规定更高级的价值理想时却有许多可以选择：自由、平等、个性全面实现、尊严、正义、幸福、完美等，而且即使同一个词不同的人也可能赋予不同的内容。不过就绝大多数人实际接受的来说，发展的价值理想可从三个方面进行分析。一是发展是解决吃、穿、住和解除病痛的社会工程，即避免和解除自己解体和病痛的威胁。满足人的基本生活需要是发展的最起码基础。增加人均收入、消灭物质贫困、增加就业机会、减少收入不平等以让尽可能多的人享受到发展的果实，就成了发展的基本目标。二是发展要提高人的自尊。可自尊的基本形式何在？不同的文化有不同的答案。发达国家现代价值观的冲击势头是其他文化都难以抵挡的。"由于在发达国家中与物质价值相联系的自尊具有极重要地位，因此，有价值和值得尊重现在越来越只赋于那些拥有经济财富和技术力量的那些国家——那些已经发展了的国家。"① 对单位群体和个体亦是如此。所以，"一旦社会流行的风气把优裕生活，包括物质福利当作尊严和尊敬的基本因素时，物质上'欠发达'的人们要感到受到尊敬和有尊严就变得困难了"②。现代发达国度里的尊严不过是物化财富支架起来的一个浮标，是在满足了基本需要后物品之量和质的增长。它在现代化进程中得到拓展，并受到大众文化的支持与弘扬。三是自由度的提高。发展中人的自由无非体现在两方面：劳动中和劳动之余的闲暇中。"因为发展就是专门化，使人越来越分离化的专门化"③，在劳动分工愈来愈细、技术要求愈来愈精的条件下，人对所从事的劳动的自由选择性似乎不是在增加。劳动中的"自由"更多地是与事物内在的必然性和社会化劳动体系中的合理规则相关。所以，在论及发展中人的自由时，更多的人是把它与劳动之余的闲暇联系起来。所

---

① （美）M. P. 托达罗：《第三世界的经济发展》（上），于同申等译，中国人民大学出版社 1988 年版，第 125 页。

② 丹尼斯·古雷特语，参见（美）M. P. 托达罗：《第三世界的经济发展》（上），于同申等译，中国人民大学出版社 1988 年版，第 126 页。

③ （德）汉斯·萨克塞：《生态哲学》，文韬、佩云译，东方出版社 1991 版，第 145 页。

谓自由系指"人从异化的物质生活条件中获得解放,增加选择性"[1],主要即指在追求物质财富无限增多的基础上获得产品享受和劳务享受的自由,以及闲暇中的精神自由追求和政治自由。

这自然就涉及人自我确证的方式和内容。价值既然发生于人与周围世界的交往结构之中,在这个结构中,依笔者之见,人如何在实践中确证自己、如何设想自己是最根本的价值之源。发展的价值理想的深层追求就要在人确立自己的方式中进行。那么,现代化文化所设想和追求的人的基本形象是什么呢?

可以说,现代化既对人做了一种神化的弘扬,又对人的实际做了一种中性的肯定。在前一方面,上帝被赶走后在人类的理想位置上留下的空缺正是被一种理想化的"人"填补上了!上帝作为人不可达到的理想形象虽给人带来了安全感和归属感,但同时也带来人无法达求的恐惧感和自卑感。文艺复兴后弘扬的"人"却不想再隶属于什么,而想让万物隶属于自己,以某种方式确立自己在世界万物中的独特位置和作用。它力图把原属上帝的东西还给人,甚至按原来上帝在世界中的位置和能力来类比和设想自己。这表现在:其一,在地心说盛行之时,人被说成处于世界的中心位置;而在日心说提出后,这种观念及其变体不是在减弱,而是日益加深了。它认为,人占据世界的"中心"位置,是万物的管理者、统治者和改造者。其二,从时间历程上说,人什么都能认识,什么问题都可以解决。虽然人的这种"全知全能"不像上帝的"全知全能"那样不受时间限制,但某种程度上仍是上帝的世俗化。

在后一方面,一种中产阶级功利文化浸染了正在变化的"人"的观念。这种文化把人看作追求功利和实现欲望的现实存在者,因而不但不再束缚欲望,反而鼓励人的现实欲望的合理满足。在它看来,功利是权衡和判别社会价值的一般标准。人的价值和尊严的获得全凭自己所取得的世俗业绩。它既不靠神明的光辉,亦不靠前辈传留的地位,只能靠利用现有条件去更合理地组织创新所取得的功利效果。这样,它崇尚个人的才能、技艺、勤勉和成就,尤其推崇无望在封建政治中获取地位,而只得把才智用于赚钱和创办实业的"企业家精神"。同时,这种文化相对于"对不对"来说更关注行动的功效或效果,至于要以什么尺度来评价这种功效,它并

---

[1] (美)M. P. 托达罗:《第三世界的经济发展》,中国人民大学出版社 1988 年版,第 126 页。

不关心或回答。对最终价值标准的放弃于是就造成了所谓事实与价值的分离、冲突和裂痕。其实，这一分离和冲突并不是以纯事实关注取代了任何价值关切，而只是否认原有的那些先在性最终价值。与其说对效用、功利的事实关注取代了最终价值追求，倒不如说使先前的最终价值隶属于功利价值了，或以功利为基础解释它们的具体意指（就如前述对"尊严"和"自由"的解释）。

显然，这种观念正在申张一种新的人的自我确证方式，它摒弃了人在与高高在上的、自己隶属于它的那个最根本的存在（如上帝、与天道相联的仁义理等）的交往中确证自己的传统，而要求人在与周围万物的交往中确证自己，在与万物的争斗和较量中映示出自己的光辉。这种新方式既广泛搅动起人身上黏带的某些自然本性，又看不起对万物的依赖，总想"割断"这种依赖。所以，在逻辑上，它又以三重分离为前提。第一重分离是人与外在自然的分离。自然被认为须用客观自身去解释说明，但现代化背景下的"自然"却是机械化、形式化和理念化了的自然。原先那种作为生命有机体和养育之母的自然形象成了限制现代化实践的文化束缚，因为它带给人"杀害母亲"的忧虑。伴随着现代化的施行，数学化和机械化的自然唯一地获得了一种客观性，而感性直观的自然和日常生活的自然世界则被界定为主观性的。与之相应，人则被认为是不同于自然并高于自然的存在者，是可根据自己的需要对自然进行拆解、重组和更改的最高存在者。这种形象的人与形式化、机械化了的自然的对立分离是现代化的人自我确证方式的基本前提。第二重分离是人与自身的内在自然——肉体的分开。肉体被认为是类似于自然的结构单元，只有"灵魂"才是真正不同于自然的存在体。肉体与心灵的二元分离对人更痛苦，也更有力，因为这样一来人只能依靠心灵能力及其发挥来确证自己，而心灵又被基本界说为思想、意识，即理性加经验。依据从经验获取的离散性事实把对象分解尔后再在比较归纳中观视出一种必然性规则，并据此发明更有效的技术即心灵具有的能力，这种能力构成了人在与外界交往过程中实现欲望、谋求尊严和自由的根本依靠。与此种分离联在一起的是人与人的分离，这第三重分离把人界说为独特的个体，具有各自不同的能力、特性和欲求。

在这三重分离基础上形成的"人"，正是现代发达国家的社会所追求的人的形象。这形象由于内在地影响着人对外部实在和人与外部实在之关系的看法，影响着对发展目标的界定与追求，而成为最根本的价值之源。由于分离，面对外部强大的世界，个体之我难免产生海德格尔所谓的

"烦"与"畏"。为解除之，个体只有拼命强化自己（据心理学家对已发展国家的调查，个体同其他人高达 80% 的相互影响来自对加强个体的需要）。而分离又使不依赖外部存在的自我十分脆弱，因而到头来自我强化还得凭其与外部存在的联系，即对外部存在的控制和占有，尤其是对物质产品、社会关系位置和文化物品的控制和占有。已达到的控制和占有水平是人进一步强化自我的根基。人自然会首先保住这个根基、防止坍塌。所以，通过控制和占有甚至隶属于物质财富、社会关系位置等价值存在体以强化自我的趋向，在发展过程中不断增强。只有得到这些东西，才被视为有尊严和价值。随着社会商品化程度的提高，以及发展向专门化方向的愈来愈分化，社会愈来愈需要一种一般的标准价值尺度来衡量一切价值存在，货币充当了这一角色。近现代的大众文化也在弘扬这种倾向。

在三重分离基础上形成的现代化形象的"人"中，相对于后发展国家而言，最根本最关键的一点便是理性化。鉴于"理性"一词定义甚多，现代化进程中的理性化应得到界定。按照马丁·霍利斯的说法，弘扬理性的理性主义有三种含义，其中第一种也是"最温和的含义是标示一种广泛的信念，即认为经验中存在某种秩序，它使科学成为可能"，第二种含义"有时用来标示种种基于人有理性这一假设的行为理论"，第三种含义是"与经验主义相对立的那种理性主义"。① 我们在第一、二种理性主义意义上使用"理性"一词。其主要含义包括：其一，它是人天生具有的一种基本禀赋，一种只有通过其作用和效力才能理解的能力和力量；其二，它意味着自我意识，只有达到自我意识的理性才能用以观察和审视一切；其三，理性意味着必然关系与规则，理性世界是一种严格恒久的秩序化规则性世界；其四，"理性的基本功用乃是发现统一性"，即通过分析经验材料得出稳定性联系，再通过它把众多离散的事实联为统一整体，从而把握对象整体；其五，理性意味着批判与怀疑；其六，理性逐渐失却了与古典价值观念的联系，而在社会行为方面衍生了一种新内涵，为了实现设定目标而在给定条件和既定约束的限度之内进行抉择，即如何采取有效手段和途径以达到预期的效果。在这种新内涵的基础上，理性渐渐与占有和消费自然、财富等价值标榜联系了起来。

这样，第一，理性首先强烈表现为一种手段和工具，成为通过分析、

---

① （英）马丁·霍利斯：《人的模式》，范进等译，光明日报出版社 1990 年版，第 166～167 页。

判断和计算找出方法与途径解决面临问题的理性，它具体表现为科学理性尤其是技术理性。科技理性进一步加深了对人的弘扬和对现实欲望满足的强调，如果说对人的弘扬和对先前超验价值的贬低（从而刺激现实需要的满足）通过外部解放的方式为人的行动注入了活力，那么，理性化及其加强则通过内在注入的方式为人的行动提供了具体的有效力量和手段。理性化最终完成了对人的观念的现代化改造。人通过理性改造自然和设计社会，以致现代化进程就是一种理性化扩张的进程。

第二，理性又不是纯粹的手段。它作为手段，是人确证人类自我的手段，是确证人之为人的一种东西。现代化进程中的理性化扩张，就是在三重分离基础上，以更大规模和更有效率地确定自己作为世界君主的"人"的不断确立和拓展。这就是说，理性不只是手段，也体现着一种价值追求意向，一种直接与人的未来定向相关、与人追求拥有的价值体如何相关的价值意向。与古希腊时期的理性与正义、至善和真理联为一体，并意味着一种追求精神价值的生活相适应，现代化（尤其是初期和中期）中的理性亦与财富、关系位置等价值体相联，并意味着一种追求现实价值物的生活。在渐渐切断了与古典价值观的联系之后，现代化进程中的理性绝不是没有了价值基础或范导而成为光怪陆离的纯事实关注。与其说它放弃了古典的幸福、尊严、崇高、正义和自由，倒不如说它给了这些价值观念以新的意蕴。所以，如果我们不固执地在古典意义上规范"价值"，而在现代化意义上确立其内涵意指，那么，理性的价值意蕴与其手段意蕴内在地结合在一起，这种结合随着现代化的进展有愈来愈密切而不是愈来愈分裂的趋向。在这样的意义上，"价值理性"与"功用理性"在现代化进程中是统一着的，并不是分裂着的。大谈两者分裂的一些思想家（包括韦伯）其实是在前现代化或后现代化的意义上规范"价值理性"的理论结果。赋予理性纯粹的工具意义，成了许多人文思想的一种时髦。对于后发展国家或正在发展中的国家来说，挪用西方观点而把技术理性视为纯粹工具的观念比较流行。这种观念认为技术自身没有内在的价值要求，因而设想用一种外在的价值去范导技术理性，结果，却真正地导致了理性与价值难以弥合的冲突。其实，技术本身具有较强烈的价值趋向，而且"技术的价值准则对于发展的价值准则是可以具有决定性作用的"[1]。技术理性与现代意义

---

[1] 彼得·J. 亨里厄特语，参见（美）查尔斯·K. 威尔伯主编：《发达与不发达问题的政治经济学》，高铦等译，中国社会科学出版社1984年版，第27页。

上的价值理性（如前述对尊严和自由的解释）密切结合在一起。要改造技术理性的价值趋向，只能从其内在着眼，通过与其内在含义的接轨方可进行。关于技术理性缺乏价值范导，因而要求理性"真正被置于价值坐标的范导之下"的观点，可能对技术理性本身已内在固有的价值趋向缺乏应有的估计。

第三，现代化所必需的理性化需要人的观念来一次转变，需要一种适合现代化的价值转折，一种对前现代化价值观的痛苦的割断；当然，这种"割断"并非在一切具体方面都摒弃传统（而只是在根本点上进行）。不论这种价值观转变于现代化进程中经历的时间是长是短，或以后在后现代化时代是否还要把割断的重新衔接起来，要走入现代化，这一步总得迈。价值观的主导范式有强烈的时间效应。某种价值观适合于现代化的一定时段，这种适合是发展过程中为解决自己时段水平上的难题而做出的一种合理选择。判定价值为某时段适合与否的标准在于现实问题的结构水平，价值观自身是不能先验地确定自身的合理性的。就是说，理论角度有无道理不是根本标准，实践水平才能最终确定某种价值观对时代的适合性。如在理欲观、义利观等方面，中国传统中居统治地位的观点只从理论角度看不是没有道理，但考虑到实践水平和实践效果，它就与现代化的要求基本抵触。在"天""人"观上，传统的"天人合一"的观念适合于中国传统农业社会，但绝不适合正在走入现代化的社会。老庄那种寡欲、返朴自然和精神高蹈的价值观虽然引起当代一些西方人的某种兴趣，但不仅不能促进当前的现代化事业，反而通过鼓励一种逃避意向和精神超脱趋向而不利于现代化。从此而论，我们反对那种看到发达国家的某些人（基本上还是在理论上）热衷于新道家、欣赏天人合一观念，就忘记了这些理论观念的实践水平基础，就以为我们的文化是发达国家的未来选择，从而不去深思我们这个正在走入现代化的国家需要什么样的价值观这样的理论观点。

第四，现代化所要求的理性化绝不是对理性的一种偶然崇拜！理性本是与对神的敬畏和对权威的崇拜相对立的，一旦它陷入自我崇拜，人被说成完全遵从理性的，社会被规定为完全按理性运作的体系，那它就脱离了实际，自我造就了一个乌托邦。它由此带给人的就不是智慧、公正和和谐，而是新愚昧、人为的冲突和苦难。自此而论，黑格尔那种作为宇宙之本源和世界之灵魂的无所不包的实体理性绝不是现代化所需求的理性。谋求崇拜自己、试图包容和统治一切（特别是人和国家）的理性，从历史上看只能是现代化旁枝上一个开过花的酸果子。最后，这样一来，人对物质财富、社会关系、外部自然的控制、占有和消费，个体对外界的拓展、要求、拆解组合，在人的理性化和专门化基础上的人的能力无限等，就成了现代社会的基本价值信条。就此而论，发展目标上面向物的发展与面向人的发展这种广为流传的区分常常是模糊不清的。人到底是什么？现代社会广泛接受的"人"的观念就是物的浮标、神的俗化、理性的主体，以之为目标与（占有）物为目标无甚区别。前述托达罗、西尔斯所谓作为发展基础的自尊和自由的内涵基本上是从上述拉塞尔所谓人的示范式中引申出来或与之相应的，即建立在物质财富和大众消费的基础之上的。这从一个方面说明，立足于中国目前发展水平对发展的价值基础的思考，首先要做的是立足现代化对前现代化价值观的反思，而不是立足后现代化对现代化的价值观予以反思，虽然对后一方面我们也不能熟视无睹。

三、追思发展的方法：二分法

发展主体不仅在参与发展时抱有并追求一定的价值理想，而且在观察分析和确定所面临的问题时具有一种前定的思维范式，它会直接影响到他（们）如何发现、如何认定和如何解决所面临的复杂的问题情景。它像一副眼镜，又像一张过滤之网。我们仅从此复杂之网上挑出影响甚广的二分法这一节点予以讨论。

作为对一个整体的内在剖析，二分法是甚为古老的一种方法。埃莉奥诺拉·马西尼曾把二分法逻辑看作欧洲社会的一个传统，其实，它又何尝不是中国思维的一个传统呢！虽历经文化变迁，它在现代仍以朴素整体论等形式被人们广泛使用于对发展进程中所面临问题情景的分析。譬如，传统与现代的二极对立构成了现代化理论的轴心；在区分对发展的态度时，改革派与守旧派的对立也被人们广泛采用；在分析利益导向时，个体利益与公共利益也被看作彼此相互排斥的二极对立。简单的二分法禁锢着人们的思维。其实，仔细地科学分析起来，这些对立严格地说并不成立。传统性并不一定阻碍现代化，现代性也不一定促进现代化。某些传统及其改进完全可以促进现代化，而某种现代性在某一时期某一国度中很可能会阻碍现代化。如个人消费的现代性在后发展国家现代化初期，由于与经济结构和制度的现代化习得相比它更容易，这两种习得的非同步性很可能会发生不利于发展的冲突。较大规模的快速高级消费在发达国家中能使国家吸收潜在的过度生产而刺激经济发展，在发展中国家却很可能导致资本累积陷入困境。改革派与守旧派的常规区分也是如此，正如戈登所说："与常规的看法相反，穷国内部的斗争并不是在谋求变革的现代派与抵制一切变革的传统派之间的斗争，而是在以下问题上的不同想法之间的冲突——哪些社会变革将被接受或拒绝，将由谁来控制变革过程，以及变革的目标应是什么。这场斗争中的胜利者将塑造其社会的未来。"[1] 个体利益与公共利益的对立亦如此。这就迫使我们必须审视二分法逻辑。

在我国，由于长期以来常常在黑格尔的水平上理解马克思主义矛盾观，二分法逻辑传统打着辩证法的名义广为流传。这主要是因为，我们把马克思主义矛盾辩证法对黑格尔矛盾观的革命看作只是重新挪动了一下矛盾成立的基础，重新更换了一件衣装，基本内容没有更新，或者认为二者的区别仅仅在于矛盾范式的内核中是否渗透了唯心主义的路线。其实，两者的矛盾范式根本不同。黑格尔的范式是，每一历史时段都只存在反映发展着的事物之本质的一对矛盾，每一历史时段中的矛盾就是两个对立着的事物或方面在争斗。如果说还有其他矛盾存在，那也是指其他矛盾是这一对矛盾的历时累积（潜存在、回音）或表现形式，而根本不是与这一矛盾同时并存的不同矛盾。黑格尔认定每一历史时期都有一种作为普遍理性之表现，又决定着该时期基本概貌的特定时代精神，这种精神的逻辑自明性把该时期内的矛盾纯化为一对矛盾。这是一种自以为老成实则简单幼稚的过分简单化。马克思主义矛盾观把双方对立构成的一对矛盾只看作为进一步认知现实中复杂矛盾系统的一个暂时性概念模型框架，因而它的矛盾范式是众多因素或方面之间多种可能性矛盾关系的系统组合体。黑格尔的矛盾范式在其中充其量只是此体内的一个单元性组合，一种抽象出来的理想状态。马克思主义矛盾范式的达求在认识上呈现为一个需要不断努力的过程。在概念框架水平上停下，把概念模型层次的矛盾与现实中的复杂矛盾体划等号，既是对马克思的误解，又是滞留于黑格尔水平的懒惰。从马克思主义的矛盾范式着眼，系统组合体内可以酝酿发生多种双方对立的矛盾情形，更可能发生多方面对立的矛盾情形。以对实践的价值而论，这些矛盾可以排成一个重要性依次减小的序列。主体具有并能调动的客观力量，实践任务要求的迫切度以及主体的利益和价值等因素共同决定对这些矛盾

---

[1] 戈登：《现代化和发展的神话》，《国外社会科学》1990年第5期。

中某几种的优先求解。这样一来，流传甚广的二分法逻辑以及与之密切相关的黑格尔矛盾范式在科学认知发展问题时充其量只是一个初步的简单概念模型，一个在进一步分析复杂的问题情景时远远不够且需要丰富或重构的概念模型。从切克兰德的软系统方法论角度看，它只是认知问题情景的一个极其初步的水平阶段。现代化是一个复杂的系统工程，它所需要的与之相适应的思维范式是科学的系统性思维范式。它要求我们超越把一个整体一分为二的朴素整体论，超越19世纪的黑格尔式的简单矛盾观，甚至超越传统的硬性系统论思维水平，发展马克思主义的矛盾观，把辩证思维提高到一个新的科学水平。

第八章　对"发展"的三种批评

"发展"作为一个宏大叙事在当代中国业已成为一种最强音。谋求更快更好的发展是国人的共识。可我们经常忘记了或不予重视的是，为了做到这一点，必须重视针对"发展"提出的众多批评之音——因为正是在这种批评之音中，才更集中、更明确地凝聚或表达着"发展"中所内含特别是所引发出的一系列问题，而对这些难题的研究，有助于人们更清晰地认识现代发展体系所蕴含的问题与困境，从而对于"发展"的维护者来说才会更有利于求解（防止、弱化、消解）这些难题。这种工作的重要性早已有学人指出，但人们对此所做的却不够。

大体来说，批评"发展"的理由可以分为三种：一是指责它毁害环境，根本无法取得全面繁荣所需的庞大资源；二是指责它引发了一系列灾害性的问题，诸如越来越严重的不平等，越来越严重的异化、物化、官僚化、心理疾患等，或者毁灭了丰富多样的独特文化、高雅文化，使世界变得越来越俗气，等等；三是认定曾为之提供出正当理由的理性主义文化已经没落，"发展"的基本理由在哲学上受到根本挑战，甚至于"发展"变成了除旧迎新的游戏。这三种批评依次一种比一种严重和致命。在本章的叙述中，我们依次展开。

一、第一种批评：资源不够

现代化思维是以主体（人）与自然的二分为基点，指望通过发挥主体内部以技术创新和制度创新等方式体现出来的无限潜力来谋求发展。这种被第二现代化思想称之为简单现代化之理论主张的观点把自然视为本身没有生命的机械复合体，把对自然的改造利用看作主体力量增强和生产力发展的标志。这种思维不能不导致对自然本身生命力的蔑视和对自然本身具有的、有益于人的生产能力的损害。从这里，不能不引发出对"发展"理念的一种严肃批评。

工业化造就了物质生产力的巨大增长，但也同样带来了严重的大气污染、臭氧层破坏，越来越严重的海洋污染、陆地上的化学污染甚至核污染，致使土地退化、土壤盐渍化，森林大片地被砍伐并导致严重的水土流失、生物多样性锐减、土地沙漠化和荒漠化加剧，以及生命所需的淡水资源危机，等等。这些情况在中国表现得大多都很突出。

由于人口的巨大压力等原因，中国现代化之前的社会变迁就存在较严重的损害生态环境的问题。孕育了中华文明的黄河流域成了众多学者所列举的人们自己破坏自己的生存环境的典型案例。而在工业化的巨大压力下，生态破坏、水土流失、土地沙漠化有增无减，又增添了化学污染、酸雨、大气污染、生物多样性锐减、淡水资源严重危机等现代化带来的负面效果。这些方面情况的严重性，① 已经使得仅仅从现代化实践所取得的正面效果角度看待发展的做法显得颇为片面和单纯了。而从现代化引发的负面角度来看，就会发现，GDP 增长率因为没有考虑经济增长造成的自然资源退化而实际上常常被高估了。美国学者斯米尔 1996 年的研究表明，1990 年中国森林、农场和牧场的退化和水短缺造成的损失占 GDP 的 5.5%～9.5%。中国社会科学院的一项研究表明，环境损害的全部成本占 GDP 的 8.5%；斯米尔的评估得出的数据更高，大约是 10%。② 不管怎样，从环境损害角度来看，我们津津乐道的"发展"总得打些折扣，并表现为以（现时人们认为不重要的）某些方面的退化来换取（现时人们认为太重要的）一些方面的"发展"。如果我们不考虑这种"发展"所付出的明显代价，那我们所谓的"发展"就只能是片面的，只能是未经反思的贝克和吉登斯所说的"简单的现代化"。而这种简单的现代化思想与我国奉行的可持续性发展思维显然具有明显差距。从可持续性发展角度看，如下做法就需要反思：大肆砍伐森林导致的木材产出和进一步的产品加工产出都被计算进了 GDP 之中，但对植被的破坏、加工工业对空气的污染却没有在 GDP 中扣除；相反，人们从污染地区出发坐火车或飞机到空气清新地

---

① 参见李星学、王仁农编著：《还我大自然——地球敲响了警钟》，清华大学出版社、暨南大学出版社 2002 年版，第 2～3 页。

② （美）罗伯特·艾尔斯：《转折点：增长范式的终结》，戴星翼等译，上海译文出版社 2001 年版，第 230、93 页。

区享受大自然，会再一次被计入 GDP 之中。工人开采出来的煤算进了 GDP 中，但引发的疾病治疗费用和对工人生产力的损伤不但没有从 GDP 中扣除，相反，这里的医疗费用还会再一次计入 GDP 中。破坏自然生产力的过程为国民生产总值的增值提供了两次机会！巨大、快速的经济增长常常建立在对自然资本的过度开采和耗竭的基础之上，即建立在技术生产力与自然生产力之间的不协调基础上，建立在能源、森林、良田、地下水、渔业以及某些领域劳动者的健康等因素的不可持续性发展的基础上。

考虑到中国发展的高速低效特征，这一问题就更值得重视。资料显示，从 1978 年到 1994 年，日本经济平均增长率为 10%，资本产出率平均为 1，资本投资率平均仅为 0.125；此时期中国经济平均增长率为 8.89%，资本产出率平均为 0.1409，但资本投资率平均为 0.631。这说明，我国同期低于日本约 1 个百分点的经济增长率是靠高于日本 5 倍以上的投资率来维持的。中国的资本产出率仅为日本的 14%！高速低效的反差是如此明显。① 如果不提高效益，只是以提高投资、加大资源和各种投入的方式来追求快速增长，那带来的环境危机和资源危机会非常惊人。

值得高兴的是，中国近年来的状况正不断趋于好转。资料显示，1978 年，每生产 1 亿元 GDP，中国要耗费能源 15.77 万吨标准煤；1991 年，这个数字下降为 4.8 万吨标准煤；到了 2001 年，进一步下降到 1.38 万吨，单位能耗比仅为 1991 年的 29%。自然资产损失占 GDP 的比重，1995 年仍高达 7.8%，1998 年已下降到 4.53%。据国家环保局统计，二氧化碳、工业废水、粉尘、固体废弃物排放量，1999 年比 1995 年分别下降了 23.3%、27.6%、33.5%、48.5%。②

虽然问题在艰难地趋于好转是不争的事实，但与发达国家相比，问题仍然比较严重。自然资产损失、自然生产力的损害并没有广泛地得到人们的重视。人们甚至都没有意识到自然本身也具有众多有益于人类的生产力，而只是把改造自然才看作生产力！于是，人们只是习惯于从社会生产所获得的有益成果角度看待社会发展，却往往不去关注社会生产所同时塑造出来的负面结果，没有在评估发展时把这些负面消极后果从正面成果中做出应有的扣除。这预示着，简单的启蒙乐观主义、片面的发展评价方式

---

① 李望一：《发展为何是第一要务？》，《广州日报》2002 年 7 月 21 日 A12 版。
② 《高速 GDP 并非代表一切，中国是在"崩溃"还是在成长？》，http://news.sohu.com/44/67/news201886744.shtml（该文原载《南方周末》2002 年 6 月 27 日）。

仍然左右着人们的思想意识——这与可持续性发展观的要求明显不相适应，甚至是正好相冲突。

这是当今批评"发展"最常见、相对来说最容易被人接受的一种见解。20世纪70—80年代以来，工业化和富足的消极影响在发达国家愈来愈多地被谈论。如丹尼尔·艾伦所说，"美国文献中充斥着质量高于数量的观点，对作家和艺术家来说，居首位的是将规模和增长等同于一切经济形式的——经济的、政治上的、道德上的——污染。"① 虽然从理论主张者的社会分层来看，主张限制增长、保护环境的人往往更多地是来自有钱的富裕阶层——从此而论，有人就会说他们这是"过河拆桥"；在贫穷阶层看来，尽快增长才是他们所盼望和希求的。也许正是在这里，才凸现出"发展"作为现代性意识形态的强大威力，以至于一旦与她联系起来，即使是最受欺压和盘剥的阶层也如此热衷于追寻着她，即使追的是一个永远的背影。但在奉行可持续性发展策略并属于发展中国家的中国，并不能像发达国家那样可以把损害环境的工业生产转移到其他发展中国家，因而发展带来的环境压力会很大。针对资源支持和环境损害而提出的发展批评值得我们高度重视。

二、第二种批评：损害了世界——以平等为例

按照发展主义的基本理念，发展不断趋向的目标之一就是平等。局限在一个特定的空间区域和时间范围内来看，的确有可能暂时呈现出这种结果。例如，在发达国家内部而且是普遍实行高福利和国家大力干预的时期，就会出现相对较高水平的平等。处于此时的斯本伯格就认为，在发达国家，蓝领工人与中间阶级已很难分开，这意味着"平等的诺言已经兑现"。② 把眼睛盯在发达国家的达仁道夫也在《现代社会冲突》一书中断言，资本主义社会中公民基本权利从司法领域到政治领域再到社会领域的贯彻，无产阶级要求的政治权利和社会权利的逐步实现，使得无产阶级的

---

① 转引自（美）李普塞特：《一致与冲突》，张华青等译，上海人民出版社1995年版，第363页。

② （美）李普塞特：《一致与冲突》，张华青等译，上海人民出版社1995年版，第367页。

平等权利在这些领域已基本实现，最后只剩下经济上的不平等有待被市场社会弱化和克服。① 但若把视野扩大至全球范围，把资本主义看作一个世界性的体系，触目惊心的不平等现实就会让自近代以来的所有发展主义者汗颜。因为发展造成的根本不是平等的增长，相反，却是不平等的不断增长：在发达国家与不发达国家之间，1975 年，发达国家人均国民生产总值是 5860 美元，不发达国家为 168 美元，相差了 35 倍；而到了 1989 年，发达国家的人均国民生产总值上升为 18280 美元，而不发达国家仅上升为 330 美元，两者相差已达到 55 倍！据估计，第一世界与第三世界人均收入差额之比 1500 年为 3∶1，1850 年为 5∶1，1900 年为 6∶1，1960 年为 10∶1，而 1970 年达到了 14∶1。② 《联合国发展规划（1999）》中指出，穷国与富国之间的收入差距 1990 年是 60∶1，而 1997 年就扩大到 74∶1；世界银行发表的《世界发展报告（1999）》也指出，自 1987 年到 1999 年，每天靠 1 美元左右维持生计的人数增长了 25%。③ 工业化国家 1970 年在世界生产中所占的比例为 74.3%，而到 1993 年这个数字就上升到 79.0%。④ 第二次世界大战刚结束时，据估计占当时世界总人口约 6% 的美国人消耗了当时全世界工业用原材料的 50%；而在 80 年代，美国人消耗的原材料仍占全世界总量的 1/3，如果把北美、欧洲、日本和澳大利亚这些发达工业国家全考虑进来，那么，这些人口不到世界总数 1/4 的发达国家所消耗的原材料竟占去了一大半。⑤ 根据联合国发展计划署发表的《1998 年人类发展报告》提供的数据，欧洲和美国狗食消费支出是每年 170 亿美元，欧洲的冰淇淋支出每年为 110 亿美元，美国化妆品消费每年支出 80 亿美元。请与下面有关第三世界基本需要的满足所需的经费支出进行比较：第三世界基础教育支出每年是 60 亿美元，大约是欧美人每年喂狗所需经费的 1/3，是欧洲人每年冰淇淋支出的 1/2；第三世界供水和卫生设施支出每年

---

① 参见（英）拉尔夫·达仁道夫：《现代社会冲突》，林荣远译，中国社会科学出版社 2000 年版，第二、三、五章。
② （美）斯塔夫里亚诺斯：《全球分裂》，迟越、王红生等译，商务印书馆 1993 年版，第 15 页。
③ 参见（美）戴维·施韦卡特：《反对资本主义》，李智、陈志刚等译，中国人民大学出版社 2002 年版，中文版序，第 9 页注 [5]。
④ 参见张世鹏等编译：《全球化时代的资本主义》，中央编译出版社 1998 年版，第 30 页。
⑤ 转引自（美）李普塞特：《一致与冲突》，张华青等译，上海人民出版社 1995 年版，第 360 页。

是 90 亿美元，大约是欧美狗食支出的 1/2，略少于欧洲冰淇淋的支出；第三世界健康和粮食保障支出每年是 130 亿美元，仍然远远少于欧美人每年喂狗所花的钱。① 对大多数欧美人来说，自己的爱犬患了感冒可能比第三世界穷国老百姓是否饿死更值得关注，自己吃的冰淇淋的一点不良味道比一些落后国家老百姓饮用的有毒水更不可忍受，自己所抽的高级香烟的味道比穷国老百姓的所患的致命疾病重要得多，更不用说穷国老百姓是否能够接受足够的基础教育了。另据资料显示，世界上大约有 10 亿人无法饮用符合卫生标准的纯净水，但仅仅是只有 2500 万人的美国加利福尼亚州就有 60 万个纯净的游泳池。② 从此而论，我们很难否认如下的结论：欠发达国家要都普遍地变成富裕的工业社会是根本不可能的，平等的普遍实现不是所有人都可企及的目标，倒是十足的一部分人针对另一部分人的意识形态之见。

把视角从全球转向特定地区，情况也好不了多少。自新自由主义在西方重新抬头以来，贫富分化的增长势头在西方也日趋明显。美国学者施韦卡特在《反对资本主义》中写道：占美国人口 1% 的最富裕者，税后家庭平均实际收入从 1977 年到 1991 年提高了 136%；同时，60% 的社会低层，税后的家庭平均实际收入却下降了 10%。③ 1980—1996 年，美国最富有的 5% 的家庭在家庭总收入中所占的比例从 15.3% 上升到 20.3%，最贫困的 60% 的家庭在家庭总收入中所占的比例则从 34.2% 下降到 30%。1978 年，一个典型的大公司总经理的收入是一个典型工人的 60 倍，到 1995 年则变成了 170 倍！"股东的收入也同样惊人，这使不平等更加扩大。"④

平等的这种意识形态性质使得发展中国家谋求发展的过程常常也同时表现为不平等随之强化的过程，发展与平等齐头并进共同达到一个更高的新水平的状况在现代性逻辑中充其量只是特殊性的事件，而不可能是普遍性的状况。就我国来说，1978 年农村基尼系数是 0.227，城市是 0.164，

---

① 参见（巴西）何塞·卢岑贝格：《自然不可改良》，黄凤祝译，生活·读书·新知三联书店 1999 年版，第 97～98 页。

② 参见里斯本小组：《竞争的极限》，张世鹏译，中央编译出版社 2000 年版，第 185～186 页。

③ 参见（美）戴维·施韦卡特：《反对资本主义》，李智、陈志刚等译，中国人民大学出版社 2002 年版，第 354 页。

④ 参见俞可平主编：《全球化时代的"马克思主义"》，中央编译出版社 1998 年版，第 8 页。

很平均；但城乡之间差距指数是 0.331，与 1966 年美国 0.34 的水平相当。这说明那时被现今的人们津津乐道的平等也只能局限于狭小范围内看才是成立的。若考虑到那时的超经济分配因素，情况就更严重了。改革开放以来，城乡之间、各行业和地区之间都有增长，但增幅差异很大。国家统计局收入分配课题组的研究成果表明，1998 年我国的基尼系数是 0.386，接近 0.4 的国际警戒线，超过高收入国家的平均水平，也明显高于经济发达程度相似的国家。如果考虑到调查样本中一些城镇特高收入户不在统计范围，则我国的吉尼系数可能已超过 0.4 的国际警戒线。① 从结构上看，问题也相当严重：城乡之间差距指数是 2.64，比国际平均数 1.7 高很多；地区之间差距大：广东与贵州、上海与重庆的人均 GDP 差距都是 5 倍。行业差距：1990 年平均工资高低之差是 2.7：1，1995 年扩大到 3.9：1。

一个国家内部的不平等可以通过政府的各种调节措施而得以缓解。但国家与国家之间的不平等就无法缓解，而只能不断加剧了。所以，在这个意义上，发展在国际视域内就呈现为分等级的不平等体系。只有在新的更大规模、更难克服的不平等的基础上，现代社会才得以建立起来。这么说来，世界范围内持续性、大面积的"贫穷"恰恰是一种现代性现象，就像萨林斯（亦译"塞林斯"）所说的："我们现在才是空前的饥饿时代，今日，在这个伟大的技术能力的时代，饥饿成了一个建制。再把一个可敬的公式颠倒过来：饥饿的总量相对地也绝对地与文化演进齐增。……世界上最原始的人们拥有很少的物件，但他们并不穷。贫穷不是少数量的财货，也不只是手段与目标间的关系；最根本的，贫穷是人与人间的一种关系。贫穷是一种社会地位。是故，它是文化的创造物，它与文明同生共长；同时，它是阶级之间一种为人怨愤的区分。而更重要的，是一种朝贡式的关系……阶级社会创造的贫穷问题，随近代自由市场经济的发展而加剧；进一步使得'匮乏'的意义在社会中成为主导，具普遍性。"②

这显然就会把对现代发展的批评引向一种深刻的文化质疑。

---

① 参见《社会科学报》2000 年 6 月 29 日第 1 版的报道。
② （美）塞林斯：《原初丰裕社会》，许宝强、汪晖选编：《发展的幻象》，中央编译出版社 2001 年版，第 76～77 页。

三、第三种批评：求新刺激的无理性倾向

作为现代性现象的"发展"，其理由是由近代文化提供的。近代文化的核心可以说就是试图为新世界提供一种崭新基础的"理性"或主体性——其中不但存在着实现富足、自由、平等、公正与解放的目标指向，更存在着可以凭托的基础性力量。可对这种基础的批判早已不是什么新鲜事了。根据施特劳斯的解释，斯宾格勒在20世纪初期喊出的"西方的没落"中所谓的"西方"，并非系指源于希腊的西方文明，而是指公元1000年左右出现在北欧的文化，"它所包括的首先是西方现代文化"，因而他断定的"西方的没落"也就是现代性的没落。而"现代性的危机表现或者说存在于这样一宗事实中：现代西方人再也不知道他想要什么——他再也不相信自己能够知道什么是好的，什么是坏的；什么是对的，什么是错的。寥寥几代之前，人们还是普遍确信人能够知道什么是对的，什么是错的；能够知道什么是正义的（just）或者好的（good）或者最好的（best）社会秩序——一言以蔽之，人们普遍确信政治哲学是可能的，也是必要的。在我们的时代，这个信念已经回天乏力了"。① 现代文化是理性主义的，当现代文化不再相信理性有能力赋予自己的最高目的以效力，那么这个文化无疑处于危机之中。

如果从文化角度批判性地观视现代发展，就会同意卡思陀瑞狄思的看法：发展在最发达的层面上已经成为除旧布新式的"游戏"。

汤林森在论述法兰克福学派的早期理论时，虽然决不同意在理性之外寻求批判理性之立足点的危险举动，但认可他们所发现的如下问题是"现代性的核心问题"："它并不是资本主义体系的不公不义，也不只是社会偏差的多种外显形式，也不只是占有式个人主义的意识形态。问题的关键在于所有的现代社会，都根据一个特定而狭隘的理性观（也就是韦伯所说的'工具理性'）在运作，这样的理性观盘踞了社会主要机构的核心：'经济

---

① （美）利奥·施特劳斯：《现代性的三次浪潮》，贺照田主编：《西方现代性的曲折与展开》，吉林人民出版社2002年版，第86页。

体'、以官僚组织进行社会控制、科学与科技。"①

制度化的现代理性不能浪漫地一概反对，对它的批判不能没有一个限度，但它毕竟在一边造就了"炫耀性的消费"、求新求刺激的"游戏性消费"，却又在另一边造就了令人惨不忍睹的贫穷：前边的狗食消费居然远远多于后边所有人的健康与粮食支出！更不用说耀武扬威的军事支出了（克莱夫·贝尔曾说，在这方面，古雅典比当今的美国还要"文明"！因为它把排演歌剧的费用放在军事费用之前优先安排！）看来，现代性并不像原本它向人许诺的那样美好和单纯，现代性本身就是一种令人焦躁不安、不确定甚至颇为危险的文化。它向人描述的单一的、必然的美好前景是十足的意识形态之见。

卡思陀瑞狄思针对当代发展的批判发人深省。他认为，目前的（西方）发展早已超越了满足基本需要的层次，要求继续增加生产与消费的理由也就不能再从理性中发现。现代社会视自己为理性的化身，实际上却是一种"装模作样"，"现代世界的生活，一如古代或历史上的任何一个文化，尽皆仰仗想象"②。当代发展于是就成了一种社会想象的表意。这样的想象并不能从文化上向人们提供令人信服的定向目标（在这方面它还不如古代文化），于是，"发展"就只是沿着未加界定的轴心无休无止地"愈多"和"新奇"，以至于"除了迎新贺喜之外，什么都不是"。这样一来的结论就是，发展已经变成一个贫乏空洞的词汇。卡氏的意思是，当代世界的发展在目标方向上已经失去了"理性"。在卡思陀瑞狄思看来，"发展"这个概念最早出自古希腊，而那时的"发展"观念是一种有限制的、有止境的过程。现代文化赋予新的"发展"观念以漫无止境、没有限制的特点，这首先是犹太基督教把"无限性""侵入进"现代文化中所造成的结果：正像犹太基督教把"上帝"想象成一种非实体、非认知对象，虽然不表意真实的东西和任何理性的东西，但却是一个无所不能、无所不指的文化造物一样，正像这种文化造物没有丁点"外延"，却"内涵"十足，不具体指涉什么，却无所不指涉一样。这就是卡思陀瑞狄思所谓任何一个文化体系都不可缺少的"社会想象的表意"。在一种文化中，它要成

---

① （英）汤林森：《文化帝国主义》，冯建三译，上海人民出版社1999年版，第273～274页。

② C. Castoriadis, *The Imaginary Institution of Society*, Cambridge University Press, 1987, p.156. 转引自（英）汤林森：《文化帝国主义》，上海人民出版社1999年，第299页。

功地存在就必须对以下诸如此类的问题做出回答:"作为一个集体,我们是谁?我们为了彼此的什么?我们在哪里而我们又是什么?我们要什么;我们的欲望是什么;我们又欠缺什么?"①

"发展"正是现代社会中的"社会想象的表意"。它给人们以充足的文化想象。现代"发展"在西方早已超出了基本需要的满足层次,早已进入了求新求刺激的"无限想象"层面。所以,现代文化极力想给社会发展以令人信服的超验定向目标的做法其实是实现不了的。在这方面,现代文化还不如神学和万能信仰论当时给自己的时代提供的目标指向更为有力。因为现代"发展"能给人提供出的目标就是"愈多愈新"的物品与刺激,所以,在最发达的社会中,"发展"已经变成了"除了迎新贺喜之外,什么也不是","发展这个概念已经变得贫乏空洞"。② 于是,有意义的只是当下,只是当下的体验和感觉。用我们的话来说,发达社会的发展重又变成了某种莫名其妙的力量驱动的自然式进程。这种"自然性力量"驱动着我们的想象,使现代社会的理性基础坍塌:"现代社会的想象,没有自己的骨肉,它向理性的内涵借贷、向理性瞬间所呈现的东西借贷,然后将它转变为一个假理性的东西。"③ 现代性的内在危机看来真不是一件轻松、简单的事情,也不是只有左派学者才指认出的事实。施特劳斯、卡思陀瑞狄思都做了指认。斯蒂格勒在《技术与时间》一书中谈到,"发展"观念在现代技术背景下就得从不断现代化和不断革新的意义上来理解,只有不断的技术革新才能满足它的胃口。④ 而哈贝马斯干脆说出了与卡思陀瑞狄思几乎同样的意思:"工业先进的社会,看来接近于一个与其说受规范指导的,不如说受外界刺激控制的行为监督模式。通过虚假的刺激进行间接控制的现象增加了"⑤,这不是说发展就是除旧布新,而发展已失去了内在的合理规范,却受制于外在的新刺激?

根基的坍塌是最为严重的事情。这种批评比起前两者来更难处理。如

---

① 转引自(英)汤林森:《文化帝国主义》,上海人民出版社1999年版,第297页。
② 参见(英)汤林森:《文化帝国主义》,上海人民出版社1999年版,第301页。
③ C. Castoriadis, *The Imaginary Institution of Society*, Cambridge University Press, 1987, p.160. 转引自(英)汤林森:《文化帝国主义》,上海人民出版社1999年版,第300页。
④ 参见(法)贝尔纳·斯蒂格勒:《技术与时间》,裴程译,译林出版社2000年版,第45页。
⑤ (德)哈贝马斯:《作为"意识形态"的技术与科学》,李黎、郭官义译,学林出版社1999年版,第65页。

果说第二种批评是弱势阶层和基于弱势阶层的左派学者提出的,其着眼点在于现代发展体系中的意识形态许诺,那这种许诺即使被揭示为不能实现的漂亮言辞,那最后的后果至多是卸掉现代"发展"的过分装饰,而"发展"还仍然可以以另一种即便丑陋些的面貌正当存在下来。但第三种批评却会给精英阶层带来困惑。仔细研究这些困惑和批评,将有助于更加合理的可持续性发展理念的形成和确立。

第九章 从后思索法视野内的"发展"检思

鲍曼曾正确地说过,从马克思的所有著作来看,"都可以发现马克思执迷于发展这个概念,它包含、连接了个人的心理与社会经济意义。了解马克思在这方面影响力的方法之一,其实可以审度他提出的发展理念如何成为当今一个宏大叙事之一"①。马克思的"发展"作为一种蔓延到全球范围的现代性宏大叙事,在当今世界仍具有广泛影响,尤其是正在拼命追求现代化的中国。本章想从方法论角度对马克思的发展观念做些检思。

一、从后思索法视域内的发展:
精英信念的普遍化

众所周知,马克思思考社会变迁的基本方法之一是从后思索法。这意味着,马克思反对目的主义地看待历史,这种目的主义把过去的一切变迁都说成其目的就是为了变出今天这样的社会来。他认为防止这种粗陋目的主义的主要方法就是采取对现实的批判态度。但批判就要立足于某种对未来的理解、向往和设定。思想家选择一个基点设定未来并以此为基础批判现实、解释历史,本无可厚非,但问题的关键在于,选择了这么一个支撑性因素、设定了这么一个理想之后,会相应地对理解现实和注释历史带来根本性的影响!

洛维特认为,马克思发展理念中的未来理想及其实现进程中的两大敌对阵营思想,"背后的现实的推动力是显而易见的弥赛亚主义,它不自觉

---

① 参见(英)汤林森:《文化帝国主义》,上海人民出版社1999年版,第289页。

地植根于马克思自己的存在之中，植根于他的种族之中"①。这就是说，马克思发展观念的指向向度具有一种超验性。而"唯物主义立场和唯心主义立场之间的区别并不在于其原则，而在于其应用"。据此，黑格尔的唯心主义虽然来源于古希腊－基督教传统，"但是，由于他把世界的历史与精神的历史等同起来，他的历史观得益于其宗教起源，要远不及于唯物主义的无神论。马克思的弥赛亚主义如此彻底地超越了现存的现实，以至于他不顾自己的'唯物主义'而维护末世论的张力，并由此维护他的历史构思的宗教动机；与此相反，对于黑格尔来说，信仰只不过是理性或者'知悉'的一种方式，在他自己的精神发展的批判性转折点上，他决定与现实的世界和解。与马克思相比，黑格尔是现实主义的"②。洛维特在这里提出了一个值得注意的问题：马克思发展理论中强烈的未来倾向是否影响到了他从现实出发的唯物主义原则，相比之下黑格尔较弱的未来倾向是不是比马克思更有现实性？马克思批评黑格尔的"现实"，认为它缺乏应有的批判性，并牺牲掉了未来，成为十足的目的主义解释。马克思想把未来从"现实"中拯救出来，要立足未来批判性地解释现实。他把对未来的预想在某种意义上加进对现实的批判性认知当中。也正是在这样的意义上，才有了所谓马克思的社会主义思想不仅是"从空想到科学"，而且还包括进一步"从科学到空想"之说。这么说来，马克思的发展观中，"以现实注解历史和未来"和"以未来注释现实和历史"是不可偏废的两个方面。而相比之下未来倾向在这种解释中起了支配性作用。

靠什么来把现实与设定了既定目标的未来连接起来？马克思否定了以现在才产生出来的某种道德价值作为一般标准评价过去历史的做法，更否定以现今社会为最终目的评价过去历史的做法——认为这都是明显的历史目的主义思维。显然，在这种"主观性"的目的主义中找不到横贯发展全程的一般尺度。但他没有否定可以用不断发展的"生产力"作为一般标准来衡量全部社会历史。按照这一逻辑，以道德价值标准评价历史是主观论目的主义，以客观的"生产力"作为标准评价历史就是客观的和科学的。他没有提问：这难道不是"客观"目的主义，并仍然是一种历史目的主

---

① （德）洛维特：《世界历史与救赎历史——历史哲学的神学前提》，李秋零、田薇译，生活·读书·新知三联书店 2002 年版，第 52 页。
② （德）洛维特：《世界历史与救赎历史——历史哲学的神学前提》，李秋零、田薇译，生活·读书·新知三联书店 2002 年版，第 61～62 页。

义？用一个现代社会中才具有的客观性事物做标准评价过去，就能保证评价是客观的和科学的？要知道，"生产力"只有在现代社会中才成了至高无上的、具有普遍性和根本性的"客观存在"；并不是人类历史上的所有时期都像现代这样看待它。就此而论，若说米勒关于不能用现代的道德这一更具"主观性"的"善"评价以前历史的观点能够成立，那这是否意味着可以用现代的生产力这一"客观"标准评价历史呢？如果我们向马克思提出这样的问题，我想他老人家会做肯定性回答的。因为在他看来，主观的情感、特定的道德倾向只要与普遍永恒的生产力发展协调一致起来，就有历史的客观性。

看一看马克思关于一般与特殊、抽象与具体之间关系的看法就可以更明了他对一般性标尺的看法。他曾在评价边沁时明确主张，"首先要研究人的一般本性，然后要研究在每个历史时代人的本性的变化"①，反对以今释古。可这种反思是否彻底到了自己对原古"社会"的认识呢？显然，他对一般性的本质仍情有独钟。这似乎与国内许多学者所谓马克思在理论和实践上都反对抽象性、一般性、绝对性的东西，并把这种反对视为马克思新哲学思维的突出特点之类的看法有明显出入。在马克思的社会批判理论中，象征一般、抽象、绝对一面的东西仍然顽强地存在着②，这还不只是指与黑格尔的"理性"起相同作用的"生产力"。

马克思反对边沁把现代的小资产者、市侩，特别是英国的市侩说成标准的人，并以此来评价历史，但马克思自己也把追求生产力的不断增长、物质需求日益增多、拥有更多更高质量的物质财富等看作人的普遍本性和标准人之本质所在，以为任何时代的人都是这样，却看不到这只是现代文化的特色。也就是说，马克思在反对把英国市侩视为标准人之后，又制造了另一种"标准人"。按照这种设想，原始社会的人们由于生产力水平低下，生存技能既少又低，所以每天都拿出很长时间来劳作以换取与现代相比很可怜的一点劳动产品，甚至经常处于饥寒交迫之中。按照这种设想，原始人跟现代人一样，非常关注和看重所占有的物质财富，这种普遍性的逻辑推论和想象在现代人类学看来恐怕都是"以今释古"的典型表现。实际上，原始人并不像现代人这样看重占有物质财富，更不想劳作很长时间来获取欲壑难填的物质需求。他们看重的可能是消遣、游戏和灵魂等东

---

① 马克思：《资本论》，法汉译本，中国社会科学出版社 1983 年版，第 644 页注释 55。
② 详见本书第十四章。

西。原始文化截然不同于现代人习以为常的世俗性文化。当然，不只是原始社会文化，欧洲中世纪、佛教文化等也是如此，都不像现代人这样对待世界上的各种存在。各种时代的不同文化非常看重和非常不看重的东西之差别太大了。现代人根据自己的标准来评判一切，有他自己的视角、道理和根据，也有权利这样做；但千万不要以为历史上每个文化背景下的人都跟我们一样这么看待世界。

看来，马克思的发展概念明显地把现代性普遍化、一般化了。惯于历史主义思维和意识形态批判的他没有看到，现代性不见得是一种一般性和普遍性现象，它其实只是近代文化精英们的生活方式与信念的普遍化。"至少从17世纪开始，尤其是到了20世纪，西欧及深受西欧影响的其他各洲的文化精英们，把他们自己的生活方式看作为世界历史的一场根本的转折。由于坚信他们自己的生活方式要比所有其他的（无论是当代的，还是过去的）生活方式来得优越，因此，实际上，他们把自己的生活方式当作了阐释历史之终极目的的基准。"而"他们的这种集体性的经历被重建为历史理论"。①

显然，马克思概括的人体解剖对猴体解剖是一把钥匙的方法论，也正是建立在这一基础之上的。"文化精英用自己的生活方式，或世界的一部分人的生活方式（这一部分人主导了，或他们认为主导了这个世界）来权衡所有其他各式各样的生活方式（过去的，或现在的），并且把所有其他的生活方式看作发展迟缓的、落后的、不成熟的、不完善的，或者，畸形的、残缺的、扭曲的类型，并且处在其他的诸如此类的低级发展阶段中或低级的自我认识阶段中。"② 在这个意义上，用鲍曼的话说，马克思也是把文化精英们的生活方式和文化信念普遍化为世界历史的普遍逻辑，并试图把无产阶级也包括进这一进程中，希望无产阶级也能在其中得到文化精英们所许诺的那些福祉。实际上，这可能只是一种美好愿望而已。

---

① （英）齐格蒙·鲍曼：《立法者与阐释者》，洪涛译，上海人民出版社2000年版，第148、149页。

② （英）齐格蒙·鲍曼：《立法者与阐释者》，洪涛译，上海人民出版社2000年版，第149页。

二、现代对传统、普遍对特殊的漠视

在这种意义上,马克思在批判普遍现代性方面所达到的范围仍不够大,在他达到的范围外,仍然有大片区域尚未耕耘和开发。立足于此,他仍然把现代性普遍化和绝对化了。他首先从时间向度把现代社会普遍化、一般化,然后再据此追问历史,设想未来。其次是从空间向度把现代性普遍化,即把现代社会视为所有国家、民族必须接受和经历的过程。我认为,后一种普遍化就其目标实现来说难以成立①,只是就被卷入发展体系来说才能成立;前一种普遍化更需进一步思考。

现在看来,马克思尚未发觉现代性体系从时间上来说只是一种特殊性体系,现代文化也只是一种特殊文化,把它普遍化为普遍主义观点并以此看待历史发展,仍然是一种特殊视角;而作为一种特殊视角,它也必然地会在观察对象时难免有所遗漏和偏颇。所谓批判性地看待现代以前的各社会,就是把它们"批判"成现代社会的一个发展阶段。这样的"批判"势必会自我减弱批判的力度。这种减弱不但表现在对现代性核心概念的高度认同上,也表现在为了强化现实的现代生产力而对(时间和空间两个维度上)"遥远"区域内的弱势群体的可能性漠视。在这样的意义上,马克思也就没有避免某种程度的发展主义,并难以逃脱自己提出的如下质疑:"最后的形式总是把过去的形式看成是向着自己发展的各个阶段,并且因为它很少而且只是在特定条件下才能够进行自我批判,……所以总是对过去的形式作片面的理解。"② 作为内含着一种衡量一切历史时代的普遍式标准的马克思的"发展"观念,仍难以逃脱阿尔都塞的如下质疑:"我们实际上又陷入了关于连续的、同质的时代的意识形态,即自身同时代的时代的意识形态,因为我们把我们刚才谈到的不同的暂时性当作这种时代的连续性中的非连续性归属于唯一的同一时代,同时我们又把不同的暂时性看作这个时代表现出来的推迟、提前、继续存在或发展的不平衡性。这样

---

① 参见作者的博士学位论文《"矛盾"的现代省思》(2001 年),藏中山大学图书馆,2005 年以《辩证法的社会空间》为题由吉林人民出版社出版。

② 《马克思恩格斯选集》第 2 卷,人民出版社 1995 年版,第 23~24 页。

我们在实际上就会确立（虽然我们否定这一点）一个作为标准的时代，并在这个作为标准的时代的连续性中衡量这些不平衡性。恰恰相反，我们应该把这些不同的时间结构看作并且仅仅看作总的整体结构中不同环节和不同结构的联系方式的客观标志。……如果我们在谈论不同的历史性以衡量这些推迟和提前的基础时代作为标准，那么，谈论不同的历史性就毫无意义了。"① 由于不同时代具有不同的文化标准，而根据不同的文化标准构建的"历史"也必定不一样。根据一种标准撰写的"历史"才会具有横穿古今的"普遍性"，这种"普遍性"是根据一种先定的标准对各个并不认同这种先定标准的"历史时代"的特殊性进行消解和诋毁而得以形成的。反映特定时代偏见的意识形态，与反映特定阶级偏见的意识形态的机理是一样的。

马克思没有做过人类学田野考察，没有深刻地接触过非西方、非现代的其他文化，因而对博厄斯说的如下方法不会有深切的体会："对普遍化社会形态的科学研究要求调查者从建立于自身文化之上的种种价值标准中解脱出来。只有在每种文化自身的基础上深入每种文化，深入每个民族的思想，并把在人类各个部分发现的文化价值列入我们总的客观研究的范围，客观的、严格科学的研究才有可能。"② 从后思索法的运用促使马克思从现今的"人"的角度看待过去的"猴子"，总是从"猴子"要进化到"人"的角度观察"猴子"。"猴子"身上那些无助于进化到"人"的东西就势必会受到贬低或忽视；那些有助于进化到"人"的东西就会得到积极评价，甚至过度拔高。同时，即使并不考虑文化并置法的引入所产生的结果，另一种视野限制和观察遗漏也不能不引起我们的重视，这就是人类学家克利福德·吉尔兹在《地方性知识》一书中所说的如下体悟："任何一个人类学家从其被访者处得到的精确的或半精确的感觉，适如言语所之，恰似并非由如此这般受容的经历所由出，即这是一个人自己的个人史，而不是他所隶属的人们的历史。"③ 没有这样一种体悟，也就没有平等地倾听不同于现代文化的另类文化的心境和胸怀。从后思索法没有区分

---

① （法）路易·阿尔都塞、艾蒂安·巴里巴尔：《读〈资本论〉》，李其庆、冯文光译，中央编译出版社 2001 年版，第 119 页。

② （美）弗朗兹·博厄斯：《人类学与现代生活》，刘莎等译，华夏出版社 1999 年版，第 131 页。

③ （美）克利福德·吉尔兹：《地方性知识》，王海龙、张家瑄译，中央编译出版社 2000 年版，第 92 页。

心理分析学家海因茨·柯胡特所谓的"贴近感知经验"和"遥距感知经验"。马克思没有针对非西方现代文化的"贴近感知经验",而只能根据"遥距感知经验",以"客体凝注"的方式对非西方现代文化进行自己的评判。由于评判者在针对同一对象的评判中采用自己熟悉的立场与视角的情形太多了,于是就会产生一种自己所采取的这种评判是一种普遍性评判的感觉。博厄斯写到:"我们倾向于跟随我们同胞的习惯做事而不仔细研究它们产生的思想基础",并对同时代某些流行的思想无批判性地接纳下来,某一时代的人"接纳这些思想的热情程度,使人们暂时不考虑其他思想而把他们的价值标准作为研究的基础,这种情况证明人类意识非常容易陷入周围文化所表达的理念的绝对价值的信仰中"。① 从后思索法不能不预示着一种普遍性文化对特殊性文化自上而下式的贬低,这种贬低或表现为对异类的猎奇性欣赏,或表现为把异类作为初始阶段纳入自己历史的进程中。

阿瑟·洛夫乔伊说得对:"各个时代是怎样试图夸大自己时代里的发现或再发现的规模与意义的,如此夸大其词令人眼花缭乱,以致无法明确地辨别其局限性,反而遗忘了自己一直反对的那些夸张中尚存的真理性的一面。"② 在这种高度评价自己所见到的、高度看待自己时代的历史地位方面,思想家甚至是大思想家常常与普遍人没有多大区别。我们看到,其实马克思、涂尔干甚至尼采等如此高明、都明确表示过不能"以今释古"的思想家,也都未能完全避免这一点——虽然后来者更有优势。在对马克思唯物史观的解释方面,现在我们所见到的"以今释古"现象除了以各种形式呈现出来的历史发展目的论之外,主要就是以经济解释社会政治、文化现象的经济决定论了。经济基础构成解释现代政治和文化现象的基础,这的确在现代社会中具有广泛适用性,但在不同于现代文化的原始文明、中世纪文明以及形形色色的其他文明中就不一定会那么适用。钻研过原始宗教文化的涂尔干明确地意识到,由于近 200 年来经济功能的不断发展,"尽管在以前经济只居于次要的地位,而今天它已经站在最醒目的位置上

---

① (美)弗朗兹·博厄斯:《人类学与现代生活》,刘莎等译,华夏出版社 1999 年版,第 131 页。
② 转引自(美)唐纳德·沃斯特:《自然的经济体系》,侯文蕙译,商务印书馆 1999 年版,第 490 页。

了"①。在后面的第十四章中，我将探讨对非现代文明深有研究的人类学家萨林斯对传统实践逻辑的批评。在此，博厄斯的如下断论也值得引述："在我们的生活中，经济条件的影响可以在最广泛的形式中被感觉到，若不考虑经济背景就不能理解现代文明。然而并不能就此宣称文化生活所有方面都由经济条件决定。即使最简单的文化形态也能证明这一点。许多狩猎和渔民部落的经济生活建立于相同的基础上，但他们习惯和信仰从根本上不同。非洲布什人和澳大利亚土著……就经济资源来说是可比的，但他们的社会组织、信仰和习俗不同。……考察经济生活与文化所有其他方面的复杂关系才是正当的。但把所有其他方面都归为依靠经济条件则是不恰当的。同样，需要研究经济生活取决于发明、社会关系、艺术和宗教的关系，就像研究它们的反向关系一样。"② 这与萨林斯的结论基本是一致的。这也是一个对现代性的非普遍一般性深有感触的人类学家的肺腑之言。

三、防止以今释古和强发展主义

在我们所居住的大千世界上，存在着多种多样的"变化"。所有的变化是均等的、同样的、具有一个标准的方向，早已是过时的肤浅之见。有些变化是周期性的，有些不是；有些变化是直线型的，有些却不是；有些变化半天就能完成，有些变化的完成则需要上千上万年！在这一切变化观念中，马克思当然是认同正在全世界传播的现代化发展观念。他对"发展"的思考也是在对这种发展正突飞猛进的氛围中、基础上进行的。虽然生产力的迅速增长在当时的西方是不争的事实，但他一并把这一点赋予了所有实施"发展"的国家与地区。

按许宝强的"发展主义"定义③来衡量，马克思在某些方面是明显的

---

① （法）埃米尔·涂尔干：《社会分工论》，渠东译，生活·读书·新知三联书店 2000 年版，第二版序言，第 15 页。

② （美）博厄斯：《人类学与现代生活》，华夏出版社 1999 年版，第 152~153 页。

③ 在他看来，发展主义（developmentalism）是一种意识形态，一种认为经济增长是社会进步的先决条件的信念。它没有思考发展是什么、究竟为谁或为什么要发展、什么在发展、发展中不同社群所付出的代价又是什么等问题（参见许宝强、汪晖选编：《发展的幻象》，中央编译出版社 2001 年版，前言）。

发展主义者，而在另一些方面则又是明显的反发展主义者。马克思批评现代化代表全面进步的意识形态之见，指出其中隐藏着的剥削、压迫、侵略、异化、物化等弊端，质疑了发展针对各层居民的普遍有益性，并指出现实的发展其成果更多地是为少部分强势群体所享受和占有了——这是对发展主义的批评。但马克思又没有放弃经济增长必定带来普遍发展、一切社群终会在现代性背景下先后获得富足和自由的发展主义见解，并认为被现实发展所牺牲的阶层会在进一步的发展中得到"整个世界"。对李嘉图赞扬为生产而生产，马克思说"这是正确的"，是"科学上的诚实"和"科学上的必要"，因为这"无非就是发展人类的生产力，也就是发展人类天性的财富这种目的本身"。生产力归根结底不属于某一阶级所有，而属于超阶级的"人类"，是"人类的生产力"。在这里，在发展的最终目标和有助于这种目标实现的意义上，人类性高于阶级性。甚至于当李嘉图"把无产者看成同机器、驮畜或商品一样"时，马克思还评价说，这"没有任何卑鄙之处，因为无产者只有被当作机器或驮畜，才促进'生产'（从李嘉图的观点看），……这是斯多葛精神，这是客观的，这是科学的。"西斯蒙第以个人福利为由对抗发展人类的生产力这种目的，"就是不理解：'人'类的才能的这种发展，虽然在开始时要靠牺牲多数的个人，甚至靠牺牲整个阶级，但最终会克服这种对抗，而同每个人的发展相一致；因此，个性的比较高度的发展，只有以牺牲个人的历史过程为代价。至于这种感化议论的徒劳，那就不用说了，因为在人类，也像在动植物界一样，种族的利益总是要靠牺牲个体的利益来为自己开辟道路的……"①

在马克思的理论视域内，这种"不理解"就是一种徒劳的伤感和前唯物史观的唯情感主义、唯道德主义。看来，在这里，像沃勒斯坦所说，马克思还支持资本主义意识形态的中心信条："社会进步"，并认为"进步"是一个具有普遍意义的中心事件。舍勒和诺斯也有相同的意见。按照沃勒斯坦的看法，马克思可能没有看清这种牺牲在现代世界范围内是无法随着生产力的增长而消除的，现代性的维持在结构上总是需要这样的牺牲和转嫁。离开这样的结构性牺牲与转嫁，现代社会根本无法运转。指望以现代性去消灭贫困、剥削与欺压，成功地建立起理想国，可能与以前一样，对虔诚的追随者是一厢情愿，对强势阶层则是一种意识形态。对不断发展的执迷喻示着，在马克思的心目中，存在一种"内容"与"形式"的传统

---

① 《马克思恩格斯全集》第 26 卷（Ⅱ），人民出版社 1975 年版，第 126、124～125 页。

辩证法——"内容"决定"形式","形式"就像终将会在发展的高级阶段上脱去的"壳"。为了"内容"的扩大和丰富,维护某种"形式"——即便这种形式多有缺陷和不足——的稳定尽管会造成痛苦,却是非常必要的。在马克思的发展辩证法中,剥削、压迫、侵略、异化这些负面的东西都是与资本主义的"形式"相关的,只要"内容"上取得了扩展和丰富,"形式"就是发展辩证法必要的中介环节;只要以生产力发展为"主要内容"的"内容"扩展和丰富了,社会就会"进步"。发展的"形式"终究会被"内容"打破和重新选择,不断扩展、不断丰富着的"内容"肯定会按照自己的结构需求扬弃旧"形式",重新调整自己的新"形式",不断按照自己的需求达求与新"形式"的统一。在这样的意义上,"内容"及其发展是"普遍性",而不断随"内容"变更的"形式"是"特殊性"。"普遍性"决定"特殊性":"在现代世界,生产表现为人的目的,而财富则表现为生产的目的。事实上,如果抛掉狭隘的资产阶级形式,那么,财富岂不就是在普遍交换中产生的个人的需要、才能、享用、生产力等等的普遍性吗?财富不就是人对自然力——既是通常所谓的'自然'力,又是人本身的自然力——统治的充分发展吗?财富不就是人的创造天赋的绝对发挥吗?(着重号为引者所加)"①。

看来,首先,马克思坚信不断发展的逻辑,相信趋向一种预定美好目标的不断发展。这使马克思的发展观念与当代进化论对"发展"的理解存在差异。因为当代"进化模式用一个比较中性的'发展'概念取代了对世界历史发展终极目的的信仰,亦取代了我们通过相信因果论而产生的认为自己可以促使历史'进步'的观念。'发展'这个概念与'目的'及'进步'不同,它有点像古希腊神话中的多头神,既可能被理解为'幸运'亦可被看成'危险'。"② 其次,这种既肯定现代化的普遍进步性和根本基础性,又主张通过制度变革让底层民众享受发展成果、实现全面发展的理论,我们可以称之为"弱发展主义"。它与强发展主义虽有区别,但两者也有共性,即都肯定经济增长必定带来普遍发展,一切社群终会在现代性背景下先后获得富足和自由。马克思的"弱发展主义"观点只要稍加改造就能适合于当代中国的发展需求。"形式"跟"内容"相比是次要

---

① 《马克思恩格斯全集》第 30 卷,人民出版社 1995 年版,第 479~480 页。
② (德)汉斯·波塞尔:《科学:什么是科学》,李文潮译,上海三联书店 2002 年版,第 226 页。

的，不要太拘泥于"形式"而延误了"内容"的丰富与扩展，这样的理念已经成为当代中国发展的哲学指针。但根据新形势对马克思的发展概念进行多方面审视，特别是联系可持续性发展观进行新的检思，对于马克思发展理念已深深嵌入实践运作体系中的中国的发展来说，是必须继续做的有意义工作。

第十章 透视唯物史观中的发展主义

如果暂且简单地把"发展主义"看作一种认定经济增长构成社会进步的先决条件，而且在这种增长的基础上必定自然衍生出更多美好价值的实现的信念，那么，百年来的中国一直为这种信念所折服和浸染就是不争的事实。简单的发展主义作为未经反省的近代发展观念的直接衍生物，与当代的可持续发展理念在颇多方面都是存在冲突的。正如有的学者指出的，简单的发展主义在发展至上的旗帜下，会严重损害社会良性运转所必需的其他价值，导致社会系统在生态、环境、资源、和谐、文化传统、秩序等方面遭受损害并面临着越来越大的压力，更使个人认同陷入迷失。① 对我们而言，更值得注意的问题是，某种形式的发展主义一直存在于唯物史观的传统理解之中。德里克在最近发表的《马克思主义在西方的新发展》一文中就指出："问题不在于把资本主义与社会主义相对照，而在于作为两者共同遗产的发展主义。马克思主义从来就是一种发展主义意识形态，它非常明确地对进步做出声明和承诺。"② 在此基础上，我们必须进一步追问：传统理解的唯物史观中的发展主义是一种什么样的发展主义？它与百年来国人信奉和引以为据的发展主义有何关联？它与当代可持续发展观念是否冲突？等等。这一系列问题的回答自然不是本章所能做到的，我们只想在此就传统唯物史观中的发展主义逻辑做些必要的审视。

大体说来，撇开差异，第二次世界大战以来诞生的各种版本的发展主义③的共同信念主要有：一是经济增长是各种社会进步的先决条件，经济

---

① 格非：《发展主义观念与文学》，《天涯》2000 年第 2 期，第 25～26 页。
② （美）德里克：《马克思主义在西方的新发展》，《马克思主义与现实》2004 年第 5 期，第 89 页。
③ 人们何谓"发展主义"看法不一。庞元正、丁冬红主编的《当代西方社会发展理论新词典》（吉林人民出版社 2001 年版，第 93 页）把它解释为"特指具有拉丁美洲特色的一种经济发展思想"。笔者认为这只是一种特殊类型的发展主义，并不能代表一般的发展主义。相比之下，笔者更认同许宝强在《发展的幻象》（中央编译出版社 2001 年版）一书前言中对这个词的界定。

增长必定导致更多美好价值的实现。发展过程中一切问题的解决都依赖于经济的不断增长。于是，快增长比慢增长好，增长比不增长好。二是不考虑或不重视发展的承担者和受惠者的区分，以为发展必定会为所有人带来幸福和利益，这即使不是同时性的，也是能在历时性的某个时段内平等达到的。三是不考虑各方面的代价而单向地只考虑发展的收益，或简单地认定收益必定大于代价，而代价只是前进必须付出的暂时成本，长远地看总会被成就所覆盖和抵消，因而不必太在意。环境、健康、文化传统、和谐等价值受到的损害遭到忽视。四是进步论，顽固地认定历史是前后相继、不断进步的链条式过程，后来的必定比先前的好，未来必定是越来越美好。

显然，对某些版本的发展主义的某些具体观点，马克思、恩格斯明显持批判态度。但这批判绝没有走到质疑经济增长、工业化、现代化是社会进步先决条件的程度——这似乎显而易见。其实，在对唯物史观的传统理解中，上述第二、第四点仍然明显地存在着，第三点才需要仔细明察方能确定。如果这个观点能够成立，那传统理解的唯物史观中就起码蕴含着一种弱发展主义，其中存在着与当今可持续发展观、科学发展观不尽一致的一些观念，并因而需要当代化的反思与重建。第二、第四点我们已经在第九章中做过一些探讨，第三点我们在第八章中也已有涉及。本章着重探讨第一点。

自由主义者米塞斯曾说，物质财富是最根本最基础性的价值，其他一切美好的东西的实现都奠立于其上。马克思对此肯定也赞同。不同的是，马克思认为在这个最基础性的经济财富之上还有更美好的理想值得我们继续追求，而米塞斯即使同意马克思的这一思想，也不会认同马克思对何为美好的理想的归类与解释。就是说，虽然各自认定的美好价值体系并不相同，但这些美好价值都建立在物质财富增多或经济不断增长的基础上，却是共同的。这是马克思主义与自由主义共有的前提，也是发展主义的基本观点。在唯物史观的理论中，这一逻辑突出地体现在必然王国与自由王国的依次递进、终究一致的关系上。

正像泰勒所指出的，在黑格尔和继承黑格尔的马克思的理论中，存在着一种要把启蒙以来日益增长的工业化、国家官僚组织理性化、生产效率提高、物质财富增多等价值，与表现主义关于人要成为独一无二的、富有表现力和创造力的最高价值存在，要与自然和他人和谐统一起来，要在自身内部实现理性、情感、意志的内在和谐统一的主张融合起来的要求。所谓从必然王国向自由王国的过渡，必须在这样的时代背景下理解。与黑格尔的温和统一不同的是，马克思采取了一种更加激进的方案来力图弥合工业化、理性化与表现主义价值之间其实是越来越大的鸿沟。在黑格尔把统一诉诸于不断进化着的精神的地方，马克思置换为联合起来的劳动主体。这个主体要通过对自然客体和社会客体的更彻底、更合理的改造来达到自由。改造的客观成果主要体现在生产力及与之相适应的社会关系上。于是，那些美好的价值的实现就寄希望于生产力的增长及与之相应的社会关系的变革。自由主义关于理想价值系统必然实现的逻辑既依赖于凭理性能力自立自足的个人主体，也依赖于与这种个人主体对应的政治、经济、文化社会制度系统。马克思否认了个人主体及与之相应的社会制度系统与理想社会的直接对应性，期望在生产力的更快增长及其要求的经济关系变革的土壤上生长出理想、善的完美实现所需的物质条件和主体条件。

众所周知，青年马克思并不相信这一点，而是认定"随着实物世界的涨价，人类世界也正比例地落价"①，而一味弘扬生产力的国民经济学"具有敌视人的性质"②，表达了"对人的漠不关心"③。而李嘉图及其学派的"玩世不恭"比斯密更严重，并且"也总是自觉地在从人异化这一点上比他们的先驱走得更远，但这只是因为他们的科学变得更加彻底和更加真实罢了"④。但到了《资本论》时期，他的观点就改变了：李嘉图的"为生产而生产""是正确的"，是"科学上的诚实"和"科学上的必要"，因为这"无非就是发展人类的生产力，也就是发展人类天性的财富这种目的本身"。生产力归根结底不属于某一阶级所有，而属于超阶级的"人类"，是"人类的生产力"。在这里，在发展的最终目标和有助于这种目标实现的意义上，人类性高于阶级性；而国民经济学也就成了从根本上弘扬人、有助于人的本质实现了。据此也就不难理解，当李嘉图"把无产者看成同机器、驮畜或商品一样"时，马克思还冷静地以科学家的口吻赞扬说，这"没有任何卑鄙之处，因为无产者只有被当作机器或驮畜，才促进'生产'（从李嘉图的观点看），或者说，因为无产者在资产阶级生产中实际上只是商品。这是斯多葛精神，这是客观的，这是科学的。"而西

---

① 马克思：《1844 年经济学 - 哲学手稿》，刘丕坤译，人民出版社 1979 年版，第 44 页。
② 马克思：《1844 年经济学 - 哲学手稿》，刘丕坤译，人民出版社 1979 年版，第 67 页。
③ 马克思：《1844 年经济学 - 哲学手稿》，刘丕坤译，人民出版社 1979 年版，第 29 页。
④ 马克思：《1844 年经济学 - 哲学手稿》，刘丕坤译，人民出版社 1979 年版，第 67 页。

斯蒙第以个人福利为由对抗发展人类的生产力这种目的,"就是不理解:'人'类的才能的这种发展,虽然在开始时要靠牺牲多数的个人,甚至靠牺牲整个阶级,但最终会克服这种对抗,而同每个个人的发展相一致;因此,个性的比较高度的发展,只有以牺牲个人的历史过程为代价。至于这种感化议论的徒劳,那就不用说了,因为在人类,也像在动植物界一样,种族的利益总是要靠牺牲个体的利益来为自己开辟道路的……"① 历史发展的主要内容是"生产力",为了这个内容的发展,任何一种终不完美的(如资本主义)"形式"所带来的缺陷、不足、痛苦和代价终归是次要的;"内容"及其发展是"普遍性",而不断随"内容"变更的"形式"是"特殊性":"在现代世界,生产表现为人的目的,而财富则表现为生产的目的。事实上,如果抛掉狭隘的资产阶级形式,那么,财富不就是在普遍交换中产生的个人的需要、才能、享用、生产力等等的普遍性吗?财富岂不就是人对自然力……统治的充分发展吗?财富不就是人的创造天赋的绝对发挥吗?(着重号为引者所加)"② 马克思的这种观点,为沃勒斯坦的如下评价提供些许口实:虽然并不能像它许诺的那样为所有人带来普遍富裕,但资本主义"这个历史体系塑造出有关进步的意识形态来进行自我辩护,它对我们的影响如此之深,以至于……像卡尔·马克思这样的历史资本主义的顽强斗士,也充分强调了它的历史进步作用"③。华勒斯坦的意思是,批评资本主义一辈子的马克思还支持"进步"这个资本主义意识形态的核心信条。由于坚信无产阶级终究会作为胜利者获得整个世界,所以,他终究不会像本雅明那样,强调不能仅仅把历史看作胜利者的历史,而同时也应是失败者的历史,也包含着失败者的命运和感受。而从失败者的角度来看,历史就是悲剧、野蛮,是一堆极高的废墟。进步论就是闭目不看这堆未经清理的废墟而只看胜利者的所得所产生的幻像。本雅明主张历史唯物主义者应把散落在一边无人理睬的这些与失败者相关的东西捡起来,置于唯物史观的历史之架上。虚弱、离题、悲剧、遭受野蛮、幼稚和偏执等都在失败者身上体现出来,都构成了历史的基本内容,也都为反映胜利者体验的理论所忽视。对本雅明强调的这些东西,不能说马克思熟视

---

① 《马克思恩格斯全集》第26卷(Ⅱ),人民出版社1975年版,第126、124~125页。
② 《马克思恩格斯全集》第30卷,人民出版社1995年版,第479~480页。
③ (美)伊曼努尔·华勒斯坦:《历史资本主义》,路爱国、丁浩金译,社会科学文献出版社1999年版,第21页。

无睹，但在马克思的眼里，它们恐怕都是暂时的存在，终究会消失在越来越美好的进一步发展之中。虽然暂时尚不完善的"发展"为了更快推进自己，难免采取一种为了保证部分蝌蚪能成功地登上幸福的大陆变成青蛙，而把很多同伴牺牲在流动的河流中这种"形式"，但这种代价终会在历史进一步的发展中逐步消失，所有的蝌蚪届时都能变成青蛙并登上幸福的大陆。

按 Alfrred V. Martin 在《马克思、韦伯、施密特论人与社会的关系》一文中的说法，"马克思的'现实的'人本主义使人推卸了所有责任，把它转嫁给经济关系，期待集体提供一切善，从中既看不出很现实主义的东西，也看不出很人道主义的东西"①。可实际上，自由、人与人及人与自然的和谐、富有表现力和创造力的个人的实现或充实自己实现自己的劳动、个性的全面自由的发展等多与表现主义相关的价值理想，与日益追求合理化的现代经济系统、政治系统和文化系统越来越不一致。两者之间的分裂性日趋明显。"马克思的自由王国观念使我们远离了去考察这种分裂得以产生的领域。"② 韦伯、霍克海默与阿多诺等都在现代性发展的新背景中看到了统一和过渡的困难——即使先不说容易引发争论的"不可能"。以至于泰勒断定，黑格尔那种力图弥合工业化、理性化与表现主义冲突的理论早已失败，黑格尔哲学的这个核心问题在当今已经死亡。

表现主义与工业化、理性化之间的不和谐问题日趋复杂和难以解决，并使得如何从科学的必然王国向美好的自由王国过渡这个问题愈加麻烦。如何过渡？废除统治资本主义社会的法则后该采用何种法则？诸如此类的问题马克思都还没有做出认真的思考。马克思当然明白过渡不可能是直接的，但承担过渡的中介环节现在我们能找到的无非就是两个：一是更快的经济增长和更多的物质财富的涌现，二是由联合起来的同质化成员组成并摆脱了资本主义运作规则的社会世界。就第一个环节来说，韦伯的合理化理论表明，现代社会理性化水平的不断提高，必然导致的局面是一个日益陷入铁笼中的社会，即越来越必然化的王国，而不是自由王国。霍克海默与阿多诺沿着这一思路继续分析道，按照近代主体性哲学的主客二分框架来理解自由及其连带性美好价值的实现，自由更多地被理解为对客体事物

---

① 参见刘小枫编：《施密特与政治法学》，上海三联书店 2002 年版，第 110 页。
② （加拿大）查尔斯·泰勒：《黑格尔》，张国清、朱进东译，译林出版社 2002 年版，第 852 页。

的认识、把握、改造、控制、统治、管理，这势必会陷入自悖谬的境地。他们发现，支配自然（生产力增长）的合乎逻辑的后果必然就是支配人。马克思崇尚的随着支配自然力的增长人们之间会联合起来共同支配自然客体的理想在他们看来显然是一厢情愿。这里的关键之处在于，主体性之中蕴含着一种屈从性或者反过来说就是统治性。它用现象学家耿宁的话来说就是："'主体性'在这里有双重含义：首先是那些被我们所经验和意指的对象通过我们不同种类的意向体验和活动而具有的局限性和'屈从性'（Unterworfenheit）（这是对'主体性'的一个几近字面的翻译），而后是指这些不同种类的意向体验和活动本身。"① 霍克海默与阿多诺在这里的贡献是质疑了通过共同控制自然而达到人与人和解的近代启蒙式希望，指认出这是一种应受到批判的启蒙意识形态。他们发现，屈从性不但是自然对人这个主体的屈从，更是某些人对另一些人的屈从。在自然屈从于人的美妙梦想背后存在着的是相互之间绝不平等的一些人对另一些人的屈从和支配。人们之间共同支配和占有自然力的梦想是十足的启蒙偏见，也是近代资产阶级意识形态的信条之一。统治性必然会从针对自然转向针对社会。这是马克思没有发现，而霍克海默与阿多诺们发现的。"控制的真正对象不是自然，而是人"。"控制的一个基本特征是为承认主人的权威而斗争。控制的必然相关物，是那些必须服从他人意志的服从意识；因此恰当地说，只有他人才可能是控制的对象。如果控制自然的观念有任何意义的话，那就是通过这些手段，即通过具有优越的技术能力———一些人企图统治和控制他人。人类共同控制自然的概念是无意义的。"② 这是莱斯从他的老师辈那儿学来的思想。用《启蒙辩证法》的话来讲就是："随着支配自然的力量一步步地增长，制度支配人的权力也在同步增长。这种荒谬的处境彻底揭示出理性社会中的合理性已经不合时宜。"③ 这种新的统治工艺学就意味着，生产力的不断增长、经济的进步并不能解放人，而是将人置于新的统治、强制之下。人成了市场体系、某些庞大集体、舆论工具、社会神经官能症的复制品，成了工具。人不再出于自我而做什么，而是出

---

① （瑞士）耿宁：《什么是对意识的反思？》，刘东主编：《中国学术》第15辑，商务印书馆2004年版，第15页。

② （加拿大）威廉·莱斯：《自然的控制》，岳长龄、李建华译，重庆出版社1993年版，第108、109页。

③ （德）霍克海默、阿道尔诺：《启蒙辩证法》，渠敬东、曹卫东译，上海人民出版社2003年版，第36页。

于集体、舆论、意识形态、管理机构的要求而做什么。个人生存通过管理和理性化、例行化的世界，而变成了盲目地、工具化的生存。"这样，必然王国与自由王国的关系便只有量化意义和机械意义了……"①

就第二点来说，靠这个社会世界中仍然是同质化的个人主体组合成的社会关系系统来实现美好的自由王国，更是低估了庞大人群中不同主体的异质性和复杂性。这种异质性与复杂性使群体的理性联合成本异常之高，而群体的非理性联合又往往喻示着可怕的后果。对这个后马克思的问题不做探究，就径直相信基于同质化个体联合起来的社会世界能完成必然王国向自由王国的过渡，在今天看来显然是不现实的。泰勒曾谈到，"马克思似乎知道，在庞大的人类团体中进行沟通和作出决定的不可避免的不明晰性和间接性，他们发生相互作用的方式总是部分地规避着人，甚至在微型的、简单的社会里也是如此，更不用说由一个庞大而复杂的生产体系构筑起来的那些社会了。"② 看来，现代社会中日益增长着的复杂性和异质性使得连接两个王国的社会世界呈现为一个非常复杂的问题，其复杂性远远超出了马克思已经有所意识到的程度和水平。

何况，组成自由王国的各种美好价值之间存在着明显的冲突，相互之间并不都是自然相容的——逻辑上是这样，现实中就更是如此。对此，以赛亚·伯林（Isaiah Berlin）、哈贝马斯（Jürgen Habermas）、列奥·施特劳斯（Leo Strauss）等思想家都曾做出分析。在某种程度上一种价值的实现也许会妨碍、损害另一种价值的实现。托克维尔（Alexis de Tocqueville）在《论美国的民主》一书中甚至说，连现代人最推崇的两种基本价值"自由"与"平等"之间达到一定程度都是喜欢冲突的："自由"达到一定程度会危及"平等"的实现，而"平等"达到一定程度也会阻碍"自由"的发展。"自由"或"平等"达到较高程度后就总是难以共存。③ 尼采（Friedrich Nietzsche）更是指出，现代人试图把古典传统、基督教以及现代自身发展三个方面的美好价值整合在一起，建构一个绝对完美的社会，这根本不可能。他甚至认为，这么想、这么做的人绝不是一流的人

---

① （德）霍克海默、阿道尔诺：《启蒙辩证法》，渠敬东、曹卫东译，上海人民出版社 2003 年版，第 38 页。

② （加拿大）查尔斯·泰勒：《黑格尔》，张国清、朱进东译，译林出版社 2002 年版，第 851 页。

③ 参见（法）托克维尔：《论美国的民主》下卷，董果良译，第二部分第一章（第 620～624 页）等。

物，而只能是低一等的头脑不清楚的人。而这类想法是"热情的、空想的、女性化的、不男不女的这一类东西"。① 经济发展必然导致一切美好价值的发展或实现，必然王国的建构能直接孕育出或直接过渡到自由王国，这样的信奉往往是以各种美好价值之间天然相互促进或具有天然的相容性为设定性前提的，而这一前提现在看来是未经审视的，简单化的。

看来，经济发展并不足以能够支撑起社会良性发展所需的众多价值。目前的现代化、发展从整个世界范围来看都是被经济－技术层面左右，而文化层面被蚕食的局面。发展正在成为经济－技术层面上的一种体系和运动，文化要么以大众化形式融在经济－技术体系之中，要么以坚持独立性的形式苦苦寻觅存在空间并与经济－技术体系脱离和冲突。按照图海纳的看法，现代性的良性运作在西方需要两种东西支撑：一是合理化，二是道德个人主义。而这两者都靠的是民族国家的力量。现在，这些因素都在丧失其威力。经济势力、经济自主权的扩大及其对其他领域的扩张使得社会越来越被经济逻辑支配，"经济政策取代了宪法，成为公共生活的中心原则"②。公共生活领域越来越成为经济人逻辑的天下。技术、市场世界与文化世界、工具主义的理性世界与集体记忆世界、符号世界与感觉世界都发生了分裂，这被图海纳称为"逆现代化"。这种在中国也非常类似的状况的出现和扩展，使得文化、时尚的再生产已经被纳入商品的经济生产体系之中，两种生产密切交织在一起。文化、时尚的交流和传播、复制成了资本和物质财富传播、复制的亲密伙伴乃至其内在环节。经济－技术体系正在吞噬文化，这种令人担忧的情形正在国际和国内蔓延。在许多人看来，它与唯物史观关于经济基础决定上层建筑、物质决定精神的原理"恰好符合"，甚至是其证明。殊不知，这个原理只是马克思从资本主义现实中概括出来并用于对这个现实的分析的，绝不意味着他所希望的理想社会中的文化都根据经济和技术的需要而设定，更没有认为一个人欣赏什么文化、主张什么思想观念都由物质财富、金钱的有无和多少来决定。恩格斯曾严肃地批评把唯物主义理解为贪吃、爱财、把物质财富看得重于一切，而把唯心主义看作美德、把道德理想与社会理想看得重于一切，认为那是

---

① 参见（德）尼采：《善与恶的彼岸》，梁余晶等译，光明日报出版社2007年版，第174～175页。

② （法）阿兰·图海纳：《我们能否共同生存》，狄玉明、李平沤译，商务印书馆2003年版，第33页。

庸人的偏见。他指出，历史唯物主义者的社会理想追求更崇高、更强烈。对于德国古典哲学熏陶出来的马克思、恩格斯来说，康德的如下主张他们是绝不反对而只会赞同的："实用性只能当作阶梯，帮助我们在日常交往中更有效地行动，吸引那些（对至善——引者加）尚没有充分认识的人对它的注意，而不是去左右那些有了认识的人的意志，并规定它的价值。"①与康德相比，他们更把使用价值、物质财富的增多和满足看作给追求崇高理想（至善）的人们提供一个更坚实的社会根基。实际上，马克思、恩格斯特别是前者，一辈子最看不起的就是那些掉进钱眼里的人，就是根据物质利益而形成或改变自己观点的人。他们都坚持自己的观点而（用马克思自己的话说）不惜"牺牲了我的健康、幸福和家庭"②。唯物史观的理论和马克思的所作所为都没有给那些整天盯着吃穿住，而把更高的文化需求看作次要和可有可无，以为经济是一切、与经济需求难协调的文化是点缀，尤其是那些极尽奢华之能事、极力讲究吃穿住却毫无更高理想的做法，提供一丁点理论依据与实践风尚的支持。不过由此也可以看出，对唯物史观的不正确理解会在民众和领导干部中造成怎样的负面效果。鉴于唯物史观当初就是作为救国救民的理论方略被引进中国的，在这一理论正在指导中国发展时，正确地理解这一理论，特别是以当代性的视野和要求清理传统唯物史观中那些与当今的可持续发展观有差距甚至不一致的观念，是非常必要和有意义的。

---

① （德）康德：《道德形而上学原理》，苗力田译，上海人民出版社1986年版，第43页。
② 参见《马克思恩格斯书信选集》，人民出版社1962年版，第197页。

第十一章 发展视域内的二分模式：批判与反思

在阻碍合理理解"发展"的诸多因素中，有一种根深蒂固、由来已久的顽固思维模式，那就是以各种形式出现的二分法。源于旧形而上学和传统发展观的粗略二分法模式阻碍着对发展的合理理解；合理的发展解释必须超越简单性、等级性的二分模式。本章的论题由此确立。

可以说，把世界二分化的二分模式与哲学思维的历史同样古老。现象与本质、理念与现实、真实与虚假、主体与客体等，搭起了传统哲学思维的基本框架。与此相应，二分法在人文社会科学中也成了普适性的方法模式，以致被当成辩证法的标准范式。在发展研究中，建立在现代化与非现代化这一基本二分之上的文明与野蛮、传统与现代、东方与西方、南方与北方、自发与自觉、理性与非理性等一系列二分对立，构成了许多理论思考的基本框架。虽然二分模式在不致绝对的前提下对于提供一种简单的分析来说并非总无意义，但滞留于简单二分模式上的分析思考相对于理论力欲解释的复杂对象来说，却是一种过分的简化和懒惰。这种简化固然并不必定导致错误命题，却完全可以像纽勒所说，它作为一种方法论失误造成"研究范围的狭小及研究意义的丧失。最终，这些方法论的错误将阻塞理解的渠道"[①]。在《二分法与辩证法》[②]《二分法与马克思》[③] 以及《从二分法到系统辩证法——价值研究中的一种方法论转换》[④] 等拙文中，笔者已初步探讨了二分法与辩证法的关系。在本章中，我想就对社会发展的哲

[①] 奥斯卡·纽勒：《人的需要：完备的整体的方法》，（民主德国）勒德雷尔主编：《人的需要》，邵晓光等译，辽宁大学出版社1988年版，第133页。
[②] 参见《青岛海洋大学学报》（社会科学版）1999年第1期。
[③] 参见《南京社会科学》2002年第4期。
[④] 王玉樑、（日）岩崎允胤主编：《价值与发展——〈中日价值哲学新论〉续集》，陕西人民教育出版社1999年版。

学思考中几种常见的二分法模式做些力所能及的分析。

一、强一元论二分法

二分模式实际上就是一种朴素的、简单的整体论模式，它把整体 T 视为 A 与 B 两方构成的二元结构体，并在 A 与 B 的二元互动中考察整体 T 的结构和变动。在对社会发展的分析中，最常见的二分模式就是"可以把二元归结为一元的二分模式"，我们暂称之为一元论式二分模式，并把它分为强、弱两种。所谓强一元论二分模式，是把整体之"一"分为两类因素构成：一类是本质的、基础性的，另一类是现象的、形式的、次要的，后一类是前一类的一种表现；随着本质的确立，"现象"自然会得到合理化理解、处理。哲学的任务就是穿透现象世界的虚假、形式和凌乱，把握到永恒的本质和真实。**由于"发展"概念最初就是来源于胚胎发育（development）概念，"发展"必定具有一个胚胎似基础的胚胎论隐喻在发展思维中根深蒂固地存在着。在探讨发展的机制时，不少人不自觉地按照"基础主义"的思维模式去寻找那种想象中的胚胎似基础。胚胎似基础与所谓"本真""终极"对接起来，成了哲学发展观念的本体基础。于是，这种把世界二分化的哲学思维总要寻找一个胚胎似基础当作发展的本质，而把其余视为会自然成长出来或逐步自动边缘化甚至消失的"现象"。**哲学分析因而就是从"现象"中发现出"本质"，由形式、虚假发现真实。发展哲学必须清醒地拒斥这种以所谓本真存在诋毁、解构其他存在并视其他存在为无意义的抽象形而上学。

建立在胚胎论之上的"基础主义思维"并不仅仅表现于追求抽象一般本质的"统摄说"中，也体现在以各种胚胎隐喻为基础的发展理念中。由于黑格尔的发展观念中蕴含着一种明显的胚胎渐成论隐喻——它把社会发展解释为某种胚胎基础之上的、内在注定式的必然演进，而中国马克思主义又长期缺乏对这一隐喻的反思与清理，致使人们总是希望通过寻找、建构某种胚胎似基础来确立起希望的那种"发展"。而一旦确立起那种基础，现代化就会万事大吉。这使人们总是希望寻找某种一通百通、一了百了式的根本性方案来根本性地解决中国的现代化难题。当确信发现了所谓根本性的解决方案之时，就确信有某种神秘的必然规律在保证着发展的自然式进步。而当实践证明当初的根本性方案缺乏效果时，就意味着那个作为发展之基础的根本性东西没有找对，于是再去挖掘、探寻另一个神秘的胚胎似基础。似乎不同发展的理路就是变换不同的胚胎似基础。遗憾的是，这种以探寻、建构胚胎似基础为特色的二分法思维，常以对唯物史观的简单注释为支持依据。李大钊先生在1919年的这段话颇能反映这种逻辑："社会上法律、政治、伦理等精神的构造，都是表面的构造。他的下面，有经济的构造作他们一切的基础。经济组织一有变动，他们都跟着变动。换一句话说，就是经济问题的解决，是根本解决。经济问题一旦解决，什么政治问题、法律问题、家族制度问题、女子解放问题、工人解放问题，都可以解决。"① "表面的"也就是"次要的、非本真的"。发展的根本性解决就是越过"表面、虚假"而去探寻"本真"。这显然是用传统哲学本真与虚假的还原式二分法来简化经济基础与上层建筑之间的关系，把经济视为一个自足自恰的系统。而实际上，"套用卢曼的话来讲，经济从来就不是国家的唯一社会环境；经济分化以其他领域（法律、科学、艺术和家庭等）的分化为先决条件，并推进其他领域的分化"②。意识形态→经济基础→生产力的单向规约也许可以针对精神自恰论显出某种思想深度，但这样的单向规约又把经济、生产力视为不受其他"决定"而只决定其他的自恰系统了——这又显然与事实相悖。看来，对唯物史观的胚胎隐喻论解释是与传统哲学的基础主义思考模式互为支持的。马克思处于从传统哲学向现代哲学转化进程中的过渡性品格，以及与持胚胎渐成论模式的黑格尔的渊源关系，也的确为唯物史观的胚胎基础论注解提供了常被后人放大的些许口实。在这种二分模式的背景下，我们不难在中国现当代思想史上发现不时出现的"胚胎发展论"。这至少有以下三种：一是把作为发展根本基础的"胚胎"视为某种政治制度，希望通过建构这种政治制度寻求现代化问题的某种"根本解决"———旦它建立起来了，那一切问题似乎都会迎刃而解。曾几何时，人们把社会主义生产关系和政治制度的建立当成一通百通、一了百了的胚胎似基础，并满怀革命的乐观主义确信这基础足以保证现代化建设的成功。当实践证明这只不过是一种浪漫主义的幻想，所谓

---

① 李大钊：《再论问题与主义》，《李大钊全集》第3卷，河北教育出版社1999年版，第310页。

② 简·科恩、安德鲁·阿雷托：《社会理论与市民社会》，邓正来、（美）J.C.亚历山大编：《国家与市民社会》，中央编译出版社1999年版，第178页。

"政治上的根本解决"只是一种单纯的想象之后,那种胚胎发展论并没有因此消失,相反,却以另外的形式再次表现出来:政治制度的根本性置换成了经济制度的根本性。"经济及其制度"又成了一种胚胎似基础。似乎经济发展后,一切问题都会迎刃而解。词语和变换并没有对把现代化复杂问题大大简单化的基础主义思维造成丝毫的触动。在这种形势下,现代化仍然被简单地理解成基本上就是一种胚胎培育工作。在它看来,不必再像阿多诺那样,追问"经济的第一性应该拿出历史的、令人信服的理由来说明为什么幸福的结局是历史内在固有的"[1],不必追问经济是不是一种自恰系统,而径直相信作为根本问题的经济问题一旦解决,其他问题都会迎刃而解。这种胚胎论思维在教条主义的马克思主义那儿"找到根据"后,又打起了自由主义新旗,以市场原教旨主义的姿态获得相当的认同与流传。这种市场原教旨主义的某些解释自然有其价值:它对市民社会的呼求对于总在个人与国家("社会"常被整合进其中)之间进行二极规约的中国现代主流思想不无启发意义;它对"自发性竞争秩序"的呼唤对于冲淡浓厚的唯理主义思想更有积极意义。但设想世界的繁荣、公正甚至一切难题的解决都会随着"自发调节的市场"的普遍化而得以完成,显然还是企求"根本性解决"的胚胎论思维在作祟。

第三种"胚胎发展论"却一直影响不衰。它把胚胎视为思想形态的新文化。这种观念内含的一个假定是一个非常古老的知识分子信念:"知""信""行"三者是紧密统一的。"知"后必定"信","信"后必定付诸"行动"。就像青年毛泽东所说:"知也,信也,行也,为吾人精神活动之三步骤。凡知识必建为信仰,当其知识之时,即心以为然,比以为然之态,即信仰也。吾人既由道德哲学而知良心之内容,则其对于良心之服从也必更勇。"[2]。其实,正如布迪厄所指出的那样,这种观念只不过是知识分子试图通过思想观念来主宰自己和世界的一种"一厢情愿"。许多知识分子具有这种理想,以为极个别知识分子能够做到的这种事似乎一切人都可以做到。对一般人而言,理性远不能主宰他,理性只是其行为的一种手段。其行为经常更多是受习惯、利益、理想或其他什么并未经过理性过滤的因素支配。但把理性当成了发展之前提的理性胚胎论不理会这一些,它

---

[1] (德)阿多尔诺:《否定的辩证法》,张峰译,重庆出版社1993年版,第320页。
[2] 毛泽东:《伦理学原理》批语,中共中央文献研究室、中共湖南省委《毛泽东早期文稿》编辑组:《毛泽东早期文稿》,湖南人民出版社2008年版,第202页。

甚至把文化分为"器物""制度""思想观念"三层次，并认为"器物"层最低，"制度"层次之，而"思想观念"层最高、也最根本。这种带有显明传统士大夫色彩的观点仍有市场。它把自发性一概视为应予消除的落后、把群众一概视为处于发展边缘徘徊的盲从者并急于启蒙灌输之、把发展的希望寄予理性先知的发展理路，对我们造成的危害已实在太大。但直到如今我们还是常常摆脱不了这种逻辑：许多难题的求解还是去寻求根本的理性解决，以为脑子里的观念和信仰问题是"根本"，只要抓住了它，就会决定其他问题，如犯罪、对公共事务的漠视、敬业和风险精神等的解决。必须指出，这一"胚胎型"思维正是一种以思想文化为"本真"的文化决定论。它与以政治制度为"本真"的政治理想主义，以市场为"本真"的市场原教旨主义，都建立在本真与现象、胚胎与自然成长的简单二分法基础之上，对它们的过分宣扬都有使发展陷入粗暴简单化、浪漫理想化、盲目乐观化的陷阱。

二、弱一元论二分法

本来，能够周全、严密地构成一个整体的二元，其相互关系应该是 A = 非 B，B = 非 A。但是，常见的二分模式却往往都是人们在一个由多种因素或力量构成的整体中挑出两个重要的因素或力量建立的。而被挑出的两种因素或力量之间并不存在"A = 非 B，B = 非 A"的关系。于是，这样的二分法自然也就是对复杂整体的一种不严密的、有遗漏的结构简化。所谓弱一元论二分模式是指，在这种被简化的二分中，虽然不能把一个归结为另一个，但由于 A 在整体 T 中占据主导地位，所以，T 为 A 所有，A 就代表、象征 T。于是，B 与 A 的对立也就成了 B 与 T 的对立，B 反对 A 也就是反对 T。譬如，农民反对地主就是反封建、反宗法；无产阶级与资产阶级发生冲突，也就是与资本主义发生了冲突。这一逻辑的言外之意就是把封建宗法制度视为地主一手制造出来的，与"革命"的农民无关！而资本主义是资产阶级一手制造出来的，与"进步"的无产阶级无关！它完全无视以下事实：A 方的存在得益于 B 方，它离不开 B 方的支持配合（可能还离不开因素 C 方、D 方等的支持配合），A 与 B 是一对共生连体儿，在整体 T 中无法分开。所以，这样一来，B 对 A 的反对并不一定就是对 T 的反对。农民起义反对宗法共同体并不一定就是反对其整体结构,而很可能是反对它的功能紊乱;其缘由并不见得是认识到了宗法制度的结构性弊端,而常常是由于宗法共同体失去了原有的"保护"性功能,农民无法生存下去,为了重新生存,他们要重建他们自己非常熟悉、也常常对之抱有理想性向往的依附性共同体。因此,农民反恶霸、反封建皇帝并不一定是反对宗法封建制度,农民反对的常常是具体的恶霸和坏皇帝——这喻示着对好的宗法家长、好皇帝的企盼;或者,一旦反抗取得成功,他们要自己做宗法家长、做皇帝。在这种情形下,他们重新建立起来的制度仍是他们起初"反对"的封建制度,甚至在某些方面更封建的制度(如朱元璋)。封建宗法时期的农民的反抗行为和非反抗行为都在不自觉地调适、强化封建宗法制度的这种现象,不也可以在工人阶级的行为与资本主义的关系中常见到吗?正因此,马克思及卢卡契才特别强调,立志要创建高于资本主义社会的无产阶级,其阶级意识一定要超越资产阶级的资本主义意识形态。如果他们的阶级意识仍然为资产阶级物化意识所浸染和支配,那他们的反抗行为可能仍属于资本主义制度的自我调节和自我完善。所以,无产阶级反对资产阶级也并不意味着肯定在反对资本主义制度。如果工人阶级摆脱不了这种矛盾困境,那也就只能尾随资产阶级之后而不能在历史上有什么大作为。

同时,把一个社会的结构解释成只有两种具体力量或因素构成的,往往是一种过分的简化。社会历史上哪有仅由奴隶与奴隶主构成的所谓"奴隶社会"?哪一个封建社会是仅由地主和无地农民构成的?哪一个资本主义社会是仅由无产阶级与资产阶级构成的?在这里,二分是一种极简单的抽象,基于其上的分析结论也是一个初始的抽象结论,若被当作最终论断,那即使不是学术懒惰,也无甚价值。当马克思在资本与劳动的二分中考察资本主义时,他清醒地视之为简单的抽象模型,远非社会的实际;实际的社会结构不是越来越二极分化,而是中间阶层越来越多。在这种意义上,我们若把于此二分基础上得出的"社会越来越二极分化、剥夺者将被剥夺"这一《资本论》第一卷的结论,视为马克思分析资本主义的最终结论,对声明要从简单抽象走向思维具体、声称资本主义社会愈来愈中间化的他来说,是多大的误解和简单化![1] 对马克思来说,资本与劳动之间

---

[1] 详见拙作:《二分法与辩证法》,《青岛海洋大学学报》(社会科学版)1999年第1期,第14~19页;《二分法与马克思》,《南京社会科学》2002年第4期,第1~6页。

并不存在"A＝非B，B＝非A"式的周延关系，自抽象到具体的方法也要求，从A与B的二分结构出发，逐渐把二分模型中未能纳入的C、D等尽量考虑进来，以最终理论地展现丰富之具体。无视这一点而只在A与B的二分中分析T的结构与变动，固然简单明了，却可想而知可能会造成多严重的后果。

三、二元论二分法

如果把整体T视为由A与B组成，而A与B之间既无强一元关系，也无弱一元关系，那二分就是二元，就是二元论型二分。在这种二分法中，可能会更明显存在"A≠非B，B≠非A"的情况，以及A与B（及C、D等）相互促生、密为一体的关系，因而二分造成的危害可能更严重。若这种二分是A＝非B、B＝非A的严密二分，那可能也是把类似于A的A1、A2、C、D等统归为A，把类似于B的B1、B2、O、P等一概归为B，而无视A1、A2、C、D之间和B1、B2、O、P之间的明显区别（它们才更有研究价值），并因而是一种干瘪的二分。

善恶对立就常被这类二分法注释。某人M1凭借某种社会资本侵占了某人M2的应得利益，M2忍气吞声，以"不跟小人一般见识"使M1的掠占行为得以完成并自我美化为"善良""君子"，同时把M1判为"恶"。这种常见的二分逻辑竟忘记了，没有M2的一味退让和面对"恶"时对正当利益的轻易放弃，M1能顺利地实施其恶劣行为吗？M2的所谓"善"不正是一种配合M1的"恶"顺利实现的促动力量吗？配合"恶"顺利实现的行为何以为"善"？难道不是一种"恶"吗？憎骂盗贼而又购买黑车的被盗者与小偷之间同样具有这类关系。在现代公共社会中，类似的关系会常常发生。在多半由M2类之人组成的公共社会中，势必塑造出更多的M1。这样一来，社会公正何以发生和维持？恐怕只能依靠不怕他人"搭便车"而独自承担社会责任的高尚者，或者诉诸更大"权威"及其维持的严密制度规约了。

在这里，显然，非（简单二分中的）"善"是十足之恶；非（简单二分中的）"恶"却并不就是真正之善，而也是某种恶。当然，我们不能把握有社会资本的M1的主动之恶与缺乏反抗资本的M2的配合之恶等同起来。根据迈农"善—正当—可允许—恶"的四等级论，我们可把缺乏反抗资本的 M2 之行为勉强判为"可允许"的。这样，在包含善与恶的四分框架中，非 A（善）也就由 C（正当）、D（可允许）、B（恶）组成，而非 B（恶）也就由 C（正当）、D（可允许）、A（善）组成了。显然，非 A 并不就是 B，而非 B 也并不一定是 A。

类似的逻辑在理性与非理性的关系中也同样存在。理性与非理性的二分本来是周延的，但"非理性"往往被解释为直觉、本能、情感、感觉等，而通常没有包括惯例、自发交往形成的秩序等——它们既非"理性"，又非"非理性"。随着对唯理主义发展观的反思，人们越来越发现，并非只有完备的理性才能促进现代发展。在发展的促动因素中有许多公共社会所必需的、既难归于"理性"又难归于"非理性"的因素。制度思想家斯奇里特说："服从、常规化、签约等等，它们给抽象的理性框架出了难题，它们的关键特性包含了太多超越理性/非理性二元划分的部分，以至于不管是有限理性还是无限理性概念，都显得不够恰当，除非理性概念里面还有一些未被认为是理性的东西。"① 能够塑造有益规则秩序的、公共空间中的自发交往既非"理性"，又非"非理性"。现代文明某种意义上就是这种公共交往扩展的结果。公共交往所产生的那种"较之单个人所形成的意志与理性更有强制性和更加坚实的秩序"决定现代文明的发展，并构成其基础。在此意义上，"显而易见的是，无论是'文明'还是合理化，都不是人类'理智'的产物，都不是高瞻远瞩精心策划的结果"。② 所以，现代文明"既非'理性'之物，'理智'之物，亦非'非理性'之物"，"诸如'理智'还是'非理智'，'精神'还是'自然'这种非此即彼的思维定势在这里显然是捉襟见肘"。③ 用我们的术语来说，文明进化的社会基础既非理性，也不是非理性，而正是介入二者之间的"自发性"！导致现代文明向前发展的驱动力存在于人际自发交往形成的自发秩序之中。是这一自发秩序不断地塑造着一种内在的强制，这种强制构成了驱使交往体系中各竞争者扩展自己的内趋力。公共交往中（而非个体身上）的

---

① 转引自（英）马尔科姆·卢瑟福：《经济学中的制度》，陈建波等译，中国社会科学出版社 1999 年版，第 93 页。
② （德）诺贝特·埃利亚斯：《文明的进程》第二卷，袁志英译，生活·读书·新知三联书店 1999 年版，第 252、251 页。
③ （德）诺贝特·埃利亚斯：《文明的进程》第二卷，袁志英译，生活·读书·新知三联书店 1999 年版，第 254、253 页。

自发性是现代文明发展的重要功臣。它其中既可能含有完全理性，又可能含有试错理性，还有习惯等因素之功能，更蕴含着某种基于公共秩序的内在强制力。理性与非理性的二分法在此已被超越——这对矫正如今仍被津津乐道的理性与非理性二分法，矫正一批评理性就被判为主张非理性的逻辑，并在一个更大视野内超越狭隘二分模式具有重要价值。这种公共哲学的反思对于调适目前过浓的唯理主义（"现代化就是理性化"）思想和过分的感觉经验主义（"跟着感觉走"）现实颇有必要。

四、结　论

布迪厄曾经追问："二元对立为什么具有顽固的生存力量"？他的一种回答是，"这在很大程度上是因为它们预先注定要成为集结点，汇集起那些以场域的敌对性分划为轴组织起来的各种力量"。观念和理论策略上的二分法模式"实际上却根源于社会对立的二元对立，危害就在于它们在教育中找到了另一种社会支撑"。[①] 在教学和著文中，明明是早已寿终正寝的二元对立，却常常被拖出来并赋予所批评的对象，以印证自己的全面、合理和辩证——这正是李普塞特所谓只配为普通民众甚至"低层阶级"所喜欢的简单二分法在知识界长期得到流传的重要原因。在学术争鸣中，也常遇到争论中的某方为凸现自己的周全和辩证而常把对方想象（误解）得那么极端和简单的现象。这使我们不得不同意卢瑟福的如下说法：二分法思考方式"肯定有其轻松和便利之处。为了不去深入考察某人的研究工作，只消指出它属于另一方，因而对自己的纲领没用或无益即可。……实质上，所有这些标准的二分法都是虚假的和误导人的。……任何有价值的社会理论都不可能严格地处于某一方而与另一方对立，事实上许多社会理论家采取的恰恰是较为中庸温和的立场"[②]。实际上，简单的二分法思维常常并没有多少学术意义，倒常常是滞留在常识水平上的某种标志。有鉴

[①] （法）皮埃尔·布迪厄、（美）华康德：《实践与反思——反思社会学导引》，李猛、李康译，中央编译出版社 1998 年版，第 239 页。

[②] （英）马尔科姆·卢瑟福：《经济学中的制度》，陈建波等译，中国社会科学出版社 1999 年版，第 6 页。

于此，为了防止对复杂问题的说明在简单化水平上停滞，必须在方法论上对简单二分法于发展分析中的应用保持足够的批判性反思。现代社会愈来愈向多样性发展，二分法因而就与此愈来愈不相适应。二分法或者大大简化了对复杂性的分析，把多样性、差异性忽略掉而把它们一概视为对立双方中的一方；或者就根本忽略、遗忘之。对于日趋分化、民主化的现代世界来说，二分法不但越来越与追究复杂性的现代思维发生冲突，与分化趋势难以适应，而且与民主、平等的现代价值也越来越不相协调。特别是，用来说明现代社会的二分法往往还带有等级色彩：以为二分对立中的一方重要，而另一方不重要；甚至有时一方可以还原成另一方。总体性分析常常与"存在一个根本中心点"的二元等级论连在一起。德里达和阿多尔诺曾经对这种形而上学二元图式进行过猛烈批判。不管阿多尔诺用多元并置法取代二分法、福柯用一种"多元的、片断性的、差异性的、不确定性的、属于特定的历史和空间的分析模式"来取代包括二分法在内的总体化分析法有多大合理性，应予肯定的是，分化的现代加强使现代存在成为一种结构性、关系性存在；对它的考察必须在一种相互支持的结构性氛围中进行方可。就像福柯在考察现代权力时指出的那样，现代权力是一种"关系性"现象，它"在无数的点上被运用"，具有高度不确定的品格，从来就不是"可以获得、抓住或分享的东西；根本就不存在可供争夺的权力源泉或中心"。[①] 不存在抓住根本就抓住了全局的状况。抓住一点就能抓住全局、构筑好基础就能得到一切的二元等级论思维，更像前现代思维，而非现代思维。

[①] 参见（美）道格拉斯·凯尔纳、斯蒂文·贝斯特：《后现代理论》，张志斌译，中央编译出版社1999年版，第67页。

第三层次　反思实践与主体性

第十二章 启蒙与虚无：从主体概念看发展的一个内在矛盾

在我看来，现代发展观念的哲学根基就是主体性。正是现代思想把人看作不依赖于任何他性存在的自足自立的存在，而且作为承担者还能进一步地支撑起真理、秩序，以至于不断趋向美好价值逐步获得实现的社会发展，才为"发展"奠立了充实的根基。但在为发展奠基的同时，主体观念也聚集和衍生了一系列的内在矛盾，使发展观念一开始就存在着内在的裂缝和冲突。通过打破内在平衡的激进方式，主体性观念推动着那些内在冲突的爆发和剧烈化，甚至使得是否还需要保持维持矛盾的辩证框架都成了一个问题。在《内向性主体的三个矛盾维度》[①] 一文中，我曾分析了其中的三个矛盾。在本章中，我想再补充一个：理性启蒙与虚无主义的矛盾。

一、笛卡尔式内向性主体中就蕴含着
知识论与存在论的不统一

众所周知，虽然笛卡尔并未正式提出"主体"概念，但他在"我思故我在"意义上确立起来的"主体"是在知识论意义上而言的，作为一种基质或载体构成确定性知识的支撑者和承担者。它有两个关键的问题：其一，靠不断怀疑建构起来的"我思"真的能完全自我规定、自足自立吗？其二，这样获得确然性的"我"如何超越正在思维的经验的个体之我而获得普遍性（从而进一步获得永恒性），成为对他人也普遍适用的普遍之我呢？即如何从个别的"我"达到普遍的"我"呢？

---

① 该文载《天津社会科学》2006年第2期，第16～25页。

第一个问题在笛卡尔那儿的答案很显然，我思"主体"并不完满，因为其中具有非理性的涌动。没有怀疑、纯粹是理性认识的那个是者应该更完满：它就是上帝。我思主体作为一个是者依靠于上帝这个更完满的是者，依靠我思确立起来的这个是者，并不是最根本的基础。主体身后站着一个更根本的、更具根基性的是者。如汉斯·艾伯林指出的："如果人们把笛卡尔的上帝当成一个作为他人的他者来分析；人与上帝之间可以相互接纳，那么，我们可以对笛卡尔的上帝作出不同于笛卡尔的解释。笛卡尔本人认为，这个他者保证了思维活动的我思之物的存在的连续性。"① 而没有自我的连续性、真实性，仅仅依靠自我的肯定性，是无法支撑起作为科学、道德甚至法律和现代秩序的根基的"主体"来的。艾伯林是想从上帝这个他者中引出作为邻人的另一个他者，并把这些他者与我思主体相互中介、相互敞开，从而使得"我思主体"不仅能自我肯定，而且能自我持存。笛卡尔显然没有这样的意思。从严格的意义上讲，笛卡尔还没有解决自我肯定与自我持存的统一问题，知识论意义上的自我肯定是确立起来了，但不用说存在论意义上，即便是知识论意义上的自我持存问题，都没有令人信服地获得解决。

"我思"这种"是者"的确立至多能在认识论意义上获得某种自足性，而在存在论层面上，它显然是非自恰的、依赖于上帝的东西。在这个意义上，"自我"主体的普遍性是无法离开上帝及其普遍性、至上性而独自存在的。正如笛卡尔所言，"如果我不依存于其他一切东西，如果我自己是我的存在的作者，我一定就不怀疑任何东西，我一定就不再有希望，最后，我一定就不缺少任何完满性；因为，凡是在我心里有什么观念的东西，我自己都会给我，这样一来我就是上帝了。"② 正因为"我"有不完满性，有无能为力性，有能力不能达到的限度，是不完满的，才必定依赖于一个创作我的作者（上帝）而存在。

第二个问题对笛卡尔来说也是很麻烦的。按道理来说，如果要为知识确立一种确然性根基，而知识必然是一种超越个人己见的、具有普遍性的东西，那么，能为知识提供确然性根基的主体必然是一种具有普遍共通性的自足自立者，而不能是因个人而异的东西；也就是说，作为知识确定性

---

① （德）汉斯·艾伯林：《自由、平等、必死性——海德格尔以后的哲学》，蒋芒、张宪译，华东师范大学出版社2006年版，第11页。

② （法）笛卡尔：《第一哲学沉思录》，庞景仁译，商务印书馆1986年版，第49页。

第十二章 启蒙与虚无：从主体概念看发展的一个内在矛盾

根基的主体必须具有某种起码的主体间性特质。但是，正如 Herbert Schnaedelbach 所分析的，"那个既有理论又有实践兴趣的主体在笛卡尔这里并不是一个'主体根本'或匿名的理智，而是一个自身反思着的个体"①。对笛卡尔来说，认识的主体间有效性是通过读者个体的理解和同意得出的，而不是通过他对读者的劝解而得出的。似乎笛卡尔把知识的主体间有效性谦逊地交给了他的读者们，他声称他通过不断的怀疑找到确然性根基的方法只是自己的方法，别人也许还有自己的方法。似乎他的方法并不封闭反而开放他人的其他探索。"只有对怀疑着的自身来说，怀疑着的主体的存在才是不可怀疑的"②；而其他的都不可靠，都可怀疑。于是，为知识奠立根基的笛卡尔式主体不但在自身完满和自身持存维度上并不完善，而且在从个我普遍化至一般之我的主体间性维度上同样也存在缺陷和疏漏。主体的自身完满与对他性存在的依赖，主体的连续持存与瞬间片段的断裂，主体的个我独特性与共通普遍性之间，蕴含着诸多的裂痕、漏洞甚至矛盾。

看来，知识论意义上的主体与存在论意义上的主体并不十分协调。两者之间存在着明显的区别和不对称。笛卡尔的主体只是一种知识论主体，而显然不同于科耶夫所解释的希求被同类承认为自为存在的纯粹抽象的"人"——这种"人"体现着一种独立的、绝对的实在性和价值，通过把这种实在性和价值赋予自己并得到另一个与自己同样的人的承认，他作为独立的主体的真实性才得以确认。而如果这种独立的、绝对的实在性和价值仅仅被自己确认，那只是一种"主观确定性"，"他的确定性还不是一种知识。他赋予自己的价值可能是虚幻的；他对自己的看法可能是虚假的或离奇的。为了这种看法能具有一种真实性，它必须揭示一种客观的现实，即一种不仅仅试图自为存在，而且也试图为不同于它的现实事物存在的实体。……他必须把他没有在其中得到承认的（自然和人类）世界改造成一个他能在其中得到承认的世界"③，以便使"确定性"成为得到对手承认的"客观确定性"。也就是说，仅仅由个体自我自己确认自己，那确认还不是真正的确认；只有在一个在其中得到他人同样确认的社会性世界

---

① Herbert Schnaedelbach, *Reflexion und Diskurs*, Suhrkamp Verlag Frankfurt am Main, 1977, S. 32.

② Herbert Schnaedelbach, *Reflexion und Diskurs*, Suhrkamp Verlag Frankfurt am Main, 1977, S. 32.

③ 参见（法）科耶夫：《黑格尔导读》，姜志辉译，译林出版社 2005 年版，第 12 页。

中使确认产生一种社会性的性质,不仅自己而且他人也给予确认,"确认"才能祛除其单纯的主观性和纯粹的内在性,并上升为由至少第二个人甚至众多的他人所支撑和担负起来的更为实在和不易坍塌的"确认"。由众多他人支撑着的"确认"不会因为自我支撑偶尔的坍塌和被内在性深处其他情感如恐惧、厌倦、空虚等因素的否定而不成立,也不会因为某个他人的不参与、不配合而不成为好不容易才成为的所是。笛卡尔这种仅仅在认识论上按照向内挖掘的思路由深度的"我思"确立、支撑起来的"主体",除了自主自为存在这一点有共同性之外,在其成立的途径、支撑的根据、功能与价值意味等方面,就这样迥然不同于黑格尔那主体间性意义上由至少两个同类相互确认和支撑起来的"主体"。黑格尔式主体间性支撑起来的主体显然具有笛卡尔式主体没有的价值实在性含义。理论哲学与实践哲学的主体论在笛卡尔这里并没有得到很好的统一,反而潜伏着某种明显的矛盾对抗。为知识、真理提供了确定性根基的我思主体,却根本无法在存在论上获得自足性品格,无法使主体在存在论上何以存在获得确定性回答。既能为真理提供确定性根基又能为人的价值生存提供确定性根基的主体,还没有出现。"我思主体"能跨越从知识论到存在论的鸿沟,在两个层面上都获得充实吗?

二、矛盾的进一步积聚

主体观念表明,理性启蒙的不断深入和扩展,使得知识越丰富、理性水准越高,主体也就越充实和有力量。根据以上所论,这其实只是在知识论层面上才能成立。但是,至少有两种因素在推动以上结论向超越知识论层面而进一步向存在论和知—信—行统一论扩展、跃升。第一个因素是知—信—行的统一,"知"后必定"信","信"后必定付诸"行动"。这种为众多中国古代思想家主张的观念可以用青年毛泽东在《伦理学批注》中概括的那句话来表达:"知也,信也,行也,为吾人精神活动之三步骤。"[①] 其实,正如布迪厄所指出的那样,这种观念只不过是"知识分子

---

① 毛泽东:《伦理学原理》批语,中共中央文献研究室、中共湖南省委《毛泽东早期文稿》编辑组:《毛泽东早期文稿》,湖南人民出版社2008年版,第202页。

第十二章 启蒙与虚无：从主体概念看发展的一个内在矛盾

那种能够（用思想）主宰自我的幻觉"①的表现，是知识分子试图通过思想观念来主宰自己和世界的一种"一厢情愿"。知识分子（文化精英）的这种体验和追求在现代主体论中得以扩展为一般人的标准模式，使文化精英们的"自我"想象、设定、体验被设定为现代化背景下一般人的样式。②康德在这方面更是如此。他对此似乎仍然确信不疑。按照阿利森的看法，康德也担心一种纯粹理知的原则如何能够进行推动，即如何能够成为一个实行原则（principium executionis）的问题。"最后他拒绝了那种从理论理性的本性出发为道德律提供一个演绎的策略（该策略盛行于18世纪70年代后期和80年代早期的《反思录》之中）。"③康德知道理论立场与实践立场的区别，知道实践立场的特点是受关切驱动。根据这种差异，康德力图表明理性如何可能有一个实践功能。康德设定了一个本体论上的自我作为分析所有自我的基础。作为理想自我，这个自我就是由相互尊重的关系结合而成的自律行为者的共同体中的一员。他把经验状态的实然自我看作朝向这种理想自我努力切近的永恒努力状态。这种状态可以是不完全一样的。仅仅就以本体上的自我为根基向着神圣自我努力并处于这种努力之路中的某一点上这一点来说才是同质化的。实际上，康德把成熟、启蒙理解为学者模式的一种普遍化推广，从而设定了任何人都是也都能是学者的前提；虽然这并不意味着每个人都能直接通过启蒙使自己摆脱不成熟状态。他说："而我所理解的对自己理性的公开运用，则是指任何人作为学者在全部听众面前所能做的那种运用。"④ 基于对学者模式的普遍化推广，康德虽然认为每个人都摆脱不成熟状态"是很艰难的"，但终究肯定"公众要启蒙自己，却是很可能的；只要允许他们自由，这还确实几乎是无可避免的"。⑤这喻示着，每个人都有自我启蒙的潜能和基质。每个人能否把这种潜能和基质通过某种途径成功地实现和发挥出来，因为受制于某些复杂的因素而有所差异，但这种潜能和基质是无甚差异的，是必然的

---

① （法）皮埃尔·布迪厄、（美）华康德：《实践与反思》，李猛、李康译，中央编译出版社1998年版，第177页。
② （英）齐格蒙·鲍曼在《立法者与阐释者》（上海人民出版社2000年版）一书第8章中有较出色的分析。
③ （美）亨利·E.阿利森：《康德的自由理论》，陈虎平译，辽宁教育出版社2001年版，第293～294页。
④ （德）康德：《历史理性批判文集》，商务印书馆1990年版，第24～25页。
⑤ （德）康德：《历史理性批判文集》，商务印书馆1990年版，第23页。

和不可怀疑的。

这说明，康德并不怀疑理知导致确信，而确信必然导致按照这种确信行动，或把这种确信的东西付诸行动的逻辑。所谓学者都能公开利用自己的理性，每个人都能有成为学者的潜能，因而每个人都有公开利用自己理性也就是获得启蒙的可能，这逻辑显然就是知—信—行统一的逻辑。西季威克曾经指出，康德的确区分了"任性的自由"和"理性的自由"（或"道德的自由"），从未主张后来一些自由主义者坚持的那种"无动机的行为能力"之说，即反对如下说法：一个人如果没有动机便不能行动，就意味着他根本就没有行动能力，没有自由主体性。但西季威克认为康德没有区分"善的"或"理性的自由"与"中性的"或"道德的自由"：前一种自由是指"一个人的行为愈合乎理性他就表现得愈自由"，后一种自由是指在善与恶之间进行选择的自由。"由于康德自己未能区分这两种自由观，连最细心的读者也经常无法知道应当按哪一种观念来理解自由。"当康德强调作恶者不能把责任推到他所不能控制的原因上去时，他强调的是中性的自由；当康德强调实践主体具有不受感性冲动和利益爱好挟制而无利害地遵守法则的可能性时，他又强调理性的自由。① 在西季威克看来，就康德关于自由意志与普遍自然因果性的形而上学调和论观点来看，只能推出中性的自由观来，而无法再继续推出理性的自由观来。而中性的自由观与理性的自由观的不加区别，实际上也就意味着我们所说的知—信—行的内在统一。而这种内在统一也必然包含着一个学者模式普遍化推广的问题。学者与大众在求善方面的差别，如果考虑到"善"可以分为高低、难易不同层次的话，那将会更加明显。但康德显然不会这样区分善的不同层次。

康德一定要给"信"与"行"奠立一个"知"的先在根基，知识一定先于信仰与行为。这样，如果一定要在"知"的根基上建构起"信"与"行"，而"知"一定要以经验为根基，"信"却要在这样的基础上"自由"选择，那很容易会逐渐把一切缺乏经验根基的、形而上的、带有神秘感的东西都统统作为"神话""成见""流俗"归之于"虚无"，而把这种"虚无"否定掉之后，自然本能、爱好、欲望等因素支撑和驱动的"信"与"行"会把"信"导向对感性存在的"信"，导向根本否定形而

---

① （英）亨利·西季威克：《康德的自由意志观念》，（英）亨利·西季威克：《伦理学方法》，廖申白译，中国社会科学出版社1993年版，第518～519页。

上存在的虚无主义。理性、知识消解了传统推崇神圣的共同体信仰,却塑造了把自己作为手段很容易达到或关键是很容易体验到的新的共同体:时尚共同体。它以各种转瞬即逝的疯狂、崇拜和体验为根基,并从而真切地感觉到其真实性为标榜推销和张扬自己,使即时的体验成了检验一切对自己是否是"真理"的唯一标准。时尚群体取代了孤独个体,被疯狂和厌倦轮流主宰和驱动着的现代主体,处在现代群体中的主体性和个我孤独状态下的主体性相互结合在一起,滋养和拓展着现代性背景下的人们。当疯狂过后,厌倦袭来之时,200多年前雅各比提醒的如下问题就会涌上心头:"康德哲学的基本原则根本上导致一种虚无主义(Nihilismus),亦即除了一个人的消极的感觉之外没有其他东西存在。"[①]

第二个因素是阿伦特所谓"制作"对"行动"的取代并日益成为形形色色实践论的标准模式之后,更加重了知识论倾向对形而上价值的蚕食。根据阿伦特的划分,"制作"是古典思想中高于奴隶的"劳动"而又低于公民的社会政治"活动"和哲学家的"理论活动"的第二种人类活动模式。"制作"是有确定性目标的,产品的样式已经确定,目的是明确的、固定的。一般而言,制作者在制作过程中具有足够的控制力调控整个制作过程,制作过程中没有足以干扰既定制作过程并使制作过程脱离产品规划的不可控因素随机地参与进来。干扰制作过程并使制作产品能够发生一定更改的因素通常可以忽略不计。在这个意义上,"制作"就是现有产品设计样式,而后再按照设计模型进行生产。

"行动"则涉及人们活动条件的多样性,行动者各自追求的异质性等众多复杂、多变和不确定的因素。行动结果的不可预见性、过程的不可逆性以及行动者的不可知性三个方面受到人们的怀疑与害怕,因而在这三个方面一直受挫。"总有一种寻找行动的替代物的企图,以期人类事务领域能够避免众多行动者固有的随意任性和无道德责任感,这对行动者以及同样对思考者来说一直是一种巨大的诱惑。"[②]"制作"领域先区分知和行,即先思考、设计产品的样式,而后付诸生产(而行动不是这样)的模式渗透到对"行动"的解说中来,使复杂的社会行动也成了先确切地"知"

---

① (美)弗雷德里克·C. 拜泽尔:《早期浪漫主义和启蒙运动》,(美)詹姆斯·施密特编:《启蒙运动与现代性》,徐向东、卢华萍译,上海人民出版社2005年版,第334页。

② (美)汉娜·阿伦特:《人的条件》,竺乾威等译,上海人民出版社1999年版,第214页。

而后再明确地"行"这种逻辑的覆盖区域。"制作"模式中的知、行先区分而后再前后相继地统一起来的逻辑被推广到了更为复杂的行动机制的说明中。

这就必然导致复杂的"行"或社会实践的简单化理解,导致"知"蚕食"行"的逐渐展开和严重化。这个问题在当代"行"更加复杂化、牵涉面更大更广的背景下显得尤其突出。

三、平衡的打破与冲突的爆发

启蒙就是矛盾的爆发与尖锐化,这一点 Jochen Schmidt 在分析雅典启蒙时就已经说得很明显了。他指出,"随着启蒙的深入,埃斯库罗斯尚能保持的平衡就逐渐变得不可能了。因为启蒙使矛盾更加尖锐。"[①] 启蒙使依赖与自立、他决与自决、信奉与启蒙、洞察与不解等之间的平衡产生偏斜。人们开始相信,依靠知识、洞察力,就能达到自我意识,达到不依赖于其他高于人类、不依赖于为人类不能掌握的存在和力量而径直自足自立的程度。修昔底德也似乎开始不信奉神灵在历史中的作用,而径直在人类自己驱动的行为中探讨历史。随着对世俗的、经验的人的更加信任和推崇,启蒙越来越对大众持开放态度;随着以理性对所有神性存在的剖析、质疑,启蒙会不断消解大众的神性信仰。Jochen Schmidt 说,古希腊人没有区分蔑视宗教习俗与根本的无神论之别。"信赖神谕对于大众来说何等重要。因为大众无法区分出细微的差别,即神与以神为依据的阐释者。按索福克勒斯的观点,随着神的代表以及由这些代表宣布的神谕所具有的合法性的消褪,对于大众来说,他们对神本身的信仰也消褪了。歌队唱到(898 行及以下):'如果这神示不应验,不给大家看清楚,那么我就不诚心诚意去朝拜大地中央不可侵犯的神殿,不去朝拜奥林匹亚或阿拜的庙宇。'"[②] 启蒙使人越来越相信经得起理性质疑的东西,并相信理性质疑对

[①] Jochen Schmidt:《对古老宗教启蒙的失败:〈俄狄浦斯王〉》,刘小枫、陈少明主编:《索福克勒斯与雅典启蒙》,华夏出版社 2006 年版,第 5 页。

[②] Jochen Schmidt:《对古老宗教启蒙的失败:〈俄狄浦斯王〉》,刘小枫、陈少明主编:《索福克勒斯与雅典启蒙》,华夏出版社 2006 年版,第 14~15 页。

第十二章 启蒙与虚无：从主体概念看发展的一个内在矛盾 153

大众开放的积极效应。当然，某种意义上说，苏格拉底早就这样做了。把雅典人中那些迷信、幼稚、变化多端的民众转变为一个哲学家的民族，在赖因霍尔德看来就是苏格拉底的目标。"他的方法的目标就是发展普通人的概念，就是对大众的启蒙。因此他并不认为他的民族的大众是如此腐化，以致对改进他们充满绝望。……苏格拉底及其对手对大众的理性能力有相当高的评价。"① 启蒙传布的是知识、自我意识、洞察力以及建立在这些东西之上的权力、意志，是对宗教习俗的蔑视与质疑，是神圣、神秘在知识和自我意识面前的弱化和消解。而相反的观点认为，"信赖神谕对于大众来说何等重要。因为大众无法区分出细微的差别，即神与以神为依据的阐释者。"② 自我意识的局限、知识和洞察力达不到穿不透的存在，不受哲人影响的神对大众生存的不可或缺，则构成了反启蒙的强调重点。雅典时期就存在的启蒙与反启蒙的争执，又在近代启蒙发生时承续下来：对近代启蒙忧虑重重的人们担心，"哲学和理性只会产生异端和冒险家"，对维持社会秩序不利。18世纪的冯·克尼格对此说得非常直白："有人现在教农民读书写字、变得文明——这些做法实际上是有用的，值得赞赏。但是，给予他们所有种类的书刊、故事、寓言，使他们习惯于把自己运送到一个思想的世界，使他们睁眼看到他们自己所处的、无法改进的贫穷状况，使他们因为太多的启蒙而不满足于自己的命运，把他们转变为对地球上资源的不均分配废话连篇的哲学家——这才真正毫无价值。"③ 克尼格们主张对大众的启蒙必须设定一个界限，起码以不危及既定政治秩序为前提。康德显然推崇不加限制、自由地运用自己的理性的"理性的公开运用"或"理性的公共运用"，认为"理性的公共使用必须一直是自由的，只有这种使用能够给人类带来启蒙"。④

启蒙精神要揭穿一切经不起理性质疑并阻碍主体自我独立自主的那些迷信、权威、传统和习俗，让理性纯然地支撑起主体自我来。虽然很多启

---

① 参见（美）詹姆斯·施密特编：《启蒙运动与现代性》，徐向东、卢华萍译，上海人民出版社2005年版，第75页。

② Jochen Schmidt：《对古老宗教启蒙的失败：〈俄狄浦斯王〉》，刘小枫、陈少明主编：《索福克勒斯与雅典启蒙》，华夏出版社2006年版，第2~21页，特别是第14页。

③ 参见（美）詹姆斯·施密特编：《启蒙运动与现代性》，徐向东、卢华萍译，上海人民出版社2005年版，第283页。

④ （美）詹姆斯·施密特编：《启蒙运动与现代性》，徐向东、卢华萍译，上海人民出版社2005年版，第62页。

蒙思想家都知晓，不能也无须把更多的知识启蒙给所有的人，包括底层的农民等等，因为那会危及社会秩序。所以，乔治·索雷尔才把被启蒙过的人称作"半吊子的知识人"——他们不会懂得更多的知识，而只是知晓一些足够他们应付自己的工作所需的基础知识而已。但是，启蒙的理想驱使启蒙学者去追究一切现存的理性根据，或像恩格斯所说的，"一切都必须在理性的法庭面前为自己的存在作辩护或者放弃存在的权利"①。为此，启蒙必定导致一种激进的理性批评和反思质疑精神。把这种精神推进到顶端，激进批评会把个我主体凸现出来——他要质疑一切经不起理性追问的东西，就必然会把一切支撑起共同体信奉的价值都揭穿驳倒，将一切超个人的东西都看作非确然性的存在；而唯有理性支撑起来的自我才经得起推敲和反思。在理性反思看来，一切社会性、政治性的东西必定都是非理性的威权，都是以批判最后必定会解构的东西为根基的，都是对个人自主性的一种威胁。所以，"激进批评似乎不仅仅是导致了怀疑论，而且也导致了无政府主义"②。

这样，以理性质疑一切存在的启蒙精神与以理性教育民众的启蒙教育精神就势必会产生某种冲突。启蒙许诺给人们一种理性自主的精神，它认定个我内部都具有一种充足的潜在能力和品质，凭借这种能力与品质，个我主体都能获得自主自立，都能在启蒙教育中凭借获得的知识与反思认知能力找到自己可以确信的东西，找到自己值得信奉的东西。可理性知识和反思认知能力跟信仰之间的鸿沟如何跨越？如何能从理性的知识与反思中找到能为理性确信的价值信仰？知—信—行统一的逻辑在现代性背景下也同样得经受理性的质疑。知必定导致信，信必定导致行吗？

如果理性主体是普遍的主体，那倒没有大问题。因为那会使得所有的理性主体都普遍遵循普遍的规则，一个良好的理性秩序也会在此基础上被建立起来。可惜的是，近代主体不仅承担着普遍性的职能，也同时或首先承担着为个我寻找确定性根基的使命。对传统的、共同体的习俗、意见、经不起推敲和批判的东西都可能被作为"成见"而被质疑和拒斥掉。把这种逻辑推至极点，就会导致除了个我的当下即是什么也不可靠的虚无主义结论。主体的自我肯定至此可能会与自我持存分裂脱钩，更不用说还可能

---

① 《马克思恩格斯选集》第3卷，人民出版社2012年版，第391页。
② （美）弗雷德里克·C.拜泽尔：《早期浪漫主义和启蒙运动》，（美）詹姆斯·施密特编：《启蒙运动与现代性》，徐向东、卢华萍译，上海人民出版社2005年版，第335页。

与拉康们上场后导致的自我的真实性脱钩，仅凭自我肯定性与持存性的脱钩，启蒙批判的内在矛盾就显得足够严峻了。当理性批判对准主体自己，要审视一下自我是何以建构起来的时候，启蒙的逻辑就面临更严重的局面。

四、世俗化的加剧

不能忘记，伴随理性批判与知识教育而发生的，是社会不断的世俗化。如果说，人是"神圣的自然和世俗的自然的地平线和分界线，是这两个自然之间的中介"①，那么，宗教文化是教人们不断成全"神圣自然"，通过脱俗向往神圣。基于世俗自然的那些欲求虽然不能被禁绝，却明显被限制在一个适可而止的范围内，以便把有限的精力用于更高价值的追求。如托尼针对欧洲中世纪的情形所说的，"物质财富是必要的；它们具有第二位的重要性，……为了不让经济利益妨碍宗教的事情，处处都有限定、制约和警告。人为了维持他所处地位的生活而追求必要的财富是正当的。但是，追求更多的财富不是进取，而是贪婪，而贪婪是一种弥天大罪"②。世俗化的浪潮却不断地抬高"世俗的自然"，给它发放存在和实现自身的许可证，通过论证给予其正当性。如果说，世俗化"起初是随着宗教战争而开始采用的，意指领土和财产之脱离教会权力控制。在罗马教会法规中，这个词逐渐用来表示有教职的人之回归'世界'"③，那么，后来的世俗化就越来越认可基于"世俗的自然"的各种欲求，甚至"逐渐代表了现代人从宗教保护之下的解脱"。世俗化的两个分支（新教改革、摆脱教会）都意味着摈弃与新型市民生活相冲突的教规，接纳市民社会的世俗生活要求。在这个意义上，没有对民间（市民）世俗价值和文化的认可、肯定，没有在此基础上形成的自发的市场、民间组织及其权利的认同放宽，

---

① 阿奎那语，参见（美）莫蒂默·艾德勒、查尔斯·范多伦编：《西方思想宝库》，吉林人民出版社1988年版，第14页。

② （英）R. H. 托尼：《宗教与资本主义的兴起》，赵月瑟、夏镇平译，上海译文出版社2006年版，第19～20页。

③ （美）彼得·贝尔格：《神圣的帷幕》，高师宁译，上海人民出版社1991年版，第126页。

就没有现代化。①

人身上"世俗的自然"日益取代原来"神圣的自然"占据的地位，民间世俗文化所认可与肯定的东西日益在社会中获得正当化，那主体自我身上的情感、欲求、意志等异于理性的东西就会获得更高的地位。与笛卡尔那主要由理性支撑的"我思主体"不同，霍布斯早就把人类情感中最为强烈的死亡恐惧看作人的所有欲求中最强烈、最根本的欲求，亦即最初的、自我保全的欲求。按照这种自我保全的原则，自我保全的自然权利才是最为根本的，而义务隶属于这种自然权利。这就应了柏克的那句话，**权利的推论全在激情之中。激情、感情作为根基高于理性，实乃现代思想的一个根本特点**。它表明，每个人依据自然都有自我保全的权利，而自我保全所需的手段就也是自然的了。何种手段是自然、正当的，每个人都有能力裁定。只有有实践智慧的人才有裁定能力的古典见解不再会受到欢迎。也就是说，现代自然权利论需要的不再是教化，而是启蒙或宣传，是知识的某种水平上的普及和应用。② 伴随着感觉、欲望对于理性的至上化，使得理性越来越不提供目标与方向，而只是提供手段与方法。理性与古典美德之间的内在联系被切断了。现代人活动的诸多目标日益与社会想象的表意联系在一起。社会发展成了社会想象的表意，成了除旧迎新的新刺激和新体验，成了没有理性根基的、向理性借贷的、假理性的东西。③ 这都是主体的经验化转折后引发出来的后果。

这种主体的经验化转折意味着，神圣与世俗的合一，从经验世俗中寻求神圣的种子并营造世俗氛围使之生长壮大的路子，通过改造先验主体，使之经验化，或解放经验主体，虽构成了基本方向，但由此就能解决一切问题吗？如何在主体性的内在整合中实现知识启蒙和重建有意义的生活等多重目标？批评启蒙运动的浪漫主义提出的这类问题也困扰着那个时代的众多思想家。青年黑格尔派，包括马克思都面临着这样的问题：在企图整合浪漫主义与启蒙理性、经验与先验、世俗与神圣的黑格尔方案中，如何往前走，才能解决时代的这个难题？考虑到当代中国是在遭受全面反传统主义的强烈冲击，汉语思想传统中道德意识严重弱化和比以往更加反对和

---

① 参见拙著《发展哲学引论》，广东人民出版社 2000 年版，第四章第二节的有关论述。
② 参见（美）利奥·施特劳斯：《自然权利与历史》（彭刚译，生活·读书·新知三联书店 2003 年版）一书的有关分析，特别是 184～187 页。
③ 对此可参见拙著《重思发展》，人民出版社 2003 年版，第 245 页及前后。

忽视超验文化精神并过度崇尚实用理性的背景下进行现代化建设，中国社会世俗化引发的虚无主义就更严重和复杂。①

五、理性与虚无的自悖谬

于是，启蒙运动出现了问题，这倒不是因为外在的敌人，而是由于内部的张力所造成："启蒙运动的激进批评威胁到它的公众教育理想。当它的批评看起来必然以怀疑论或者虚无主义告终时，它的公众教育理想预设了对某些确定的道德、政治和审美原则的承诺。当理性只是断然怀疑道德、政治和艺术的原则时，怎么可能就这些原则对公众进行教育呢？在18世纪90年代，年轻的浪漫主义者面临的挑战因此是清楚的：实现公众教育，而不在激进批评的权利上妥协。当然，在试图解决这个问题时，浪漫主义者不仅挽救了启蒙运动，而且也改造了它。不是把早期浪漫主义看作启蒙运动的对立面，相反，将它视为对启蒙运动的转变更加精确。"②

如此说来，启蒙主体在越来越有知识和力量，越来越变得面对诸多客体时更加自信和伟岸的同时，却在另一个维度上变得越来越不知所措，越来越迷失。自身面对外部客体的力量增强了，自己的内在却越来越空虚了。现代主体成了一个外强中干的主体。

施蒂纳正是有鉴于此才提出，现代个体自我应该反其道而行之，谋求"外干中强"，抛弃外在制度性关系对人的保护和约束，放任个体自我的率性而行。马克思对他进行了坚定而认真的批判，对此我们将另文专论③。在这里我们要说的是，通过批判，马克思明显地表达了一种辩证的观点，

---

① 按照余英时先生的看法，中国文化传统充满了世俗追求精神，中国没有西方那样超验神圣与世俗经验泾渭分明的宗教传统。即使我们把佛教比作西方的基督教，那中国也早在禅宗和宋明理学时期就已经完成了世俗化的任务。对于西方现代化最为重要的内涵的世俗化，在中国似乎不是一个问题（参见余英时：《中国思想传统的现代诠释》，江苏人民出版社1989年版，第41、15页）。余先生这种看法的后半部分并不令人赞同，中国的世俗化因此更为复杂、麻烦和另类。

② （美）弗雷德里克·C. 拜泽尔：《早期浪漫主义和启蒙运动》，（美）詹姆斯·施密特编：《启蒙运动与现代性》，徐向东、卢华萍译，上海人民出版社2005年版第329页。

③ 请参阅拙作《马克思与虚无主义：从马克思对施蒂纳的批判角度看》一文（《哲学研究》2007年第7期）的分析，详细的分析可参阅拙著《追寻主体》一书（社会科学文献出版社2007年版）第4章。

即现代主体在普遍性、特殊性、个体性的各个维度上都要获得实现，才是现代社会的基本目标。这个目标应该坚持，而不能把其中的一个无限放大。因为损害其他维度径直追求单一维度理想目标的实现只能陷入自我否定和自身悖谬。个体性、特殊性、普遍性维度之间的相互兼顾与共同实现标志着主体性原则的真正实现。不难发现，这种"真正实现"也为当今的哈贝马斯等主张在启蒙现代性范围内思考现代性问题，并继续推进和实现启蒙现代性根本目标的思想家所认同。哈贝马斯曾经在其《交往行动理论》中写到，应该把康德传统与表现主义传统结合起来。他的理想的交往共同体包含着两个乌托邦计划，而每个计划分别模仿惯常实践中仍然融合在一起的两个如下因素中的一个：启蒙的道德－实践要素与表现主义的要素。"我们不妨想象一些个体，他们通过社会化而成为一个理想共同体的成员；他们在同等程度上获得了一种身份，这种身份包括两个互补的方面，一个进行普遍化，另一个进行特殊化。一方面，这些在理想条件下成长起来的人学会在一个普遍主义的框架中调整自己，也就是学会自主地行动。另一方面，他们学会运用这种自主性来发展各自的主观性和独特性，而正是那种运用使他们与其他每个道德行为主体处于平等的地位。"① 最近贺来教授提出，要解决群己之间各自追求自身理想目标的矛盾冲突，用我们的话来说就是主体普遍性与个体性之间的矛盾，关键在于对属于个人的方面与属于公共的方面进行界限区分，在主体的个性维度与公共维度之间建立一种不能随意跨越的边界，并拒斥传统形而上学那种关于个人与公共本质统一的形而上学僭妄。就是说，个人领域与公共领域遵循的游戏规则是不同的，个体性与公共性抽象统一的形而上学同一性是靠不住的。个体性遵循的规则与追求的善跟公共性遵循的规则与追求的善是不同的，前者是自由地创造价值，后者是相互承认和团结。② 这是非常有意义的。

施蒂纳当然不想坚守这样的辩证方案，他向个性和世俗性维度的单向

---

① 参见其《交往行动理论》第二卷；中译文参见（美）詹姆斯·施密特编：《启蒙运动与现代性》，徐向东、卢华萍译，上海人民出版社2005年版，第514页。

② 参见贺来：《"群"与"己"：边界及其规则》，《学术月刊》2006年第12期。对此我们需要补充两点：一是随着全球化水平的不断提高，"公共性"范畴已经不能完全涵盖市民层次、国家层次、全球层次的异质性了。"群"也已经分化为不同的层次了。普遍性、特殊性、个体性的三分法这种主体性思想史上早已出现的分类还是要优于个体与群体的二分法。二是从三分的角度来说，个体性、特殊性、普遍性维度之间的相互兼顾与共同实现标志着主体性原则的真正实现。

第十二章 启蒙与虚无：从主体概念看发展的一个内在矛盾

扩张不折不扣地就是招致虚无主义的方案。尽管他自己并没有充分地意识到这一点，以及其中蕴含的危险，但他的主张突出地展现了启蒙主体性思想逻辑一路发展下去，即把经验性、世俗性维度凸现出来而把与之相反的维度拒斥之后所必然引发出的后果。施蒂纳的操作突出地昭示出，浪漫主义针对上述迷失和外强中干、针对虚无主义而对启蒙的反思表明，它与启蒙运动的对立不但是主体性内在的对立，某种意义上也就是启蒙自身蕴含着的内在对立。启蒙现代性为自身设定的内在目标是存在冲突的，一个目标的实现可能妨碍另一个目标的实现。启蒙主体性与浪漫主义主体性被这样一种普遍教育与启蒙批判之间、知识教育与价值信念教育之间的内在对立弄成了一种一体化的东西，两者之间的对立成了内在的对立。浪漫主义质疑启蒙主体性的是，启蒙主体性没有真正地回归内在性主体，而是把主体内在性一开始就指向了外在性，并靠与外在性存在的相互依恋支撑其自身。随着启蒙主体对外在性存在掌握、理解得越多，他就越来越离不开外在的客体世界了，以至于不自觉地把自己看成了一种通过对外部存在的掌握、占有、依恋才能确定自身，才能显示自己的伟大和力量的非自主性存在。于是，主体性就黯淡了，就从自己发光的"太阳"转变成了借助他者才能发光或靠收集、反射其他光源体才能发光的"月亮"。就像波恩大学时担任马克思两门课主讲教师的 A. 施勒格尔在批评启蒙运动时所说的："胸中装有这种充满不寻常的活力和清澈的精神本能的人们，从古到今都是照亮世界、启迪尘世的人；但是这样一种内在的光你们都斥之为空想和荒谬。这样一来，你们就承认你们是先从外部点燃你们的光，然后这个光又将存在于烛光和灯光里，也许在做家务的时候用得着。"① "主体"不但自己不发光了，而且把这种收集和借助来的"光"不断用在诸如做家务之中。主体性退化了，逐渐变成了大众的平庸性。可是，如果每个人都成为浪漫派所主张的自己发光的主体，那每个主体能持久发光吗？每个主体能自己找到该把发出的光照向何方的方向吗？不同的主体所发出的光不一样，甚至都强烈地不同时，发光的主体们该如何协调合作以相安无事？当主体不能发光时，他怎么办？他能在这个缺少光亮的漆黑世界上独自找到生存的方向，找到有意义的路吗？他能承担起遏制根本的虚无之境、不被这种虚无吞噬掉的重任吗？

---

① （德）A. 施勒格尔：《启蒙运动批判》，孙凤城编选：《德国浪漫主义作品选》，人民文学出版社1997年版，第377页。

施勒格尔兄弟、诺瓦利斯等早期浪漫派思想家们主张用艺术教育、审美来解决这些矛盾、问题,而马克思虽然继承了 A. 施勒格尔老师和青年黑格尔派老师们对这些问题的思考,却不同意这位波恩大学老师的拯救方案,也不同意后来柏林大学的老师——青年黑格尔派成员以及这些老师注释的"老师"——黑格尔提供的各种方案。他要找到自己的思路和方案①,来求解主体性哲学面临的诸种矛盾与问题。

六、虚无的浪漫主义救治

虚无主义的渐渐流行,对各种社会科学和人文学科的发展都产生了重要的影响。有了虚无主义,流行期越来越短的时尚化,除旧布新的现代游戏,新奇、刺激和各种体验等等,才成了潮流和现代的特征。经济学、各种社会科学大都欢迎甚至拥抱了虚无主义及其后果,而哲学、艺术、文学却更多地对此深感忧虑。

在德国早期浪漫派看来,虚无问题在启蒙理性自我发展中的呈现突出地反映了启蒙主体性的内在危机。要解决这个问题,需要重新检思作为根基的"主体性"。自我(主体)在他们看来是经验现实的根本依据,调整和改变经验现实就势必得从这个根本之处入手,也就是从内在性入手。浪漫派与启蒙思想一样,都认为内在性是这个世界的根基,只是两者对内在性的理解有所不同。如勃兰兑斯所说,青年哈顿伯格("诺瓦利斯")与法国大革命一样,"都想凭借内在的世界去推翻整个外在世界。不同处仅在于,他们的内在世界是理性,而他的内在世界是心灵(Gemüt②)——

---

① 这一方案的要点在于,以"劳动"支撑起主体,然后增加劳动之余和社会管理(政治)活动之余的自由时间,并指望劳动者自己打通必然王国与自由王国。这个问题及其中蕴含的问题很大很多,需要专门分析。

② 勃兰兑斯解释说,德国人的 Gemüt("心灵")简直无法用别的语言来表达。它就像深邃、黑暗、独特的矿井。"心灵是德国人的领域。它是内在的炉火,内在的镕锅。……在赋有'心灵'的人身上,一切都是内向的,心灵就是精神生活的向心力。把心灵奉为人生上品的人,恳挚就是他的叙爵文书。浪漫主义者……把心灵中一切沉思的、神秘的、幽暗的、不可解说的东西拽出来,却把它的纯朴的热情抛弃掉。"[参见(丹麦)勃兰兑斯:《十九世纪文学主流》第二分册《德国的浪漫派》,刘半九译,人民文学出版社 1981 年版,第 180 页]

他们的理性有它的要求和公式：'自由，平等和博爱'，而他的心灵则有其暮色苍茫的不可思议的世界，他把一切都溶化在这个世界里，以便在熔锅锅底找到沉淀下来的心灵的黄金：黑夜，疾病，神秘和逸乐。"① 启蒙思想的内在性主要是理性、怀疑，浪漫派的内在性则更多偏向于情感与启示。F. 施勒格尔在说现代文学落后于古代文学就是因为没有神话，因而迫切需要我们共同创造一个新神话时就主张，"古代神话与感性世界中最直接、最生动的事物联系在一起，依照它们来塑造形象。而现代神话则相反，它必须产生于精神最内在的深处；现代神话必须是所有艺术中最人为的"② 。从这个最内在、最人为的深处，才能燃烧出最炽热、最激昂的感情。虽然浪漫派总在标榜要校正、反对这个时代，但在以内在性推翻旧世界、重建新世界这一点上，它仍然属于这个以内在性重构世界的现代。甚至可以说，与其他主体性理论相比，浪漫派似乎更强调反身自我的主体的自足性，相信不与外在存在相关的主体自身便足以生发出抵御甚或改变不如意世界的力量和所需的一切。本雅明也指出，"反身思维对浪漫派具有特别的系统意义"；浪漫派与费希特都明确地强调对最高存在——自我——的认识的直接性和无限性。③

这也就意味着，浪漫主义与启蒙运动之间具有颇为复杂的既共生又相异的关系。把浪漫主义说成启蒙运动的对立面，是一种过于简单化的看法。浪漫主义与启蒙运动之间其实是一种既继承又批评的关系。毋宁说，浪漫主义（在这里即德国浪漫派）是对启蒙运动思想内在矛盾的一种谋求解决的方式，是对启蒙运动思想的某种推进、补充和校正。虽然它在不同时期、不同代表人物那里表现出的"校正""推进""反对"和"补充"并不一致，而各具有不同的特点，但都表现出对启蒙运动所内含的内在矛盾的一种谋求解决、推进、校正的特点。这种特点表明，浪漫派思想家仍然是想找到他们认为更为有效和更合理的方式实现启蒙运动试图实现的两个主要目标：公民教育和通过批判消除落后的迷信、习俗并把智慧、美德等催生出来以有助于建立理想社会。弗雷德里克·C.拜泽尔在《早期浪

---

① （丹麦）勃兰兑斯：《十九世纪文学主流》第二分册《德国的浪漫派》，刘半九译，人民文学出版社 1981 年版，第 186 页。
② （德）F. 施勒格尔：《关于神话的谈话》，孙凤城编选：《德国浪漫主义作品选》，人民文学出版社 1997 年版，第 402 页。
③ 参见（德）本雅明：《德国浪漫派的艺术批评概念》，（德）本雅明：《经验与贫乏》，王炳钧、杨劲译，百花文艺出版社 1999 年版，第 27～134 页有关部分。

漫主义和启蒙运动》一文中就认为，浪漫主义，特别是（1798—1802年间）早期浪漫主义对启蒙运动没有那么反对。激进批评和公众教育这两个启蒙运动的根本观念早期浪漫主义者都坚持着。"他们的目的不是要抗击启蒙运动，而是要消解它在18世纪末期的危机。"① 可运行到一定程度，理性批评与公众教育之间就发生了自否定和自悖谬，这种自悖谬比通过某种手段（如启蒙教育）塑造合格的文明公民这一策略在面向文明圈外的殖民地时转化为强迫、凌辱甚至殖民杀戮更为荒谬。

　　早期浪漫派试图推进启蒙运动，而不是否定启蒙运动。至少在理想目标上是如此。首先，"年轻的浪漫主义者依然忠实于启蒙运动的一个根本目标：公众教育，公众的美德、知识和审美能力的发展和完善。实际上，这就是《雅典神庙》（即《雅典娜神殿》——引者）这个杂志的目的"②。其次，浪漫主义者不但忠实于启蒙运动的教育理想，也忠实于它的激进批评理想。他们抱怨启蒙运动不再把理性批评推向前进，而是开始与现实妥协。他们希望把启蒙运动主张的批判继续下去，并把这种批判看作把人们从压迫性的社会规范和习俗中解放出来的必需的手段。另外，他们不满于启蒙运动的还有，对现实的批判应该有一个限度。这种限度能够保证道德、政治领域中的基本价值不被虚无主义吞噬，保证启蒙批判不走入虚无主义或激进怀疑论的死胡同。马克思波恩大学的老师，唯一地曾给马克思上过两门课的A. 施勒格尔曾在《启蒙运动批判》一文中分析道，启蒙运动并不一味地追求真理，它对真理的追求有一个限度，这个限度保证它不陷入荒唐与迷茫："启蒙运动当然也倡导研究和怀疑，但是只到某个程度便止步，超越这个尺度，它便认为精神陷入了荒唐和迷惘，而它的使命正在于遏制这种荒唐和迷惘。归根结底，不以利害为宗旨的真理探索者总是走自己的路，并不为他最终将取得的结果所动；……与此相反，启蒙运动谨小慎微，忧虑着它认为属于人类幸福的东西……"③ 真理不能伤及幸福，有一种东西比真理更重要，真理是为促生这种东西而存在的。这种东西就是"有用和适用"："在这里，使真正的善（真仅是其中的一部分，

---

① （美）弗雷德里克·C. 拜泽尔：《早期浪漫主义和启蒙运动》，（美）詹姆斯·施密特编：《启蒙运动与现代性》，徐向东、卢华萍译，上海人民出版社2006年版，第329页。
② （美）弗雷德里克·C. 拜泽尔：《早期浪漫主义和启蒙运动》，（美）詹姆斯·施密特编：《启蒙运动与现代性》，徐向东、卢华萍译，上海人民出版社2006年版，第333页。
③ （德）A. 施勒格尔：《启蒙运动批判》，孙凤城编选：《德国浪漫主义作品选》，人民文学出版社1997年版，第375页。

第十二章　启蒙与虚无：从主体概念看发展的一个内在矛盾

一个方面）臣服于功利的这种本末倒置的思想方式昭然若揭。所谓功利，是指以促进身体的幸福为目的，我们已经给这种追求排定了很高的座次。谁竟把功利奉为圭臬，必将看到功利由此的结果是感官的享受，说得再清楚、再前后一贯些，他必然是极端享乐主义的信徒，崇尚感官享乐的神化。"① 启蒙思想不把这种功利看作享乐，也不视为善自身，而是合乎理性的东西。而实际上，这种理性是功利主义的理性，甚至是韦伯意义上的功用理性。据此，启蒙作为理性的时代也就是唯功利是举的时代。启蒙运动要把一切存在都用理性之光照亮，使它们在理性之光面前变得明明白白、完全可理解、没有任何的神秘与黑暗。而那些弄不清楚的、神秘的、黑暗的东西在启蒙的实施者和启过蒙的人看来都是虚妄的，"人类的存在和世界也应单纯得像算术例题一样明白畅晓"。因此，世界的可理解性也就是世界的尘世性："左右启蒙运动者的乃是经济的原则。所以这个原则也是精神的，只能解决尘世间事务的能力……"② 这样，用理性的阳光照亮一切之后，一切也都"现实化"了，而现实化也就是路德新教改革以来日益被强化的世俗化，是把神圣、超验、意义统统寄予经验的世俗生活之中，试图从世俗生活中发掘神圣与意义。按照这样的路子，生活的理性化就是生活、实践日益被束缚于现实的条件中，日益得从现实条件、从现实所是出发来对待世界。

而一旦如此，启蒙就势必走向堕落，走向自我矛盾。启蒙曾经推崇自我主体性，相信自我主体的自足自满，但自足的自我主体用自己的光亮照亮他性存在者，即"光凭着自己的本性最先是自身发光，然后再照亮其余物体"时，客体、他物、他人就喻示着被平庸化为借助那个最强势的自我主体的强势之光才能光亮、才能主宰自己的存在，而每个自身就能照亮自己的自我之光都势必弱化、黯淡；它抽离了主体的内在之光，仅仅给予他们以黯淡的从启蒙知识那儿反馈来的点点星光。于是，"太阳"变成了"月亮"，主体性就黯淡了："胸中装有这种充满不寻常的活力和清澈的精神本能的人们，从古到今都是照亮世界、启迪尘世的人；但是这样一种内在的光你们都斥之为空想和荒谬。这样一来，你们就承认你们是先从外部

---

①　（德）A. 施勒格尔：《启蒙运动批判》，孙凤城编选：《德国浪漫主义作品选》，人民文学出版社1997年版，第376页。

②　（德）A. 施勒格尔：《启蒙运动批判》，孙凤城编选：《德国浪漫主义作品选》，人民文学出版社1997年版，第376页。

点燃你们的光,然后这个光又将存在于烛光和灯光里,也许在做家务的时候用得着。"① 主体性变成了大众的平庸性。这应该是浪漫派对启蒙运动内在矛盾的一种尖锐揭示与批评。理性化、尘世化、现实化必然带来平庸化、意义的丧失、虚无主义的到来,必然带来自然与自由、超验与经验、意义与虚无的大分裂,带来诸种矛盾、冲突的大爆发。

为此,他们主张批判不能指向某些共同体,不能危及这些共同体主张和追求的某些价值,否则就会导致虚无主义和无政府主义。这一点不会因为他们主张个体主义价值而得到否定和反对。为此,他们主张重新理解理性与想象、畅白与黑暗、安全与恐惧、希望与空无、"散文"与"诗"的关系,克服启蒙运动的内在困境,使现代社会走向更融洽更美好的方向。所以,拜泽尔说的很对:"浪漫主义者在 18 世纪 90 年代所面临的普遍问题现在应该很清楚了。在不背叛理性的条件下,如何才能填补启蒙运动留下的真空呢?在不丧失我们的个人自主性的条件下,如何才能修复我们的信念呢?或者简单地说,如何才能把启蒙运动的教育理想与它对激进批评的要求调和起来呢?"② 避免启蒙运动的内在张力,使之弱化、减少,就是早期浪漫派的目的。显然,就大方向上而论,这也是黑格尔和马克思的目的。

既然不是完全否定启蒙运动的目标和内在性的思路,既然推进、校正、补充启蒙运动实现公共教育、通过批判现实社会扫除阻碍理想社会建立的迷信等落后习俗这些任务的关键在于重新思考、重新完善那个最为根本的内在性、自我,那这个最为根本的(内在的)自我(主体)的问题在哪里呢?对此,马克思通过其群体主体,克尔凯郭尔通过其热情主体,尼采通过其超人,以至于后来一些思想家提出的回归古典,都提出了各自的拯救方案或求解策略。这些策略都试图救治愈陷愈深的虚无主义。但就像马克思批评浪漫派的方案又被海德格尔界定为"马克思达到了虚无主义的极至",海德格尔批评马克思的方案又被施特劳斯批评为仍然没有走出虚无主义一样,虚无主义总是在宣称被救治后仍然严重地存在着,仍然在困扰着我们,包括声称已经克服和救治了它的人。虚无主义如影随形地伴

---

① (德)A. 施勒格尔:《启蒙运动批判》,孙凤城编选:《德国浪漫主义作品选》,人民文学出版社 1997 年版,第 377 页。

② (美)弗雷德里克·C. 拜泽尔:《早期浪漫主义和启蒙运动》,(美)詹姆斯·施密特编:《启蒙运动与现代性》,上海人民出版社 2005 年版第 335 页。

随着追求发展的现代人,而"抵制和解决虚无主义精神乃是后'德国古典哲学'的基本思想脉动"①。经济活动、政治活动、大众文化都可以充分地利用这种虚无主义的当代境遇来谋求成功和利益,反思发展的哲学却必须独自面对它的肆虐、蔓延和就治方案的探寻。

---

① 语见刘小枫为《从黑格尔到尼采》[(德)卡尔·洛维特著,李秋零译,生活·读书·新知三联书店 2006 年版]一书所写的中译本前言,第 11 页。

第十三章 "主体"在什么意义上是一个意识形态概念?

主体性精神在 20 世纪 80 年代的实践唯物主义哲学中受到高度推崇,却很快在 90 年代对制度、结构的重视中受到排挤,甚至贬抑。1992 年《主体性的黄昏》一书汉译本的出版,有力地推动了这一思想倾向的传播。一时间,越来越多的学人倾向于接受现在看来非常成问题的如下看法:主体性哲学已被主体间性哲学取代,意识哲学已被语言哲学取代。伴随着这一断言,"主体"是一个意识形态概念的言辞也开始或重新开始占据话语空间的一角。一个现代化还未完全成功,主体性精神仍很不发达的社会,为何如此亦步亦趋地跟随西方的后现代主义哲学,对仍需要积极培育和引导的主体性精神予以挞伐?无论如何,我们必须认真追问,"主体"在什么意义上是一个意识形态概念?

一、问题的提出与概念的澄清

斥责"主体"是意识形态的观点可以在阿尔都塞那里发现最典型的表达。而在阿多诺那里,也存在类似的形态。众所周知,近代启蒙的主流逻辑致力于在科学和意识形态之间作出截然区分。安德鲁·文森特说:"试图坚持科学和意识形态之间的区分,这一直是英美研究方法的显著特征。尽管这一态度已经隐含在整个启蒙运动的立场中,但这也是'意识形态终结'运动中渐趋完全自觉的各种社会科学所强烈捍卫的一种态度。"[①] 阿

---

① (澳大利亚)安德鲁·文森特:《现代政治意识形态》,袁久红等译,江苏人民出版社 2005 年版,第 19 页。

第十三章 "主体"在什么意义上是一个意识形态概念？

尔都塞也坚信科学与意识形态的截然对立，并用这种对立来界定人道主义与历史唯物主义之间的区别，认为人道主义是意识形态，而历史唯物主义是科学。在他看来，意识形态就是个体与他们的真实存在条件的想象性关系的一种"表征"。意识形态表征个体与其真实存在条件的想象性关系。与其说真实的与虚假的二分对立构成阿尔都塞意识形态论的结构框架，不如说，反思与未反思才构成这种对立：即反思后的才可能是科学，而未经反思的肯定是意识形态。而这一标准与霍克海默、阿多诺在《启蒙辩证法》中断定奥德修斯是第一个资产阶级主体的意思无疑是一致的。

按照阿尔都塞的看法，人们就生活在无意识的意识形态媒介中。关于自我、自我与生存于其中的世界的关系，都是意识形态赋予我们的，我们感觉不到身处其中，只是享受着给我们的赠予、幻觉。在这种赠予、幻觉中存在着一种长久不变的结构。这种结构是没有历史的，长久不变的。对个体来说则完全是给定的。就人道主义意识形态来说，决定性的术语是"主体"。"如果不是借助主体并且为了具体的主体，就不存在意识形态。""如果不是借助并且在某种意识形态中，就不存在实践。"①

众所周知，意识形态概念的界定比较复杂。本章首先从以下两种观点开始讨论这一概念。第一种观点认为，意识形态是一种对社会现实的简化和抽象，按照自己的立场与偏见进行了删节，甚至蕴含着不可告人的隐秘动机；第二种观点认为，意识形态是不宽容、不自由、不开放、有限制的观点，与非意识形态的宽容、开放、自由的政治相对立。认识论意义上最极端的意识形态概念肯定是没有什么意义的，或者说，坚持这一概念几乎就是设立了一种可以完全达到不受任何想象、主观立场、片面诉求等因素制约和影响，因而就能完全真实地再现理论处理的对象的纯粹本质的科学。可恰恰这才是最大最基本的意识形态假定。所以，本章比较接近中性的意识形态概念。它接受这样的事实：一是认识肯定存在某种（或处于不可避免、无奈的，或处于有意识的）简化和删节。我们无法把握到整全，必定以离散的形式接触和积累经验材料，并在此根基上形成认识。二是在现代背景下，孤独的个体面临高度的离散化、碎片化现实，生存的焦虑、恐惧迫使他必需一点理想来对抗庞杂、恐怖的客体世界，支撑和提升自己的生存世界，就像齐泽克所说，"要建构起现实，主体至少需要一点理想

---

① （斯洛文尼亚）斯拉沃热·齐泽克、（德）泰奥德·阿多尔诺等：《图绘意识形态》，方杰译，南京大学出版社2002年版，第168页。

化，从而忍受恐怖的实在"①。在这样的建构中，肯定把一些这样那样的因素揉进对事物的认知之中。所以，除开个别极端案例，一般而论，意识形态不是对世界的歪曲，而是语言和行动世界的一部分，其中蕴含着某种特定的狭隘的视角或价值先见。由此，要保证、维护自己的存在，它对异于自己的视角、见解的宽容度就肯定是有限的，不可能是无限的。在这个意义上，我们不认可意识形态是不宽容、不开放而非意识形态则相反的见解（虽然不能否认不同意识形态的宽容度是有差异的），也就是不根据一种思想的宽容度来界定意识形态。以前的科学和哲学认为，跟科学、哲学相比，意识形态更具有直接的行动导向，更缺乏自我批判精神和严谨性。而实际上，科学和哲学的理论建构虽然可能形式上更严谨、复杂，却不会因此就克服或缺少了狭隘与偏见。

我们采纳上述关于意识形态比较中性的看法，来探讨"主体"何种意义上才是意识形态概念，何种意义上作为意识形态概念是必需的，又在何种意义上具有欺骗、谋取统治权力等负面性。

二、区分不同层次的"主体"

对主体是不是意识形态概念的第一个回答，取决于如何理解"主体"。而对主体的理解和界定是一个可能比意识形态概念的界定更为麻烦的一个问题。因为古往今来对它的理解太多也太复杂。我们按照海德格尔的基本区分，把古希腊以来就有的"一般主体"与近代以来才有的"自我主体"区分开来。"一般主体"（subiectum）关涉到希腊词 ousia，ousia 这个词如何理解、翻译（为首先是拉丁文，然后是英文/德文/中文），是个挺麻烦的问题。按照孙周兴的解释，它有三项基本规定：其一，独立存在，不依赖于其他东西；其二，逻辑上是主词，不能表述其他东西，其他概念范畴却是表述它的；其三，在定义上、时间上、认识秩序上都是第一性的。而海德格尔主张不能把 ousia 译为"实体"，而应译为"在场"或"在场者"。亚里士多德所谓第一实体和第二实体两种实体就是两种在场方式：

---

① （斯洛文尼亚）斯拉沃热·齐泽克：《幻想的瘟疫》，胡雨谭、叶肖译，江苏人民出版社 2006 年版，第 79 页。

第十三章 "主体"在什么意义上是一个意识形态概念？

分别表示如何存在和什么存在。① "一般主体"是摆在眼前、放在他物基底上的东西，不一定是人，也有可能是石头、动物、植物。但近代以来却只有人（即作为哲学概念的"自我"）才能是这样一种"一般主体"，即构成其他一切存在的基底的东西，其他一切存在都得以"自我"为基底，或本体。于是，自笛卡尔以来，普遍的人类"自我"成了唯一的主体。"一般主体"转化为"自我主体"，自我性等同于主体性了。② 我们要讨论的就是近代以来的"自我主体"，而不是"一般主体"。

可如何理解"自我"这个近代以来的唯一主体？可以说，整个20世纪哲学差不多都在批评先验、永恒、唯一、连续的"自我"主体，斥之为形而上学，希望尽快荡除之为后快。但是，近年来一些欧美年轻一代哲学家又开始反思这种对主体形而上学的批判。重新成为关注重心甚至时髦的意识哲学，近年来以其不断取得的进展和远未弄清却又迷人的一系列问题，不断吸引着越来越多的研究者。来自不同学科的哲学家、神经学家、心理学家、认知科学家都是积极的参与者。这些事实使得先前所谓"意识哲学已被语言哲学取代"的论断显得非常简单、独断甚至可笑。姑且不论主体性建构在当下中国现代化建设中远未完成并具有积极作用，单就学理本身来说，也应该纠正一下过于偏颇的主体形而上学批判了。意识论意义上的自我主体和行动论意义上的自我主体都还远远没有弄清楚。在这种情况下，斥自我主体为过时的旧式形而上学，过于肤浅和单纯。必须承认，我们对作为意识主体和行动主体的自我的奥秘远未弄清。先前我们对自我主体的理解还很初步。所以，完全可以说，没有涵盖一切的"主体"。根据这样的主体定义，可以对主体是否是意识形态概念做出是或否的回答。必须区分迄今为止我们已经认识到的不同层面或意义上的"主体"，才能对主体是否为意识形态概念做出确切的回答。

在这方面，我们不妨先采纳扎哈维的概括，把自我主体具体分成以下三种，而自我是否是意识形态取决于在哪种意义上看待"主体"：

第一种是康德的绝对主体，或纯粹自我。按照扎哈维的说法，它自身是同一的，不同类型和时间的体验都是同一个自身拥有的。体验的同一性和连贯性来自它自身。这样的自身就是纯粹的自我、主体。甚至于，必定存在的它却不能被体验，不能作为对象来认知！如康德自己所说，"我不

---

① 参见孙周兴：《后哲学的哲学问题》，商务印书馆2009年版，第30～32页。
② 参见（德）海德格尔：《尼采》，孙周兴译，商务印书馆2002年版，第774～775页。

能够把那个我为了认识任何对象而必须预设的东西认作对象。"①

首先,这种不能当作认知对象的绝对主体,在认识论层面上就是一种先验统觉,不是实体性存在,而是一种功能性存在:它能建构人的感觉,使认识成为可能。其次,在实践哲学层面上,作为责任来源的道德自我必然是一个本体的存在,一个自由的存在。这个道德自我是一个必需的假设,与认识论意义上的先验统觉一样,都不能被认识。作为自然法则与道德法则的基础,这种必须存在但又不能认识的自我主体,似乎是不讲什么道理的,不能反思、质疑的,也就是具有意识形态性的存在。如果说这样的自我主体显然具有意识形态性质,不能算冤枉它。特别是对道德自我来说,由于这种"自我被假设为是一个终极实体。它是一种实在,但它却不可能被认识",也由于这种自我意味着一种不受情感、利益、欲望左右的纯粹自我,意味着这样的自我对立于经验状态中必定受情感、利益、欲望影响甚至左右的现实的现代自我,从启蒙反思、理性质疑的角度来看,它的意识形态性质似乎就更为明显。

第二种来自解释学的视角,是一种作为叙事建构的主体。它着眼于主体的生成、具体建构过程。在这种观点看来,主体不是完全被给予的、绝对的东西,而是在生活的不断继续中不断被获得的东西。"自身并不是一个物,它并非固定不可变者,而是不断地展开着。通过某人的筹划,这一自身得以实现,因而它不能脱离人们自己的自身解释而被理解。"就是说,自身不像拥有一个鼻子、心脏那样自然地拥有,自身是一种建构,以特定方式对生活进行构想和组建活动的产物。它被不断地修正着,"被钉固于与文化相关的叙事之钩上并且围绕着一系列目标、理想和热望而被组建起来"。② 从儿童时期开始,经过共同体的社会性塑造,受其认可的文化价值认同的影响和制约。人自己不能成为自身,而必须与他人一起作为一个语言集团的部分而被锻造和受其熏陶时,才能形成。解释学、社会理论意义上谈论的"主体"就是这样的"主体"。从马克思到哈贝马斯,社会批判理论基本都是沿着社会理论的思路来"批判"主体的。

---

① Immanuel Kant, *Kritik der reinen Vernunft*, Suhrkamp Verlag Frankfurt am Main, 1997, S. 397. 中译文采用了(丹麦)丹·扎哈维:《主体性和自身性:对第一人称视角的探究》(蔡文菁译,上海译文出版社 2008 年版,第 132 页)的翻译。还可参见蓝公武译的《纯粹理性批判》,商务印书馆 1997 年版,第 319 页。

② (丹麦)丹·扎哈维:《主体性和自身性:对第一人称视角的探究》,蔡文菁译,上海译文出版社 2008 年版,第 132、133 页。

从发生学意义上谈论人的心理学更是可以为这种"主体"概念提供丰富的支持。弗洛伊德就说,"自我"绝不是原本的、内在的存在,而只能是被塑造出来的。原本的、内在的、无法成为自己的认识对象的那个"我"是"本我",而"自我仅仅是受知觉系统的影响而改变了的本我的一个部分,即在心理中代表现实的外部世界",在自我中还存在一个更高等级,可以称为自我典范或超我。① 在弗洛伊德看来,自我并不与本我明显地分开,它的较低级的部分并入本我。自我是外部世界作用于本我的产物和代表,而本我才是内在之我的代表。不受任何外部影响的"我"是本我,而自我只能是受现实影响下形成的。"除了通过自我——对本我来说,自我是外部世界的代表——任何外部的变化都不能被本我经验过或经受过,而且不可能说在自我中有直接的继承。"② 自我是本我中分化出来的一部分。自我是在与现实世界的历练和遭遇中锻炼出来的。它把外部存在与自己关联起来,并在这种关联中建构着自己。首先是对象精力贯注,通过这种贯注,不断把被贯注的东西纳入自我结构,以至于通过自居作用把那个外部存在变成内在存在,使这个自己力图变成自我典范成为自我的内在组成部分,并不断地发展变更着。于是,这个"自我"就成了一种不断与外部存在关联着的因而也就是变动着的关系性存在,一个所谓的"在世界之中"。("在世界之中"是套用海德格尔的说法。) 正如弗洛伊德所说的,"所有源自外部的生活经验都丰富了自我;但是本我是自我的第二个外部世界,自我力求把这个外部世界隶属于它自己。它从本我那里提取力比多,把本我的对象精力贯注改变为自我结构。"③ 这个与外部世界关联着的、作为结构存在着的"自我"差不多也就是海德格尔所说的"此在"。

第三种来自现象学的视角,是作为体验维度的自身。不管人们怎样批评自我主体的绝对性、先验性,批评它只为其他存在奠基而不用担心自己的根基等品性,并强调自我的社会性根基、心理学根基,以及文化意义上的解释学根基,扎哈维认为,自我必须至少保持一个自我体验的维度。即使我们不同意笛卡尔的"我思故我在",起码也要肯定自我体验对于自我存在的根基性。否则,何以确定还存在自我? 所以,只要体验是实在的,

---

① 《弗洛伊德后期著作选》,林尘等译,上海译文出版社 1986 年版,第 176 页。
② 《弗洛伊德后期著作选》,林尘等译,上海译文出版社 1986 年版,第 187 页。
③ 《弗洛伊德后期著作选》,林尘等译,上海译文出版社 1986 年版,第 206 页。

那么，它就等于体验现象的第一人称被给予性。"因而意识到某人自身并不意味着捕捉到一个与意识流相隔绝的纯粹自身，而是需要在体验的第一人称被给予性样式中意识到它，这一问题关涉到对某人自身的体验生活所具有的第一人称通达。因此，这里所指涉的自身并不是某种超越或对立于体验流的东西，而是其被给予性的一项特征或功能。简言之，自身并不被构想为一种不可言说的先验前提，也不是一个仅随时间展开的社会建构；它被视作我们意识世界的一个必要组成部分，而且它具有一种直接的体验实在性。"①

这种自我（自身）是最小限度的自身，也是形式性的自身。"任何缺乏这一维度的事物都不应该被称作一个自身，正是在此意义上，它才是根本性的。"② 与此类似，尼采所谓基于本能、情绪的强力意志的主体性，也具有这样的特点。海德格尔曾说："而对尼采来说，主体性之为无条件的，乃是作为身体的主体性，即本能和情绪的主体性，也就是强力意志的主体性。"③ 不过，为了简单起见，不引起不必要的麻烦，我们还是不把尼采算在内吧。

显然，康德意义上的绝对主体——社会学、解释学、心理学意义上被建构起来的"主体"都具有被建构性，不具有事实的绝对性，也就是具有意识形态的性质。这似乎是显明、无疑的。而第三种"体验着的自我"作为最低限度的自我，可以看作一个绝对的事实，没有被建构性，因而不具有意识形态性质。我们可以在第一、二种意义上"批判""主体"概念的意识形态性，无法再在第三种意义上诉说"主体"概念的意识形态性。阿尔都塞所谓主体是意识形态的观点显然正是在第二种意义上言说的，他判定无法避免意识形态性的"主体"恰恰就是第二种意义上的，其批判锋芒当然可以延伸到第一种意义上的"主体"，却无法触及第三种意义上的"主体"。

---

① （丹麦）丹·扎哈维：《主体性和自身性：对第一人称视角的探究》，蔡文菁译，上海译文出版社 2008 年版，第 133～134 页。

② （丹麦）丹·扎哈维：《主体性和自身性：对第一人称视角的探究》，蔡文菁译，上海译文出版社 2008 年版，第 134 页。

③ （德）海德格尔：《尼采》，孙周兴译，商务印书馆 2002 年版，第 831 页。

三、两种不同的启蒙，意识形态的必需

如前所述，现行的意识形态概念是在近代启蒙与科学对立的意义上作出的。正是近代启蒙相信科学知识必须有某些终极的、永久的和客观的基础，而戒除一切主观的、情感化的介入，才使"意识形态"作为与之对立的概念呈现出来。启蒙的进一步扩展与深化早已质疑了这种科学观，文森特也说"这种科学观的问题在于，它早已过时，并颇具争议"①。对启蒙的进一步反思，招致出现了多种新的启蒙观。与本章直接相关的是两种：一是施特劳斯派对启蒙的反思，二是《启蒙辩证法》的启蒙观。这两种启蒙观在某些方面可以相互支持。

仅就前者来说，它贬抑近代启蒙而推崇古代启蒙，或者确切地说，它推崇古代真正的启蒙，而质疑假的启蒙——这样的启蒙古代早就有过了，并在近代极度扩展开来。用刘小枫先生的话来说，公元前 5 世纪下半叶在雅典出现的这场启蒙运动，是游走于各城邦收费教学的新兴知识人群体——智术师（智者派成员）们发动的。"智术师热切推广以语言哲学为基础的哲学教育和政治教育，劝谕人们摆脱传统宗法观念的束缚。智术师们相信，社会生活所需的知识和美德，都可以通过语言哲学性质的智慧训练来得到。"② 向大众传播真理，希望用真理武装所有的大众，然后就以为会随之出现一个问题迎刃而解、美好价值逐步充分实现的理想国，某种意义上古代早就有过了。启蒙传布的是知识、自我意识、洞察力以及建立在这些东西之上的权力、意志，是对宗教习俗的蔑视与质疑，是神圣、神秘在知识和自我意识面前的弱化和消解。而反对启蒙的观点认为，"信赖神谕对于大众来说何等重要。因为大众无法区分出细微的差别，即神与以

---

① （澳大利亚）安德鲁·文森特：《现代政治意识形态》，袁久红译，江苏人民出版社 2005 年版，第 20 页。

② 参见刘小枫：《智术师与民主启蒙》，李志刚、冯达文主编：《觉醒之途》，巴蜀书社 2010 年版，第 173 页。

神为依据的阐释者"①。自我意识的局限、知识和洞察力达不到穿不透的存在，不受哲人影响的神对大众生存的不可或缺，则构成了反启蒙的强调重点。启蒙有无界限？启蒙者如何对待自己和他人？就是说，是否需要揭穿一切人信奉的、各个领域中存在的神灵，把一切人的一切存在都变成澄明的理性世界？还有，启蒙者教导他人的知识是否可靠，启蒙者自己是否获得了真正的知识，并因而只需传授、教训别人而无需反思自己，启蒙者启蒙他人而无需启蒙自己？这几个问题构成了启蒙的关键所在。更重要的是，雅典时期就存在的启蒙与反启蒙的争执，又在近代启蒙发生时承续下来。众所周知，在青年黑格尔派的分化中，以理性、自我意识批判质疑一切"神灵"，包括宗教中的、政治生活中的、经济生活中的、个人生活中的，成了这一学派成员竞逐谁反宗教最彻底的基本指标。而激进地反对一切神灵，以至于影响到共同体的生活秩序，在古代就有过激烈的质疑。苏格拉底的死使柏拉图和亚里士多德反思如何设置启蒙的界限，使启蒙不至于因为过度危及哲人的生存。不会自觉设置启蒙界限的古希腊思想流派就是智术师派（智者派）。古希腊的智术师所理解的启蒙就是以为自己掌握了真理并自傲地兜售给大众，以此武装大众。而始于马基雅维里的近代启蒙就是继承了这一逻辑与做法。在《关于马基雅维里的思考》中，施特劳斯一针见血地指出，近代启蒙者继续追随智术师的衣钵，致力于以掌握、占有了真理的先师自居并面向公众传播、兜售自己的真理，启蒙民众，"从而将一个人的思想或者少数人的思想，转化为公众的观点，进而转化为公众的权力。马基雅维里与西方世界在政治哲学领域的伟大传统实行了决裂，他开创了欧洲的启蒙运动。我们所必须要考虑的问题是，这个启蒙运动，究竟是名实相符的启蒙运动，抑或它的真正称谓，其实应该是蒙昧蛊惑运动"。② 就像索雷尔指出的，启蒙的目标其实就是培养一些"受到启蒙的人"，即对知识懂点皮毛的年轻的共和主义者——他们可以不懂古典语言与知识，却必须有普及化的、不必精深的科学知识，必须接受初等

---

① Jochen Schmidt（Hrsg）, *Aufklärung und Gegenaufklärung in der euiropäischen Literatur, Ohilosophie und Politik von der Antike bis zur Gegenwart*, Wissenschaftliche Buchgesellschaft, Darmstadt, 1989, S. 47. 其中一篇重要论文 Sophokles, König Ödipus, *Das Scheitern des Aufklärers an der alten Religion*，其中译文可参见刘小枫、陈少明主编：《索福克勒斯与雅典启蒙》，华夏出版社2007年版，第2～21页，特别是第14页。

② （美）利奥·施特劳斯：《关于马基雅维里的思考》，申彤译，译林出版社2003年版，第264～265页。

第十三章 "主体"在什么意义上是一个意识形态概念？　175

教育。狄德罗计算过，如果一个人不愿被一门无用的专业所限，学习几何学中一切必需的东西只需半年时间，余下的纯粹是好奇。① 当然，除了自然科学，还必须把社会性的观念、思想都科学化，形成社会科学知识并启蒙给民众，"把民众从幻想、观念、教条和虚构的事物等这样束缚他们的枷锁下面解放出来"②，让科学可以支配整个社会生活。最早提出"意识形态"这个概念的特拉西，是在非常正面的意义上使用这个概念的，就是系指观念、思想的科学化，然后用于改造社会世界，也就是知识与权力的相结合。鲍曼指出，1795 年成立的法国国立研究院所描绘的那种科学照亮一切的理想社会，就"是指哲人统治的社会"。③ 这个社会也正是试图把科学知识与政治权力结合在一起的一种"理想国"，而与政治权力结合在一起的这种科学知识也就是"意识形态"。出于建构这种正面的"意识形态"的目的，社会观念、思想的科学化及其传播给大众，形成改造社会的力量才是最终目的。

　　在施特劳斯看来，这样的启蒙最多是半吊子。无论是先行的启蒙者还是作为启蒙成果的被启蒙者，都是些半吊子，并没有达到真知的水平。真正的启蒙是，启蒙者自己知晓自己的无知，并不断努力去追求知识。换句话说，真正的启蒙是首先对自己的，不是老觉得自己已经很厉害了，余下的事只是传播、教训别人——他们于是就不了解共同体中的复杂性、异质性，不了解不同层次的人追求的差异性，不了解最高价值之知的麻烦与艰难。在这个意义上，真正的启蒙就是苏格拉底式的：对自己先于对别人！苏格拉底的诘问是：知道自己还一无所知，而且这种自己尚不知晓的还不是系统的学说，只是何为正确的生活？对此必须不断追问，广泛探讨，也就是需要不断地与他人讨论，有他人参与的讨论才能不断完善，个人是无法完成的。刘小枫总结道："智术师派则把生活共同体中的某种意见当作根本性的好或坏这一问题的解答，从而以为政治的'歧义性'已经彻底解决了（如今无论左派、右派、自由派都如此）。由此带来的结果是两种哲学启蒙的差异：智术师派面向大众公开教，我们不妨称之为对外的启蒙，

---

① 参见（法）乔治·索雷尔：《进步的幻象》，吕文江译，上海人民出版社 2003 年版，第 191 页。
② 参见（英）齐格蒙·鲍曼：《立法者与阐释者：论现代性、后现代性与知识分子》，洪涛译，上海人民出版社 2000 年版，第 142 页。
③ （英）齐格蒙·鲍曼：《立法者与阐释者：论现代性、后现代性与知识分子》，洪涛译，上海人民出版社 2000 年版，第 132 页。

苏格拉底则'仅仅面向单个的人',不妨称为对内的启蒙。"①

对内的启蒙是真正的启蒙。首先,它只是询问何为正确生活,不那么形而上学;对它来说,共同体的生活高于个人的理智与德性。其次,它只不断地问,不满足于某些知识并自负地而向大众兜售。最后,政治、共同体是不能撇开和绕过的基础。为了自我主体的理性觉醒不惜绕开所生活于其中的社会共同体,甚至与共同体对立,那是不足取的。

亚里士多德则推崇纯粹的认知和观察,理论静观中的生活被他视为最高的生活。他认定个人理智的完善高于或优先于必然与他人相关的道德的完善。这恰恰就是把哲思主体,或独白式的哲思主体放在了至高无上的地位,即高于共同体生活的地位。由此,他就等于回到了苏格拉底之前自然哲人的立场。亚里士多德的睿智在于,他只是针对哲学家个人,并不向公众公开兜售这种至高的生活。这一点使得他与苏格拉底一样是对内的启蒙,对自己的启蒙,而迥然相异于智术师派的假启蒙。不过,亚里士多德主张最高的生活是脱离共同体的哲思主体的纯粹认知与观察,虽与智术师半瓶子醋式的、训导大众的启蒙有所区别,终究还是主张撇开、绕过社会共同体的,这一点不但不值得提倡,反而需要防范和杜绝。

看来,真正的启蒙,首先,需要认识到自己的局限;其次,不能随便以真理自居面对公众;最后,也不能撇开共同体追寻自我的完善,而必须关涉共同体的完善。于是,哲学与宗教、理性与启示的关系就总是内在于启蒙之中,总是构成启蒙的核心问题。

在这个意义上,共同体的律法、秩序才是最关键的。因为律法对哲学往往是给定的,不需要思考和批判,哲学家慢慢形成了对律法、秩序不闻不问的不好风气,而对形而上学、对个人道德则情有独钟。这就走向了形而上学,而不是政治哲学。实际上,必须重申,相比于个人道德,律法、秩序才是根本和最重要的。个人道德性不是最根本的。个体自由一旦被强调过头,就会使哲学偏离正道,远离生活,或者对生活采取拒斥的态度。在这个意义上,施特劳斯的政治哲学才不能是亚里士多德式的,而必须是苏格拉底-柏拉图式的。为此,柏拉图式的启蒙和亚里士多德式的启蒙才有了重要的区分意义。只有柏拉图式的哲学才是真正的哲学启蒙。

根据这种启蒙观,首先,让所有民众都掌握真理,是不可能的事。其

---

① 刘小枫:《施特劳斯与启蒙哲学》,萌萌学术工作室主编:《政治与哲学的共契》,上海人民出版社 2009 年版,第 18 页。

第十三章 "主体"在什么意义上是一个意识形态概念？ 177

次，让全社会达到"真理"状态不但不可能，而且是很糟糕的一种想法。因为启蒙者声称的"真理"本身就不是无瑕疵的，甚至是不可靠的。用这种不可靠的所谓"真理"武装所有人，如果能做到，那极有可能是一种全社会的癫狂状态；而且打着"理智""科学"旗号的癫狂状态难以避免完全陷入虚无主义。当它推崇的东西被质疑时，价值形而上学王国就随之坍塌了。这一点，霍克海默与阿多诺在《启蒙辩证法》中做了很深刻的分析。近代启蒙之中蕴含着的统治与残酷，情感的丧失造成的恶果，对陌生他者抱有焦虑和恐惧态度而引发的强化主体性的现代策略，等等，都可以与本章的观点相辅相成。可惜由于篇幅的关系，对本章非常重要的这一分析论证在此我们必须舍弃，而只能在另文中展开了。

接下来的结论就是：

第一，就哲思主体不断追求理性批判特别是自我反思来说，可以预设一个无限行进中的理性主体。就这个理性主体保持自我反思和永远处于尚未达到掌握了绝对真理而言，他不是意识形态的制造者。而这个主体也就不是意识形态性的。但如果断定所有人都能通过启蒙成为掌握住真理的理性主体，都可以被真理武装起来成为合格的主体，那这就是十足的意识形态——在这个意义上，缺乏自我反思、掌握了绝对真理的理性主体就是意识形态的造物。

第二，既然无法使得所有人都能成为掌握了真理并由此只会训导别人而不自我反思的理性主体，那接下来的结论必然就是，处在被启蒙中的民众必然处于意识形态的支配之中。如果认为民众由于接受他人的教化无法保持自我反思状态就认定他们的意识形态性质，那这样的意识形态就是必需的，无法彻底消除也不能彻底消除的。因为这是维系共同体生活的一个必要部分。共同体生活的维持必需某种或某些神谕、意识形态假定与框架。彻底的启蒙必定会解构这些神谕、意识形态假定与框架，从而使民众暴露在质疑一切意义的虚无主义困境之中，消解共同体生活的共同基础。所以，彻底消除意识形态的思想与做法本身恰恰就是最疯狂的意识形态。把所有人的思想都变成完全由科学支配的，是近代启蒙的妄想，也是十分有害的欺骗，或者说，这个想法本身就是十足的意识形态。

第三，柏拉图式的哲学启蒙给民众和哲人都留出了各自的自由空间，在这个空间内，在互不妨碍的前提下，各自都可以追求自己的非意识形态价值与意识形态价值。哲人可以在民众不参与的层面上说出真话——当然需要一定的修辞艺术，要在某些场合用所谓"隐微的言辞"而不是"显白的言辞"去表达。在这种表达中，那些危害共同体律法、秩序，以及自己还在探寻、自己也把握不准、无法作为普遍无疑的知识传授给他人的思想，是不能轻易地作为普遍知识启蒙给民众的。动不动就自以为掌握了真理，剩下的事只是向他人传播，由他人如何接受，而不反省自己的思想是否真的那么确切无疑，那不但是颇具欺骗性的意识形态，而且还可能陷入可怕的疯狂与残酷，引发非常糟糕的社会效果。对民众的启蒙必须审慎，要考虑被传授的知识、思想是否真实有效，要考虑接收者的状况以及社会效果如何，而不能只管自认为是"真理"就不管三七二十一地逢人便说。在某些情况下，民众也可以在有益于共同体律法秩序的前提下接受一定的意识形态，即虽经不起哲学理性的质疑、批判，但却为共同体律法秩序所必需的思想体系。

第四，问题不在于意识形态的有无，就像葛兰西所说的，问题的关键是在于意识形态的水平。问题的关键不是所有人都科学化，而是先进思想依靠传播变成民众的无意识。也就是说，关键是变成意识形态的思想是先进的还是落后的。要把先进的思想变成意识形态，而不是把落后的思想变成意识形态。

第五，独白式的哲思主体仅仅在个体的意义上有益，如果把它普遍化至所有民众身上，不但最终无法做到，而且更糟糕的是因此导致对社会共同体的漠视，对他人的不关心。结果，这种独白主体的超然状态却可能对于良好社会秩序的改革和维系有害。

第六，当然，这不是主张不讲科学意义上的是非，更不是无视是非，只关注利益及其交换，而只是不要只在众人皆睡我独醒的意义上，立足于哲思主体讲个人意义上的是非，要在社会共同体意义上关注社会的大是大非。

第七，根据对启蒙的这种重新认知，本章第二部分中所说的第一、第二层次上的现代自我"主体"，以及建构在其基础之上的各种主体主义思想，在维系社会必需的既定秩序的范围内也具有一定的正当性和合理性。这不仅是由于它的不可能消除，更是因为它对社会共同生活所起的创造性、维系性作用。对它的批判应保持一个历史主义的尺度和空间，不顾一切的单纯批判可能会导致有利于被批判对象而不利于本欲为之辩护的对象的悖谬地步——在我看来，西方马克思主义的不少批判理论最后就走入了这样的尴尬境地。

第十四章 实践的逻辑与哲学终结论的困境

对"主体"的反思势必连带着对"实践"的反思。除了"实践"蕴含着的"主体性"精神之外,还因为"主体"蕴含着某种指向内在性的"形而上学"。这种"形而上学"与其他任何一种"形而上学"——一种不合理理解"实践是检验真理的唯一标准"这一颇具改革开放精神命题的意见认为,它反对任何一种"形而上学"——都是应该消除的。如果在研究"存在之为存在"的意义上界定"形而上学","形而上学"甚至可以与"哲学"获得某种意义上的通约。于是,"形而上学"的消亡,哲学的边缘化,不仅在哲学学科内部,更在人文社会科学特别是实证学科中获得了更大的社会认同和一定的学术认同。人文精神的衰落,道德价值的相对主义化,理想信念的失落,一种对卓越、崇高、理想主义的躲避、冷漠甚至嘲笑,犬儒主义,诸如此类陆续出现的社会现象,在印证着"形而上学"消解之后的社会效果。由此而言,我们得认真对待如何理解实践精神、如何确切理解"哲学终结"的问题了。

柯尔施说过,马克思在批判现实的资本主义制度和文化意识形态时,很少提出某种理想制度来取代现存的某种制度。同样,在对待传统的哲学时,他也把批判现存的资产阶级哲学(以至于整个资产阶级意识形态)看得比建构一种能够取代传统哲学的新哲学要重要得多。过去我们更多地关注马克思相对不重视的哲学建构工作,试图从中找出一种新的哲学,而不重视他非常重视的哲学批判甚至终结(传统)哲学的思想;没有进一步地去思考马克思在批判、终结哲学的道路上走了多远,解决了哪些问题,遇到了怎样的困境,还有哪些问题没有思考和解决,还有怎样的路没有走,等等。马克思不像后来的维特根斯坦和海德格尔那样以哲学的方式终结哲学,反倒以非哲学的方式终结哲学,这就很难引起哲学专业工作者的共鸣。这种共鸣的缺乏和从马克思现成论述中概括出某种现成哲学的强烈冲动,都驱使我们对马克思的哲学终结论不予重视。但我觉得,在思考马克思哲学观时,马克思(恩格斯看法与之不尽相同)对哲学的批判远远重于他对新哲学的建构;而在他批判哲学的思想中,他自身没有解开的问题甚至还具有内在矛盾的表述比起那些他已有所发现和解决的问题,对于今天的我们来说也更有价值。

一、仅强调具体、经验、历史并不一定能解决元哲学层面的问题

马克思、恩格斯在《德意志意识形态》中写道:

> 思辨终止的地方,即在现实生活面前,正是描述人们的实践活动和实际发展过程的真正实证的科学开始的地方。关于意识的空话将销声匿迹,它们一定为真正的知识所代替。对现实的描述会使独立的哲学失去生存环境,能够取而代之的充其量不过是从对人类历史发展的观察中抽象出来的最一般的结果的综合。这些抽象本身离开了现实的历史就没有任何价值。它们只能对整理历史资料提供某些方便,指出历史资料的各个层次间的连贯性。但是这些抽象与哲学不同,它们绝不提供适用于各个历史时代的药方或公式。①

在同一本书中,他们还在别处同样肯定了赫斯"把哲学搁在一旁"的观点,指出要跳出哲学圈子并作为一个普通的人去研究现实,甚至断定"哲学和对现实世界的研究这两者的关系就像手淫和性爱的关系一样"。在此后的《反杜林论》《费尔巴哈论》等书中,恩格斯又重复过类似观点,除了把"对人类的观察"具体改成"对自然、社会、思维"三大领域的观察之外,观点没有什么变化。长期以来,我们对这种哲学终结论的惯常解释是,马克思在这里根据新的"实践"原则对旧哲学做了彻底批判,否定了追求普遍性和永恒性的旧形而上学,用"唯物主义"取代了"唯心主义"。但是,问题就这么简单吗?

无疑,"实践"是我们解释马克思新哲学的立足点,也是探讨马克思

---

① 《马克思恩格斯全集》第3卷,人民出版社1960年版,第30～31页。新版《选集》的翻译没有什么改变。

批判、终结哲学的立足点。从此出发，对上述文字的实践论解释主要是基于实践是总体意义上的社会现实生活而完成的。而总体意义上的社会现实生活的"实践"又可以具体分为下述多种含义：其一，具体经验及建基于其上的知识概括和策略、制度建构。这种含义在中国马克思主义传播过程中得到了广泛传播，从毛泽东的《实践论》到邓小平的"实践哲学"都是如此。伽达默尔也曾强调过这种含义上的"实践"主要是立意于一种反教条的意味而言的。其二，如果说上述含义主要是在知识论层面上论说的，那么，在知识基础上确立起来的再一种含义就是主体征服、改造和占有客体的主体性含义，即在知识基础上改造世界的科学技术论含义。它肇始于恩格斯的"实验和工业"论，现今已受到伽达默尔、海德格尔、法兰克福学派等的批评，用伽达默尔的话来说就是"实践已经堕落为技术"了。① 其三，是对"实践"的历史性理解，即系指具体的历史的特定的生活形态。在这样的意义上，马克思从不抽象、一般地谈什么人、主体、实践、本体，他谈的都是具体的人、实践，即哪些人、哪些人的实践活动。所谓马克思用实践来消除费尔巴哈人本主义的抽象性，如果这个实践是一般和抽象的，那黑格尔和切什考夫斯基早就说过了；如果说实践是感性的活动，那赫斯也早于马克思说过了。马克思难题的解决并不是一般地认识到实践、感性活动就完成了的，而是通过抽象的实践走进历史的、现实的、具体的社会情境！立意于反对一切抽象的形而上学本体论，把"实践"解释成历史的、现实的和具体的社会情境，② 几乎成了人们一概接受、不予质疑的定论。

对特定社会历史条件下的特殊实践环境的强调无疑是抓住了马克思批判、终结传统哲学的主要之点，但这里起码有两个问题：

第一，过度强调当下、历史，也就是强调个人当下存在的至上性、唯一性，其他存在皆视为工具性的东西，即鼓吹碎片化、消解更具普遍性和恒久性的公共世界……——这是一条走向后现代主义、后马克思主义的路。沿着这条线索，不但传统的权力、制度、意识形态，而且知识、科学、话语甚至生产力等都已受到了批判。曾主张这样注释马克思的鲍曼后来发现，批判理论一直存在着一种无政府主义的倾向，所有的权力、所有

---

① 对实践解释模式的具体分析，可参见拙著《实践的逻辑》（社会科学文献出版社 2009 年版）一书相关章节。

② 可参见张一兵：《回到马克思》，江苏人民出版社 1999 年版，第 359 页等。

的普遍性权威都遭到怀疑,都被视为自由和解放的敌人。而相反的倾向,即个人侵犯普遍性的公共领域与公共权威、当下消解一般性秩序并把一般性秩序和公共权威碎片化,却被当作自由和解放的象征。这种对普遍、一般性东西的消解已经走上了威胁社会基本秩序、危及自身追求的自由与解放这些根本价值的危险之路,因而到达了社会批判理论必须回转的当头。即从批判一般和普遍性的权威,转向保护已被消解得奄奄一息的公共权威和普遍秩序,"寻求一种可以替代的普遍的生活"。① 但这不是本章要立意分析的。我们感兴趣的是下述第二点及其引发出来的问题。

第二,具体的生活、经验在理论上无法自己言说和表达,其言说和表达势必经过理论的抽象。在经过理论抽象时,经验具体要转换成思维具体。可这并不容易做,倒是具体经验、生活的言说常常滞留于抽象的一般概括。于是,强调具体的生活、经验常常与坚持某种一般的抽象甚至极为简单的抽象荒唐地结合在一起。

在马克思的理论中,由于他对黑格尔理性与现实之间的强一元论二分性关系的反思不够彻底,他仍然相信历史中有一个理性保证着的目的存在,即使在《资本论》中仍然崇尚黑格尔的理性狡猾论,虽然他对其表现形式的理解改变了:"理性何等强大,就何等狡猾。理性的狡猾总是在于它的间接活动,这种间接活动让对象按照它们本身的性质互相影响,它自己并不直接参与它们的互相作用,而只是实现自己的目的。"② 我们知道,对个别不确切和容易引起误解的话,马克思都在亲自修订的法文版《资本论》中删去或修改了,但这句话没有。这表明,马克思仍然没有进一步地反思理性与现实之间的强一元论式二分性关系,即仍在理性与现实之间假定了这么一种二分性关系:有一种主体力量维护现实,另一种主体力量则会受历史理性的召唤,达到理性的水准并按历史理性的内在要求实现理性自身,使历史理性在与现实的二分对立中获得自我实现。

这么看来,**实践归根结底仍然是理性实现的园地,实践不是仅仅意味着具体、特殊和对抽象、普遍的消解,它其中仍然有一个一般、永恒和抽象的维度,这个维度与具体、历史的要求并不能完全一致**。萨林斯在解释马克思实践论时说,马克思虽然拒绝了把知识简化成自然、把社会简化成

---

① 具体参见齐格蒙特·鲍曼:《流动的现代性》,欧阳景根译,上海三联书店2002年版,尤其是第一章。
② 马克思:《资本论》,法汉译本,中国社会科学出版社1983年版,第167页注(3)。

技术、把生产简化成需要的决定与被决定式二分法逻辑,并把生产手段与关于生产手段的社会概念区分开来,但是,黑格尔那理性已形成了一种实现自身的不可阻碍的自然逻辑的观点深深地影响着马克思,使他把理性看作最有威力的自然性的、一般性的力量。所以,在人和自然的历史性中介中,"在马克思那里,真正的中介因素是有效生产的理性的、物质的逻辑,理性为了实现它自身的意图而运用着这种逻辑,不管这些意图究竟具有什么样的历史特征"。按照这种逻辑,生产关系、组织方式都是现时的实践中产生出来的,人们正在言说的也只是他们现实的具体经验。文化成了生产活动的结果而不是生产活动的结构之物,成了文化之外的世界逻辑的产物,"而'历史'也相应地被实用性(practicality)的刻薄逻辑消解掉了,就其理论位置来说,历史已经从一种不断积累着的现在状态变成了一种超验的过去状态与一种无可捉摸的未来状态。把历史唯物主义最终归结到工作,把工作最终归结到其物质规定作用,这剥夺了唯物主义学说的文化属性,同时也最终使之沦入了与人类学唯物主义同样的命运。人的实践经验是不可超越的,从实践经验中,人们建构了一个世界。总体上,他们的思想和社会关系来源于'工具性行动的行为系统'"①。

按萨林斯的解释,追求理性、真理的马克思把"现实生活的语言"和"人们想象他们社会生存状况的语词"明确地区分了开来;而第二种语言受制于第一种语言:现实力量要凌驾于对这些力量的想象之上,此即实践在历史中的决定作用。实践的这种决定作用预示着马克思轻视了文化、意识形态构想的力量与功能。而实际上,人们首先借助于意义构造才能产生出适合自己的社会世界和自然世界,而不是先有某种自然性、生物性的"需求"才会有实践活动:"即使是下层基础也并非直接对生物性'需要'做出反应。就实践这个术语可以运用于任何历史社会而言,象征系统是实践的必要条件。"② 在《德意志意识形态》中,马克思把人类肉体的生物性需要看作最基本、最迫切和最持久的因素,并构成所有实践活动的第一个、也是先决性的条件。由此产生的"第一个历史行动"在功能上成了原始驱动力,成了可以推导出其他东西来的源泉。于是,行动就成了先于语

---

① (美)马歇尔·萨林斯:《文化与实践理性》,赵丙祥译,上海人民出版社2002年版,第174页。

② (美)马歇尔·萨林斯:《文化与实践理性》,赵丙祥译,上海人民出版社2002年版,第188页。

词的原始基础，概念成了具体经验的派生物。在逻辑上对行动、实践的预先设定使它成了某种一般性的、永恒性甚至先验性的基础性因素，"所以，行动也就成了孤立的、抽象的，而且被认为要先于词语。现实是在历史中展开的，为了给永恒的、一般的物质现实让路，始终在历史中进行的对现实的象征特殊化，也就被搁置起来了"。所以，马克思就没有思考，"为什么是某些物品而不是其他物品会被生产出来，并用于交换"，"在《资本论》中，这些问题始终没有得到回答，这是因为他确信这些问题是不证自明的"。① 于是，人们为什么生产和需求这样的物品而不要别样的物品这个"神秘"的因而需要剖析的问题，却成了一个不证自明的前提。马克思把这种神秘性限制在价值层面上——只是在这一层面上，商品才"充满了形而上学的微妙和神学的怪诞"；但这种怪诞不会延伸到使用价值层面上。在后一层面上，商品"就像青天白日那样明朗"。即使不能说商品的价值与使用价值的二分法对分析商品在意义层面上的神秘性没好处，那这种二分法也的确没有为分析商品在意义层面上的神秘性提供什么帮助，倒是提供了某种限制。

沿着这样的思路，萨林斯继续指出，实际上，"关键在于，物质效用、实用，在任何绝对意义上都并不曾存在过，而只能存在于由文化秩序设定的尺度和形式之中"②。物质效用取得这样的一般性意义，其实质是现代文化的一种特色。马克思把现代文化的特殊性的东西看成了对一切历史都具有一般性的东西，这与他在元哲学层面上反对抽象一般性、鼓吹具体历史性的思维不能说没有矛盾。虽然我们今天这样论说有些苛求于他老人家，但为了明确如下结论，还必须强调这一点。我们的结论是：**只是强调具体、历史的东西的地位并不能解决元哲学层面上的问题**。以现实具体性、历史性反抽象性、一般性，并不是说一说或者表明一下态度就能做到的，往往需要保持勇敢和艰难地自我反思，并付出艰苦的努力工作。把自己时代的特殊的现象上升为历史中普遍一般的东西是马克思也未能完全避免的做法，尽管他都坚定地声称不能"以今释古"，坚持历史主义思维。抬高现在、夸大自己、贬低过去的历史，用阿瑟·洛夫乔伊的话来说是各

---

① （美）马歇尔·萨林斯：《文化与实践理性》，赵丙祥译，上海人民出版社 2002 年版，第 189 页，第 191～192 页。

② （美）马歇尔·萨林斯：《文化与实践理性》，赵丙祥译，上海人民出版社 2002 年版，第 209 页。

个时代的思想家、科学家惯用的做法（尽管他们这么做时也许没有自觉意识到），这也常常是一个人需要增强自己观点的自信时所采用的方法。

二、马克思在社会理论层面对一般性、永恒性和绝对性的强调

如果上述论点成立，马克思就没有能够在自己一再强调的关注历史性和具体性、批判绝对性和一般性意识形态的道路上走出很远。他把经济、理性、生产、发展等都视为自然的东西，或者说一般性、永恒性因而也就是绝对性的东西。"马克思的理论技巧表现在，为了把生产的自然逻辑假定为最原始的文化（历史的）事实，他把生产的文化关系转换成了自然的关系。自然主义的人类学理论也是以同样的过程来作判断的，这似乎是形形色色的实践论共享的主要秘诀。无论如何，历史唯物主义的'理性的内核'是工作。在人类主体性（'需要'）和对象世界之间起中介作用的劳动过程使得自然和技术手段具有无可质疑的事实性，也是绝大多数文化建筑竖立于其上的现实基础。哈贝马斯的反对意见是，根据诸如《导言》序言中的那种观点，马克思把作为整体的文化变成了事物本质的必然结果。"[①] 这样，"在马克思的历史分析中，经济理性的实质是不证自明的，直接来自生产的自然必要性"[②]。这就是马克思试图用历史唯物主义、政治经济学取代传统哲学的问题所在，萨林斯认为，这个问题是唯物史观"与所有自然主义式文化理论所共有的"，它表现为：

> 它把实践利益看作一种本质性的、不证自明的条件，它内在于生产之中，因此也是文化所无可逃避的。正如我们已经看到的，在马克思看来，在生产这个环节上，两种逻辑是同时发生作用的。……但在他思考实践（praxis）时，象征逻辑却是服从于工具逻辑的，处在生产之中的，并因此贯穿整个社会。由于生产中的理性是实践利益，是

[①] （美）马歇尔·萨林斯：《文化与实践理性》，赵丙祥译，上海人民出版社2002年版，第201页。

[②] （美）马歇尔·萨林斯：《文化与实践理性》，赵丙祥译，上海人民出版社2002年版，第209页。

对人们的需要的满足,因此,理性与自然过程是完全一致的。在最终的分析中,文化是由事物的物质本性组织起来的,就其自身之概念上的或社会学层面上的分化状态而言,它不能超越显示在生产中的现实结构。

乍看上去,文化逻辑与物质逻辑的遭遇是不平等的。物质过程是真实的,是"不以人们的意志为转移的";而象征过程则是人为地营造出来的,因而也是可以变通的。一个是由自然确定的,另一个从定义上说则是随意性的。观念唯有匍匐在物质世界的至高权威面前。但错误正在于此:即是说,任何物质逻辑都不能脱离于实践利益,而人们在生产中的实践利益则是象征性地建构起来的。与生产形态一样,生产的最终结果也来自文化方面:既来自文化组织方式的物质手段,也来自物质手段的组织方式。……生产中的物质力量并不包含着文化秩序,它们仅仅是由文化系统有选择地组织起来的物理可能性与约束力,根据给予它们以原因的那种同样的逻辑而与它们的结果统一在一起。

物质力量本身是没有生命力的。它们的特定意向和确定结果只能通过将其与文化秩序的坐标联系起来才能得到解释。……①

萨林斯强调,人不是普通的自然存在,而首先是社会存在,而社会存在首先就是文化存在;撇开文化系统把社会存在解释成物质力量的结构分布体,仍然是对人、社会自然化了。马克思批判了资本主义现代文化极力把现代社会的运行视为自然的过程——以此为自己提供统治的合法性;但按照萨林斯的逻辑来说,马克思的这种批判仍然不够彻底,马克思还是扩大了资本主义生产体系中那种物质力量和社会关系具有的超历史性和一般性,而对这些东西只是特定文化时期的表现物即只是某种特殊性的东西的特质这一点估计不足。这似乎势必要减弱他对资本主义社会的批判力度,并使马克思在某些方面对资本主义做出了尖锐批判的同时,却在更为根本的物质力量和社会关系方面不自觉地又对资本主义做出了坚定有力的辩护。从哲学层面上说,马克思在反对了传统形而上学推崇的抽象性、一般性和永恒性之时,那些遭到反对、批判的一般性、永恒性和抽象性又以另外一种方式不自觉地从后门溜回了马克思自己以为完全杜绝了形而上学之

---

① (美)马歇尔·萨林斯:《文化与实践理性》,赵丙祥译,上海人民出版社2002年版,第267~268页。

门的政治经济学理论之中。如果马克思充分意识到现代生产的文化意蕴，那肯定会增加资本主义生产的特殊性方面的分量，增加他反对和批判旧形而上学的分量与力度。有鉴于此，必须强调，社会实践是一种选择，这种选择绝不是一个自然过程，而有深刻的文化特征。通过文化选择，自然、社会既有的东西才成为人的现实，因此，自然与文化秩序的关系是抽象与具体的关系，"是可能性的领域与必要性的领域的关系，是业已给定的潜在性与一种实现状态的关系，正如生存与实际存在的关系一样"，"文化结构确定了为其自身所独有的环境背景；也就是说，决定了有选择的力量究竟会具有怎样的作用形式和强度"。[1] 如果硬要把物质生产与文化生产分开的话，那恐怕不是前者决定后者，而是更复杂的关系。当然，萨林斯和马克思都看到，在西方现代文化中，物品生产与文化生产或经济生产与象征性生产是融为一体的，"物品的生产同时也是进行象征性生产和传播的首选方式"；与马克思不同的是，萨林斯强调改变那种把经济与文化分为下层与上层的等级划分法，而重新理解物品生产与象征性生产、经济与文化之间错综复杂的关系。在这个意义上，"资产阶级社会的独特性并不在于经济系统规避了象征性决定作用之类的事实，而在于，经济象征机制是以结构的方式起着决定作用的"。[2] 按照广松涉的"物象化"论，人们在现代社会中势必更关注复杂的现代社会关系在具象态上呈现出来的"物"象，人们特别注意这"物"象，注意它的生产与流通、它的作用与地位，而不去拨开层层关系关注其更深、更远的关系意蕴——这不仅需要超越日常思维视域，更要超越或改变自己的生存样态和价值取向，因而难度可想而知。物象化逻辑因而得以流行——这完全是一种现代文化现象！流行的物象化逻辑势必认定物品生产的中心地位甚至是"基础性"地位。其实，"基础"论是与物象化思维密不可分的。在这个意义上，马克思对这种"基础"论的认同是一种历史性认同，从未来物象化、物化将被消除意义上说，或立足于价值理想而言，马克思对现代物化社会的批判性是能够延伸到这种认同自身的。就是说，马克思的理论逻辑中蕴含着一种社会发展到了一定程度后就会扬弃下层基础与上层建筑这种二分法关系的结论，这

---

[1] （美）马歇尔·萨林斯：《文化与实践理性》，赵丙祥译，上海人民出版社2002年版，第270、269页。

[2] （美）马歇尔·萨林斯：《文化与实践理性》，赵丙祥译，上海人民出版社2002年版，第272页。

一结论只有等到现实的社会结构分化发展到足以改变简单的二分性结构时才会提上议事日程。按马克思的逻辑，只是在生产力不够发达的历史背景下，对它的批判才是不合理的；换句话说，它的适用范围也应是有限的，而不是无限的。

通过以上的论述，我们也就不难回答如下问题了：为什么在元哲学层面上反对抽象性、一般性和绝对性的马克思又在社会理论层面这么强调抽象性、一般性和绝对性？

可以说，强调一般性来源于两个残余：一是黑格尔哲学的批判与反思还不够彻底；二是扩大自己理论影响的需要，需要把自己的具体分析提炼成一般性的理论。从后一点来说，具体分析与其一般性提炼之间并不总相一致这一点，已有不少人提出过。在对雾月十八日政变和法兰西内战的分析中呈现出来的阶级斗争理论与他对阶级斗争理论的概括性表述存在明显差距。哈贝马斯曾发现，在《资本论》中，生产关系的理论地位与生产力的理论地位是截然不同的，至少也是同等重要的。但马克思在抽象概括中却一厢情愿地钟情于生产力。《资本论》中对自发性因素的诸多肯定也与马克思在其他场合对自发性的理论贬低很难说完全一致。马克思的哲学概括与他的具体历史分析常常有差距。具体历史分析往往在精致、较少绝对性和生硬性等方面明显优于其哲学概括。从一个方面来说，这充分说明他反对抽象的哲学一般之论是多么正确；但从另一方面来说，这也说明马克思的哲学一般概括欠成熟，或在做哲学概括时常常过于简单，不能把历史具体分析中做得很好的复杂的逻辑全部成功地上升到哲学层面。哲学概括总是简单、遗漏、草草收场。

从前一点来说，马克思对"理性"总是难以忘怀，总希望历史中有一个永恒的理性存在，靠这个永恒的东西，历史能够延续出一个光明的未来。从风险社会论的角度来看，马克思仍然滞留于启蒙乐观主义的理论逻辑之中，就像恩格斯说过的那样，共产主义仍然是启蒙运动的完成态，没有走进风险社会的理论逻辑之中来。拉什在这个意义上把马克思的社会批判理论看作生产时代最优秀的批判理论，而呼吁在全球化、信息化和消费时代必须用风险社会论取代传统马克思主义，并使前者成为新时代中最优秀的社会批判理论，这是有道理的。

在这个意义上，我们说，马克思之所以在反抽象性、一般性、永恒性、绝对性的同时又在强调一种一般性、永恒性和绝对性，其关键在于他对实践的自悖性和自否定性估计过低。马克思发现了实践的自悖性与自否

第十四章　实践的逻辑与哲学终结论的困境

性,也只有把实践作为自悖性才使马克思发现了一个道理,追求普遍真理的哲学是不可能的,社会生活中根本就没有一种东西能够逻辑地依托起一个普遍理论,把哲学建立在一个自恰、无所不包的范畴之上总是靠不住的,因为实践、生活首先是一种自悖谬、自否定。马克思看到了,"在我们这个时代,每一种事物好像都包含有自己的反面。我们看到,机器具有减少人类劳动和使劳动更有成效的神奇力量,然而却引起了饥饿和过度的疲劳。财富的新源泉,由于某种奇怪的、不可思议的魔力而变成贫困的源泉。技术的胜利,似乎是以道德的败坏为代价换来的。随着人类愈益控制自然,个人却似乎愈益成为别人的奴隶或自身的卑劣行为的奴隶"[①]。不按理性而按利益和强力运作的现实世界,常常通过莫名其妙的某种力量驱使人们做出一些自己也预料不到的事情来。自悖谬就这样不断发生着。从理性、意识回归现实世界就是从理性个人回归社会关系世界之中;就是从逻辑世界回到矛盾和悖谬世界,就是从理想世界回归到世俗、粗糙的利益和力量世界。以为或指望世界按理性、逻辑规则运转,是一些知识分子的幻想,常常在客观上表现为意识形态并起维护现实、维护强势人物利益的作用。

但是,马克思对实践的自悖性和自否性的发觉并没有使他在这方面坚持到底,反而最后把它放置于启蒙理性主义的框架内进行了一种必然论式的处理,坚信启蒙理性内在地具有一种力量,靠这种力量它肯定会实现自己的固有理想。不管这种坚信是像洛维特说的那样是来自犹太教-基督教的弥赛亚主义(这种弥赛亚主义比理性更有威力地驱使马克思不顾一切地维护一种顽固的一般性、永恒性和绝对性,使马克思"如此彻底地超越了现存的现实,以至于他不顾自己的'唯物主义'而维护末世论的张力"[②]),也不管是不是由于过于坚信启蒙理性主义,才招致如此坚信实践的自悖性和自否性会在现代性基础上的最终消解,反正马克思最终肯定了实践的自否性和自悖性会被完善的现代性所消解,从而设定了历史的圆满结局。沃勒斯坦说,马克思最终仍然拥抱了"进步""发展"这些资本主义意识形态中最具根本性、最核心的东西,仍然醉心于用进一步的"发展"来解决社会所面临的问题。

[①] 《马克思恩格斯选集》第1卷,人民出版社2012年版,第776页。
[②] (德)卡尔·洛维特:《世界历史与救赎历史——历史哲学的神学前提》,李秋零、田薇译,生活·读书·新知三联书店2002年版,第61页。

从这个角度来看，我觉得，"实践"的主体性模式、经验论模式、生活世界模式和道德论模式虽都各有价值，但离开了"实践"的自悖性与自否性维度，就必然陷入马克思所批判的旧形而上学，不管这种基点是"理念"还被奉为神明的"实践"，都是一样。所以，怎样理解马克思的实践概念？马克思实践概念中特有的关键性内含是什么？什么样的"实践"概念才是可以借助于它来超越传统哲学并达求新的哲学境界的？这些问题就成了仍需沿着马克思的路继续讨论的问题。马克思在突出"实践"的哲学意义时并没有把这个原则彻底坚持到底，由于受到启蒙理性的限制以及没有从启蒙理性的氛围中突围出来（或许还有弥赛亚主义的内在影响），马克思的"实践"论从现在的观点来看仍需继续推进，这也是"实践"原则后来受到西方马克思主义和海德格尔反思、批评的缘由。正在谋求现代化的中国本来并没有多少跟随海氏和法兰克福学派反思马克思"实践"逻辑的理由，但可持续性发展策略被中国政府和民众的接受使得问题有了另外的答案。反思马克思的"实践"观念及其中蕴含的逻辑，已是势所必然。毕竟可持续性发展观与"实践"原则有明显的不协调之处。

从此而论，由于马克思在发现了实践的自悖性和自否性之后终归否定了这一重要发现，使得他在批判了从一个基点出发建构严密哲学的旧尝试之后，又在他希望以此取代旧哲学的政治经济学中从一个逻辑起点出发构筑严密自恰的社会批判理论！这种先批判黑格尔式理性而后又把它迎娶回来的做法（顾准对此早就指出过），使马克思虽然殚精竭虑地批判旧形而上学，却也不能根本地消解它，最终也陷入无法彻底摆脱自己反对的抽象性、绝对性言说的尴尬处境。面对一个自悖性和自否性的世界，却非要让它从中产生出一种内在的光明前景和必然的胜利论逻辑，其难度和代价可想而知。对马克思没有做完的工作，我们应该沿着新的社会批判理论——风险社会论的思路继续做，把"实践"也纳入批判的逻辑之中继续追究其意义。换句话说，只有把自悖性、自否性作为实践的重要维度纳入实践的逻辑之中，才能把实践的逻辑贯彻到底。

三、"哲学终结论"的特定含义

以上是哲学终结论的第一层含义，此外，我们还须注意马克思这一理论的第二层含义。

这便是：马克思对当时的学科分类不满，他不主张专事抽象一般性思考的传统哲学学科存在，更不主张如此的哲学还要高高在上地对其他学科指手画脚，甚至想取代其他学科的具体探讨。这种含义上的哲学终结论其实就是要把作为专门学科的哲学消融进批判性的社会理论之中。在这个意义上，马克思主义哲学存在于社会批判理论之中，甚至就是扩展了的一种社会理论批判——这曾受到马尔库塞的极力弘扬。詹姆逊曾经指出，"马克思为了分解哲学，有意攻击这样专门化学科的这一范畴，并有意恢复知识的统一性。在放弃哲学时，他的目的在于用具体事物，用历史本身替代各种形式的抽象事物——在19世纪思想的这一阶段，经济学的发现和具体历史的发现完全相同。"[①] 所以，当时的马克思才想用政治经济学终结哲学。詹姆逊认为，在这里不能把政治经济学理解成一门专门化的学科和研究方法，而应该把它理解成一种超越专门学科的达求知识统一性的一种努力。当后来的经济学也发展成一个专门学科时，以政治经济学取代哲学的命题就无法维系了。在学科分化如此严重的背景下，现在已经很难找出一个学科来取代哲学了——也许最为接近当时政治经济学的是"社会批判理论"？这样一来，在这样的时代，哲学就标示着与知识专门化倾向的某种对抗。阿德勒说得好，在其他领域越来越专业化、专门化的背景下，"唯有哲学，因其与普通个体的常识性知识密切相关，因而仍然保持着非专门化——知识广博者的国度，是每个人的事务"[②]。知识专门化扼杀（或者说圆满完成）了柏拉图意义上的哲学思维，但在知识广泛分化之后，于各门学科中存在着的那些前提性的东西仍然在潜移默化地起着不可忽视的作用。于是，追究知识得以成立的前提、追究人本身生存意义的哲学在知识分化时代显得仍为必要。只是这样的哲学与那些相关性知识的交融性更强了，或者对它们的依赖性更明显了。在这个意义上，哲学并不一定要以纯粹的方式存在，它也可以存在于对各种知识及其问题的思考达到一定层次后才能出现的更为一般、更涉及知识前提性的那些探讨中，而这种探讨也完全可以由思考达到了一定层面的非哲学专家做出。在这个意义上，

---

① （美）弗雷德里克·詹姆逊：《语言的牢笼 马克思主义与形式》，钱佼汝、李自修译，百花洲文艺出版社1997年版，第249页。

② （美）马尔蒂莫·J.阿德勒：《哲学的误区》，程镜之等译，上海人民出版社1992年版，第85页。

把哲学看作一门封闭性、靠自身的题材和向自己内部的细挖性思考就足以自立的学科，对于哲学的发展是有害无利的。我一直主张，把马克思主义理论分为哲学、政治经济学和科学社会主义理论三个组成部分所基于的两大理由（诞生时主要受德国哲学、英国政治经济学和法国社会主义理论的影响；恩格斯在《反杜林论》中是以三个组成部分的结构来批判杜林并相应正面论述马克思主义理论的），仔细推敲起来没有一个是能够正当成立的。[①] 列宁所作的这个划分从专业的角度讲对于理解马克思主义理论，对于理解马克思的哲学可能是弊大于利的。马克思的哲学不能说就是其社会批判和社会历史分析，但肯定与这批判和分析密切交织在一起，或者说存在于它们之中。如果我们硬要从这些分析中概括出现成的马克思哲学，而又不去仔细体会和研究这种哲学所存在于其中的那些众多的政治经济学批判和社会历史分析，那不驱使概括结果出问题才怪呢。马克思自己对哲学的一般概括都明显不如在其政治经济学批判和社会历史分析中存在的哲学思考与哲学批判。对于马克思主义学派来说，面向专门化的过度分化是有害无利的。马克思意义上的哲学反对过分的专门化——不仅是反对在已经分化成各种派别的哲学自身内部反对囿于某一派别不理睬其他，也反对不顾与相关的各门知识的联系而封闭和孤立自身。反对过分的、固定的专门化是她的一个良好传统。这一传统已经在机械化分成的三部分等习惯中受到侵蚀。

　　从另外的角度看，马克思把哲学终结到社会批判理论之中也并不是没有问题。这种转移意义上的终结论其实把许多应该专门分析的哲学一般性问题常常掠过了，特别是那些构成社会理论之前提的一般性问题。实在何以终要成为理性的？无产阶级何以必然成为德国古典哲学的继承者？我们何以确切地知道这些？无产阶级何以成为群体性主体，即何以能够以群体协作方式组织起来？组织起来就一定能争得自由，而不会像勒庞和萨特所探讨的那样制造专制或至少不符合其理性预想吗？"发展""进步"就能保证理性的实现，难道就不会是现代意识形态的核心概念而支持马克思并不支持的社会制度体系？等等。这样的问题我们可以继续列出一大串。对这些问题或其中的部分尚未进行思考，甚至尚未提出来就拒绝哲学，不能不出现麦金太尔所说的如下现象："他（即马克思——引者）在拒绝哲学时，正处在这样一个阶段：他的哲学探索尚未完成，仍由他从哲学前辈那

[①] 参见拙著《发展哲学引论》一书（广东人民出版社2000年版）引言第二部分。

里秉承下来的错误所决定。因此马克思后来的著作在关键方面仍听任哲学错误影响的预设前提的扭曲。"① 哲学不能简单地终结到社会理论之中,马克思把哲学看得太轻了。为此他在理论上也付出了明显的代价。

科西克在评价马克思的哲学终结论时指出了这一思想的两层含义。在早期,终结哲学被理解为通过现实化来扬弃自身,这仍然是一种关于哲学与实在的唯心主义公式,也是一种末世学的虚构。而后期把哲学终结理解为把哲学转变为社会理论,指望通过辩证的社会理论来扬弃哲学,则会改变马克思所发现并实施的哲学变革的意义。在他看来,一旦指望在具体的社会理论中扬弃哲学,就会把指涉人类一般性的"实践"理解为某种特殊的东西,并在这种特殊性中衍生出一种封闭性,使实践的开放性特征遮蔽起来。② 但他没有注意到,他所要极力弘扬的、马克思意义上的所谓一般性,其实正是一种特殊性的东西!贬低和放弃马克思的哲学思考的确会导致丢弃哲学一般性思考的后果,导致特殊性遮蔽一般性,科西克对此的担心不是没有道理。但是,由此从放弃哲学的路上走回来,重视哲学层面的思考,并不就能解决问题,并不就能说清楚马克思哲学变革的意谓。因为马克思所谓的"实践"一般仍然是建立现代性基础之上的东西,从人类一般历史的角度看,这种"实践"及其一般性仍然是一种特殊性的东西。如果说以社会理论扬弃哲学使一般成了特殊,那从社会理论回到哲学,则是把一种历史性、具体性、特殊性的东西当成一般和绝对。这样,说马克思对哲学的"扬弃"或"终结"就是以一种历史性、具体性、特殊性的思考方式替代了仅仅追逐抽象一般的传统哲学思考方式,在马克思重新把一种历史性、具体性、特殊性的东西当成了一般和绝对的东西的意义上,就没有多大意义了。马克思哲学变革所喻示出的问题并没有如国内众多学者认同的这种"具体、历史"论那样轻易解决。

接下来的结论就是:

第一,马克思在批判和终结哲学的道路上并没有走出更远。哲学不像马克思想象得那样简单。把哲学批判及其消解看得过于简单化的后果就是漠视、忽略对很多相关问题的思考,使这些问题悬搁起来,并致使这些没

---

① A. 麦金太尔:《马克思的〈关于费尔巴哈的提纲〉:一条未走之路》,《国外社会科学》1995年第6期,第22页。

② 参见(捷克)卡莱尔·科西克:《具体的辩证法》(傅小平译,社会科学文献出版社1989年版)第三章的有关论述。

得到批判性思考的东西一直作为马克思后期社会批判理论的前提性假定存在下来——这不但招致批判力度的减弱，更因为由此造成的内在不一致甚至矛盾而给后人留下了在不同方向上发挥的更多空间，预示了马克思主义哲学的分化，给后来那种图省事的庸俗化解释模式准备了生存空间。这样的责任当然不能过多地归于马克思、恩格斯，而更多地应归于不严肃对待他们思想的后人，包括我们。

第二，以实践是一种具体、历史的现实生活为基础，把马克思意义上的哲学终结论解释为以具体、历史的分析取代抽象、超历史的形而上分析这种愈来愈被认可的说法，由于马克思仍然把需要、经济、理性、发展视为一般性、永恒性的东西，而需要重思。实际上，马克思在反旧形而上学之路上前进的距离不能过分估计。过度拔高马克思恰恰是在隐匿他老人家留给我们的问题并杜绝他开创的反思批判之路。

看来，从马克思这儿得到的经验和教训是：首先，哲学无法终结，只能改变自身存在的方式。像先前的黑格尔及后来的海德格尔、维特根斯坦一样，终结哲学的尝试往往是以增加一种新哲学为终结。其次，"企图限制哲学，无论做得多么精巧，都有害于哲学的本质"①。

---

① （美）劳伦斯·卡弘：《哲学的终结》，冯克利译，江苏人民出版社2001年版，第12～13页。

第十五章 评实践的主体性解释模式

"实践"在马克思哲学中的重要地位众所周知，可过去我们总把它当作当然的自明性基础，并以此来构筑马克思哲学。实践成了无须深入探究的本源性存在，作为现成给予的东西躲过了其他东西都无法躲过的批判。这种状况与它在马克思理论中极重要的基础性地位很不相称。为了加固这种地位，并进一步揭示其中喻示着和隐藏着的问题，本章将从反思"实践"的主体性解释模式出发，通过批判个体性模式并凸现群体性模式而倡导关注实践的社会世界及其自悖性维度，以此开始对"实践"的进一步探究。

一、视角的转变：从个体到群体

自改革开放以来，"实践"地位的凸现与主体性话语的流行几乎同时，"实践"解释模式也就势必受到日趋盛行的主体性话语的强烈影响。主体性话语当时对个性解放和自由的吁求致使个体从事的活动更多地被当成实践解释中的基本范型，马克思非常重视的主体的社会历史维度被弱化甚至被抽空，致使主体性成了一个向内挖掘的理性、精神或者个人自我努力就能成功完成的问题。20世纪90年代以来对制度性维度的重视也没有对这种强调个体性和内向性的主体性实践解释模式造成多大冲击。相反，主体自我的浪漫主义根源（与笛卡尔式的普遍理性主体不同，它强调每个个体的独特性、内在性深度以及天然具有的内在本性由内至外的实现，强调人与自然、人与人之间的有机和谐，强调艺术作为第二人造世界对工业社会这个第一人造世界的至上性），以及与它有更多相关性的西方马克思主义和后现代思潮对艺术主体、文本"主体"的强调反而更加凸现了这种个体、内向的主体性解释模式，从而使得这种模式与马克思对近代主体性哲学的批判之间的不协调性显然被忽视了。

众所周知，从古希腊起，与富有确定性的"理论"不同的"实践"原则所关涉的就是个别个体的拯救之路。与宗教对大众的拯救关注不同，实践哲学所设计的拯救之路只有精英人物才能走。在近代，康德也把弥合理性规范与非理性现实间鸿沟的任务交给了个人的道德实践。在黑格尔把这种任务交给辩证历史后，青年黑格尔派又不得不突破黑格尔那神秘的历史宿命论氛围而为历史主体的实践开辟功能空间。这种主体被青年黑格尔分子们或理解为个体化的理性主体，或拓展为一种群体化的主体。在对以个体性否定黑格尔的普遍理性主体有限肯定的基础上，马克思主要继承和延续的是后一思路。但对前一思路所喻示的那种通过自主活动达求自主控制、自我实现及圆满完整世界的规范目标却被马克思继承下来，被嫁接在群体化运作的历史之树上。达到这一点，马克思经过了一个从注重个体主体性到重视社会性并以社会性为根基构筑主体性的过程。

近年来，受西方各种实践理论运思倾向的影响，强调马克思实践概念的超验维度、自由和人文内涵的声音日渐强烈。其运思源泉之一就是马克思年轻时期（比如1844年的巴黎手稿中）仍然以艺术创造活动为范型规定劳动的本质、把劳动与艺术创造活动在本质上类同起来的思想。这种思想主张自然与人类、人与人的和谐统一，主张人的内在本质的实现等泰勒所谓明显的表现主义观点。在巴黎手稿中，与众多的异化批评者一样，马克思也在艺术活动中寻找一种构筑批判的主体性力量。马克思把劳动与艺术创造活动等同起来，把劳动者与自己产品的关系与艺术家对自己产品的关系类比起来。艺术家在作品中外化自己的本质所有，并占有自己的这种产品及本质。这种美学化的自我实现论把实践看作了生产者的自我表现，从而虚设了一种自身的完整性和内在的自然本质。正像詹明信所指出的，这种由内向外的"表现"依赖于"自我"（主体）这个单元个体，"作为盛载个人单元体的一个外壳，主体的功能在于把壳中所载的内容表现出来，投射于外"。[①] 自由创作、完整性、劳动与自我实现的统一等都是这个"壳"中的内容。这种虚设完整性、内在本质与破碎的现实劳动之间的鸿沟式二分不能不起着淡化劳动的社会关系网络及其规范性内含，并以浪漫主义的态度对待之的功能。正像哈贝马斯所指出的那样，这种自我实现

[①] （美）弗雷德里克·詹明信：《晚期资本主义的文化逻辑》，陈清侨等译，生活·读书·新知三联书店1997年版，第448页。

的实践活动,其原型实际上是一种其中只有极简单合作关系的手工劳动,甚至是纯个人的创造活动,把这样一种劳动浪漫主义地类比为普遍性的人类实践,势必就会重现近代主体哲学的问题与困境:主体自我指涉、自我创生、自我实现由内向外的客观化,而且还都具有不知从何而来的必然性和绝对性。在这里,马克思对浪漫派表现主义的内在自我观念的承续是明显的,这种承续还没有像后期那样大力肯定启蒙理性主义逻辑及其功能,却同时对之抱着更多的批评态度。

资本论时期的马克思对这种实践范式做了很大的调整改变。首先是凸现了社会性,并以这种社会性及其中蕴含的大量问题取代了结构单纯、运作简单的手工艺劳动,也取代了传统的以理论沉思性活动和以规模较小、直接民主、存在着公认的善与至善并因而也极易确定作为实践目标的至高之善的城邦政治活动为原型的实践(与规模日益庞大、结构日益复杂的现代社会性活动相比,它与手工艺劳动的结构同样简单!)。在这样的视域内,社会关系及其结构、制度体系对于群体中的个人及其人际合作相对于自我主体具有先导性作用,抽掉这些因素而径直假设单个人具有同样的意志、主体性,实在是前马克思哲学的运思方式。马克思认为,只有在盘剥掉作为社会关系总和的人所具有的具体社会关系之后,才能设想普遍一致的"个人意志"及主体性。在此意义上,这种古典的方法论个人主义并不单纯是一种社会思考的方法,而是隐匿着关于平等、自由和公正的资产阶级意识形态的基本前提,即隐匿着"把竞争看作自由个性的所谓绝对形式这种错觉"。① 在这个基础上,"人"才表现为"平等"的、"一样"的抽象而普遍的"个人"与"主体"。这种"个人"构成了设想个体利益与公共利益直接统一、个体与类统一的基础。马克思坚决反对抽象主体性意义上的一般、普遍的个人,并斥之为意识形态概念。之所以出现关于仅凭个人自我意志生存的平等、普遍一致的个人观念,并且普通民众也都信奉之,按照汤普森的看法,就是因为他们离开了他们赖以生存的大地,失去了与原始意义、文化的联系,被逼迫地进入一种无依无靠的个体境地,体验到了没有人管、只有靠自我努力才能活命的感受。这才使得实践语境对他们来说成了一种独立个体的主体论语境。而这一语境恰恰暗含着某种社会关系状态的制度化形式的秘密,并因而需要反思和批判。在马克思的理论中,只有在需要、劳动、经济标志着生产的自然逻辑这一意义上,才能

---

① 《马克思恩格斯全集》第 31 卷,人民出版社 1998 年版,第 44 页。

把生产劳动主体设想为普遍的人类主体。但这种普遍主体显然并不是以个体为范型的：通过一种规范使个体得以成为现实主体的社会关系塑造出了一种社会世界，就像货币、语言中有一种社会性事实使一张纸币或一个词语超越了单纯的个别物性存在一样，社会世界取代了以自我为根基的主体理性世界。社会世界才是马克思看待实践的科学视角。在社会世界与自我主体世界不同的意义上，马克思强调，"社会不是由个人构成，而是表示这些个人彼此发生的那些联系和关系的总和"①。这些"生产关系总合起来就构成为所谓社会关系，构成为所谓社会，并且是构成为一个处于一定历史发展阶段上的社会，具有独特的特征的社会"②。我想，把戈德曼的如下论述赋予马克思，马克思不会反对而只会赞同："几乎人的任何行动都不是以孤立的个人为主体的。即使现实的社会结构趋于通过物化现象掩盖'我们'，把'我们'变成几个彼此不同并且相互隔绝的个体的总和，但是行动的主体仍是一个群体，是'我们'。"③ 在此意义上，哈贝马斯所说的客观、主观和社会世界三个世界中的最后一个，在马克思那儿已经出现了。而且，正是凭借对这一世界的认识，马克思才超越了近代主体性哲学的个体主体性运思，并在解说实践的模式方面取得了一个突出成就。

虽然我们不能要求马克思在拓展社会世界的道路上走到今天的地步，但后期马克思"十分精确地把联合起来的生产者对社会生活过程的自觉控制同不依赖于这些个体的生产过程的自动控制加以区别"④，当然也把群体联合完成的控制与个体对自己活动的自我控制、总体意义上的人类所取得的成就与单个的工人所能取得的成就明确加以区别。与把个人当作单独的主体来考察一样，"把社会当作一个单一的主体来考察，是对它做了不正确的考察；思辨式的考察"⑤。在哲学和社会学层面上，个体不是单独的主体，社会更不是一个统一的主体，而是具有内在矛盾或悖谬的复杂世界。对此，马克思已经意识到了"在庞大的人类团体中进行沟通和做出决

---

① 《马克思恩格斯全集》第30卷，人民出版社1995年版，第221页。
② 《马克思恩格斯全集》第6卷。人民出版社1965年版，第487页。
③ （法）吕西安·戈德曼：《隐蔽的上帝》，蔡鸿滨译，百花文艺出版社1998年版，第20页。
④ （德）尤尔根·哈贝马斯：《认识与兴趣》，郭官义、李黎译，学林出版社1999年版，第45页。
⑤ 《马克思恩格斯选集》第2卷，人民出版社2012年版，第694页。

定的不可避免的不明晰性和间接性"①，但连接必然王国和自由王国的"社会世界"的运作机制从今天的视角看马克思当然发现得还不够多，这是马克思在综合启蒙逻辑与表现主义逻辑时给我们留下的一个有待继续开拓的空间。以前的传统实践逻辑过于重视技术、生产力维度，相对弱化了社会关系世界的分量与意义，也过于简单地处理了社会世界中的问题。对社会世界的后马克思空间的探索，还有待于进一步加强。

二、从主体性模式到生活世界模式

在马克思之后，对单子式个人主体的批判一直是西方马克思主义的运思路向。在《历史与阶级意识》中，卢卡奇把视考察对象为孤立和纯粹真实的"个体"，而不是从与其他相关因素的连接中把它看作整体性存在之一元的做法，称为资产阶级的考察方法："从方法论上来讲，这种考察方法就这样把每一个被考察的历史对象变成了一个不变的单子。……它在自己的直接存在中拥有的那些特性似乎是附着在它身上的不可消除的本质。"② 决定和影响单个对象的属性的整体、结构形式等往往被这一运思路向弱化甚至忽视。阿尔都塞对个体主体的著名批判和詹明信关于个人主体后现代终结的观点更自不必说。哈贝马斯基于对胡塞尔生活世界概念的重释更是把对主体性哲学的批判引向了一个新的视域。

从生活世界解释模式看，"实践"解释的主体性模式有以下主要欠缺：

第一，过于重视内在化的自我，把自我当作一个永恒的出发点，而不是结果。詹明信在谈到这种个体主体困境的时候说："正当大家埋首于进行自我建构、创造个人主体，务使个体单元发展成为自立自足的独立范畴之际，大家同时发现，建构中的自我日益脱离社会了，不假外求的个体也自然而然地跟外界断绝关系了。这确是问题的吊诡之处。我们把自我困据在超乎外物的单元个体之中；与此同时，也就把世界囚禁于自我的无边孤

---

① 泰勒语，参见（加拿大）查尔斯·泰勒：《黑格尔》，张国清、朱进东译，译林出版社2002年版，第851页。

② （匈牙利）卢卡奇：《历史与阶级意识》，杜章智、任立、燕宏远译，商务印书馆1995年版，第233页。

寂之中。如此，人确实是把自己永远地关闭起来，活活地埋藏着，任你如何万般求索，出路始终找不到。"① 实际上，自我的确认需要他人的承认，自我是作为他者的反应而出现的。这种自我具有一个主体间性的内核。以语言为中介的互动网络和负责任的承诺及其行为效果都内含在这个内核中。在哈贝马斯看来，近代哲学以至于他之前的法兰克福学派都拘泥于意识哲学的知识论范式之中，即拘泥于由笛卡尔开创的哲学传统之中，那个传统首先根据言说着和活动着的个别主体来理解人类的行为。而这样对待人所从事的实践行为，势必无法解决胡塞尔在"第五沉思"和萨特在《存在与虚无》第三章中都未能找到解决办法的如下问题："一旦意识彻底分裂成无数个创立世界的单子，那么，从各个单子的角度看，如何才能建构起一个主体间性的世界，而且，在这个世界上，一种主体性不仅能够把另一种主体性当作客观对象，并且还能在筹划世界的原始能动性中与之照面。如果按照此在的现有前提，那么，这个主体间性问题就无法解决，因为此在只有在孤立状态下真正有可能筹划自身。"② 在先验哲学的框架内，个体主体性问题是无法科学解释的。

按哈贝马斯的说法，主体哲学的思维方式就是把社会视为一个诸多部分组成的整体，不管这个部分是国家的政治公民，或联合起来的自由生产者。生活世界模式改变了人们对实践的这种理解，它不再把社会整体看作一个由单子部分组成的整体，而这些部分往往被抽象成本质上雷同的、单个的、独立的存在，这些个体、部分相加而组合成整体。生活世界模式要把生活世界看作一个生活整体，这个整体构成了观察问题的具有优先性的整体背景。哈贝马斯说："主体哲学认为，社会是一个由部分组成的整体，不管这个部分是国家的政治公民，或是联合起来的自由生产者。生活世界观念同样也打破了这样的思维方式。……交往行为的主体各自都把他们的生活世界当作一个主体间所共有的整体背景。但在他们获得表现和成为对象的瞬间，这种总体性必定要消失；它是由社会化个体的动机和能力，以及文化的自我理解和群体的协同性所共同组成的。生活世界仅仅是由文化传统和制度秩序以及社会化过程中出现的认同所构成的。"③ 按照这样一

---

① （美）詹明信：《晚期资本主义的文化逻辑》，第448～449页。
② （德）尤尔根·哈贝马斯：《后形而上学思想》，曹卫东、付德根译，译林出版社2001年版，第40～41页。
③ （德）尤尔根·哈贝马斯：《后形而上学思想》，曹卫东、付德根译，译林出版社2001年版，第85～86页。

种理解，传统实践的解说模式就是以个体主体为基础的模式，它把个体化的主体当作解释一切的出发点和基础，尽管这一点在这种模式的主张者那儿并不是十分清晰和明确的。而一旦把社会视为由符号建构起来的生活世界，那这个世界的维持和运作就得依靠交往行为。

这样一来，从实践的群体交往角度来看，社群维度和个体在群体中的责任意识却"很难要求给有责任的行为主体冠以'自我'的头衔：'只有采用他者的角色，我们才能回到自身'"①。单纯地于内在用力，并不会确立起自我来的。自我的确立有一个与他者互动、相互调适的社会化过程。在这个过程中，实践会形成或塑造一种标准性、一般性规范，并作为普遍力量把自我改造为"现实的人"。所谓"现实的"，用阿伦特的话说，"世界的现实性是以他人的参与及自身向所有人展现为保证的"②。通过这种现实的社会化过程，自我得以塑造并在意识之中把自发的偏颇驱除出去。看来，自我的确立对于每个个体的人来说都是一种社会化实践的一个成就。靠这个成就，个人得以形成自我决定和自我实现的基本资质，为他在这个世界上的立身确立一个可靠的出发点和平台。这个成就是社会化实践的成就。社会化实践作出这种成就的标志可以说就是一系列标准、规范的形成和完善——虽然这种标准与规范在道德善层面上随着现代社会的发展愈来愈受到相对主义的蚕食，而在非道德的制度意义上有愈来愈变为"铁笼"的危险。这样看来，"集中在自我身上的意识并不是直接的或纯粹内在的。相反，自我意识是沿着由外而内的道路，通过与互动参与者之间以符号为中介的互动而形成的"③。而且，实践中形成的这些规范、标准，在马克思看来绝不能仅仅在伦理道德意义上理解，还包括其他制度性关系。恰恰是在这里，马克思拓展了实践的内涵。他把狭窄的伦理-道德维度扩展为包括伦理、制度甚至意识形态的综合性维度。或者说，实践涵盖了传统的理论-道德维度之外，还包括社会制度规范甚至意识形态等在内的更广阔方面。马克思发现这些维度中最重要、最基础性的方面就是经济生产及其中形成的生产关系。这些关系都在资本的现代运行中倾向于沉淀为固定的制度化体系。这种通过主体的劳动得以不断再生产的、涵盖面广

---

① （德）尤尔根·哈贝马斯：《后形而上学思想》，曹卫东、付德根译，译林出版社2001年版，第202页。
② （美）阿伦特：《人的条件》，竺乾威等译，上海人民出版社1999年版，第199页。
③ （德）尤尔根·哈贝马斯：《后形而上学思想》，曹卫东、付德根译，译林出版社2001年版，第198页。

的制度化体系才是考察主体的首要维度,虽然并不能否弃而应该结合和补充上传统的主体"内在"维度。在这一意义上,马克思的"实践"观察视野就与作为"日常交往实践的核心"、作为"由扎根在日常交往实践中的文化再生产、社会整合以及社会化相互作用的产物"① 的生活世界维度在整体性、本源性、在先性、尚未理性化的经验构成性等方面具有了内在的一致性。主体性解释模式忽视的自我得以构成和不断得以调整的背景与框架,恰恰就是这个"生活世界"或"实践"。生活世界模式对于主体性模式的进步就表现在它打破了单子式的思维方式,使过分自负的单子式个人主体让位于群体中交往、对话和商谈的主体,使主体自我只存在于泰勒所谓的"对话网络"之中。② 于是,按照哈贝马斯的意见,后形而上学时代的实践哲学就不能再假定普遍、相同的个人和基于这种个人而设计出的模范化、范式化的生存,而只能建议借助理性的反思来实现一种真实的人生。这种真实的生存势必含有一个在其中共同生存的群体合作问题。群体中形成一种人人平等、对每个人都有益的合理规则以及这种规则之上的共同生活,成了关注的焦点。实践哲学的现代形态"用关于对人人都平等有益的公正的共同生活的规则的道德政治问题取代了什么从总体上看对我有利的生存问题"③。

第二,凸现内在自我的主体性模式所造成的另一后果是,对泰勒所谓为现代自我由以显现出来的"框架""背景"及其中蕴含着的意义、善(尤其是超善)的忽视,对更高价值与意义的漠视;意义世界或逐渐被抽空,被物品世界基础上得以建构的世俗化日常生活消解,或即使残存下来也受到相对主义和任意性的蚕食,变成在一个平面上平等竞争、被信奉者任意选择的东西。古典的高级生存与低级生存之间的区分被现代性逐渐拉平,并在世俗化、物化基础上变得愈来愈平面化和无深度化。生活世界模式则表明,交往行为所依据的意义共享、秩序规范、传统、相互理解和协调,构成了主要的实践知识,这些参与者共有的实践知识是生活世界中最宝贵的资源,"经过社会化过程,它们则成为了立场、资质、感觉方式以

---

① (德)尤尔根·哈贝马斯:《后形而上学思想》,曹卫东、付德根译,译林出版社2001年版,第86页。

② 参见(加拿大)查尔斯·泰勒:《自我的根源》,韩震等译,译林出版社2001年版,第50~51页。

③ 中国社会科学院哲学研究所编:《哈贝马斯在华讲演集》,人民出版社2002年版,第141页。

及认同"①。依靠这些资源,参与者对所在的世界担负责任。这种共享资源、实践知识、相互协调和理解都是主体实践论所轻视和忽视的。这样,除超越个体自我模式外,生活世界模式带来的另一个视角变化就是提醒重视人们共享的、使生活世界得以维持的各种意义、传统和秩序、规范,而不能简单地呼求内在的个体主体性和个体主义。与把社会看作足以自我独立的个体的工具这种个人主义观点不同,更加完整的社会观应该是视社会为个体的母体,把处于个体母体中的德性、实践知识看作维系主体存在的、单凭单个主体无法承担起来的基础性存在。没有足够的反省,个体主义的呼求常常极为简单,比如轻视共享意义和规范,看不到个体自我利益的最大化追求可能带来负面甚至灾难性后果,等等。生活世界模式对主体间性的重视给人们打开了主体间性的广阔境地,因而使得我们有可能进一步沿着这样一条思路继续往前走,不仅发现主体性世界中蕴含着的那些困境和问题,而且还能进一步地发现生活世界中蕴藏着的一系列困境与问题。

当然,生活世界模式也具有内在的缺陷:一是范围的局限性需要考虑。建立在共享意义、有效秩序规范基础上能达到相互理解和协调的生活世界按照所能达到的水平高低会有不同的层次和范围空间。在不同的水平范围内所建构起的生活世界会有很大的差别。当胡塞尔把这个生活世界看作自明的原发境域,不仅能经得住现象学的和先验的还原,而且是一切意义和效准的源泉时,它就成了"普遍视域",被赋予了超文化的绝对性。可是,那些为我们提供规则并为意义提供指引的具体的一个个生活世界,就没有差异、分化甚至分裂吗?这些差异与分化就一定能融合为一个共同的、只有普适性指引联系的生活世界,而不会在融合中出现差异、相互否定因而从更大的视域来看就出现了自悖性吗?在人们共享的意义、价值层面上,现代性不是愈来愈呈陷入了相对主义和任意性的泥淖中了吗?虽然哈贝马斯看到了真实生活世界具有二律背反特征,但可能与胡塞尔一样,让生活世界承担了它难以承担的过分重负,指望生活世界完成它并不都能完成的过多重任,从而使生活世界模式呈现出很强的理想色彩。二是从生

---

① (德)尤尔根·哈贝马斯:《后形而上学思想》,曹卫东、付德根译,译林出版社2001年版,第82页。

活世界角度看策略行为及其互动,它就成了"失败的交往行为的替代物"①。这就容易导致交往理论的理想化及其解释力的锐减,导致生活世界与货币、行政等从生活世界中分化出来并形成具有特殊功能的行为系统的二元对立。

三、自悖性的凸现

既然交往行为所依据的意义共享、秩序规范、传统、相互理解和协调,构成了主要的实践知识,这些参与者共有的实践知识是生活世界中最宝贵的资源,那这些知识在葛兰西和阿尔都塞的眼里恰恰是市民社会领域中统治阶级力图通过霸权建立广泛社会认同的资源和基础。根据这种逻辑,如果无产阶级不能通过自己的有机知识分子超越统治阶级的霸权氛围,把建立在实际体验基础上的自身的文化、潜在的创造性原则提升到条理清楚的哲学世界观水平,使无产阶级的文化停留在"迥异概念的乱糟糟的集合体"之常识水平上,那就可能走进自否定与自悖谬的困境中——信奉对本阶级不利甚或否定自身的文化,通过自身的活动不断再生产反对自己的文化和制度体系。在一个霸权成功运作的市民社会中,马克思在《资本论》中谈到过的这种担心就会成为现实。在阿尔都塞的视野内,主体恰恰就是意识形态的造物和表现,主体论就是个人被质询和处于赞同霸权状态的表现,而这种现象用我们的术语来说就是陷入了自悖谬和自否定困境。根据泰勒的观点,我们以前对马克思哲学的解释更多地滞留于前叔本华时代,尚未经历和吸纳悲剧式的磨难这一维度。实践也就喻示着意志的积极进取和乐观实现,意味着借助启蒙理性力量不断趋向于表现主义关于人与自然、人与人和谐统一以及人的内在本性的圆满实现,却对实践体系中蕴含着的(对他物和他人的)依赖性、无奈、脆弱、(对自然世界、意义世界和社会世界的)可能施与的损害、统治、风险等估计不足。单纯的主体性哲学恰恰就是滞留于前叔本华哲学思维的简单现代性中,尚未进入贝克所谓的"第二现代"思维之中。

---

① (德)尤尔根·哈贝马斯:《后形而上学思想》,曹卫东、付德根译,译林出版社 2001 年版,第 83 页。

从这个角度来看，传统主体性思维锻造的实践观更多是处于早期现代性的逻辑之中，它把"第二现代"所揭示出来的那些依赖性、风险性、自悖性、破坏性等困境都统统隐匿起来，被乐观的启蒙逻辑粉碎消解，使之变成了无意识的存在，变成惯常性的制度化存在而淡出主体的观察视野。这样看来，主体性解释模式的更多缺陷还有待于继续揭示。除了上一部分所分析的那两点，还有如下第三、第四点。

主体性解释模式的第三个欠缺是民众性立场的弱化与忘却。突出个体的力量及其主动性、主体性，更多地是反映着有足够能力自立并在社会中体验到更多自我尊严的那部分个体的心声与感受。就像默茨在比较康德和马克思时所说，康德式负责任的个人是经济和社会意义上已经成年的成功人士，只有他们才能在社会中处于强有力的主体地位；但马克思意义上的个人还尚未达到这样的水平，因而需要群体性的自我拯救。可惜的是，西方马克思主义的理论进展似乎越来越指向精英个体，而淡化和忘却了马克思的民众性立场。他们不断把物化与民众消费、民众生存联系起来，认为能够超越物化的不是民众，而是与民众不同并超越了民众的精英、精神贵族。在这个意义上，马克思对主体之社会学维度的强调应该就是对民众化立场的强调。中国学术界目前的主体性批判有一种从权力批判走向大众化批判及与此相连的世俗化批判的倾向，这与马克思的运思方向显然不同。当然，不能否认，个性的丧失恰恰是在社会性的张扬中发生的。对于意义追求者的主体来说，现代社会事实上造就的经常就是千人一面的"样品"与"常人"——在文化层面上，那些经济和政治上不平等的人们在意义追求层面有那么多的平等、一致！阿伦特说，社会对人的入侵即是"人的社会化"。① 看来，实践中蕴含的问题并非那么简单，并不是从个体主体性模式转向生活世界模式就迎刃而解的。社会性运作是否必定孕育无个性的"常人"，把社会世界也变成似物品世界的"样品"世界？民众性如何与个性的自由解放协调统一？对于接受启蒙价值的我们来说确是一道难题。对主体性哲学的批判如何保证马克思主义的民众性立场，如何防止鲍曼所说的那种为了弱势主体批判"资本""主体""真理""知识"等普遍性存在最终却招致弱化公共世界的后果，而这对"小写"的弱势"主体"比对强势"主体"更不利的自悖性现象？

看来，简单的启蒙乐观主义把实践智慧消解为单纯的必然逻辑，实践

---

① 参见（美）阿伦特：《人的条件》，竺乾威等译，上海人民出版社1999年版，第54页。

的社会运作中时常出现的自悖谬困境被类似黑格尔"理性的狡猾"的神秘力量粉碎消解，成为这种实践逻辑"看不见的观察"。马克思主义对主体性模式的批判必须把现代实践在某些方面、对某些群体所带来的风险性、自悖性和负面性揭示出来，改变过去实践单纯的正面形象——这种形象使它沉沦于简单的启蒙逻辑之中，并使它不当地处于被崇拜的位置上。在这个意义上，主体性解释模式的第四个缺陷就是遮蔽了实践的依赖性、自悖性、风险性等不那么"好"的负面。

我认为，造成这一点的原因就在于通过近代主体性模式容易滑向方法论个人主义、忽视总体性联系——这一点似乎已经包含在对单子式主体的批判中，但这里要说的是，对总体性及其复杂性的忽视和消解不但导致了对待总体性的两种错误态度，而且进一步招致了对只有在总体中才能显现出来的自悖性、风险性的视而不见。主体性哲学的逻辑推演既可以走向对客体世界的统一化把握和控制，也可以走向不理睬总体的单子式分立。其实这两者是密不可分的。之所以能控制总体，就是因为简单地把总体视为离散式单子及其联系的机械复合，低估了总体的复杂性。所以激进后现代思潮批判传统辩证法主张的总体性、同一性而主张不理睬总体的单子式分立，与总体控制倾向恰恰是同一种逻辑的贯彻和表现。这两者相互支持，并不像表面上所显示的那样对立。在运作规模愈来愈大的现代性体系及其与渺小个人之间的反差也越来越大之时，对总体性的拒斥就是倍感无力和无奈的个体为了逃避面对总体而生的焦虑和恐惧的一种解脱策略。于是，方法论个人主义思考的兴趣就转向作为总体构件的单子，并进而想象社会根本就没有中心、没有总体，没有往往在足够大的群体整合中才呈现出来的自否定现象。实际上，放弃方法论个人主义之后，从群体合作的角度看，马克思早就发现，单就一项具体实践而论其结果是合理的，但却不能保证这项实践与其他几项同类或者非同类的异质性实践整合成的更大实践体系也能孕育出一种合理的结果。多项同质性、异质性实践的整合很可能导致某种悖谬或自相矛盾的结果出现。现代社会分化的加强使自否性运作的范围趋于增大。只有几个人购买黑车，不会孕育出鼓励盗贼继续偷盗的团伙，更不会促生一个规模市场。只有很多的个体为了减少自我损失购买黑车，很多的房屋出租者为了赚取租金而对从事不法活动的房屋租赁者不闻不问，甚至街道或村委为了税收收益对黑市交易睁一只眼闭一只眼，只有这多方"主体"各为自我利益的最大化而选择自己的行为时，才发生了越买（黑车）越丢、越丢越买的自悖性现象。交往稀少的前现代社会出现这种自悖性的可能性很小，只有在现代交往扩大的背景下，在那些制度不健全、有漏洞的范围内，就有出现这种自悖谬的更大可能性。实践涉及的范围越大，创建和实施制度规约的难度越大，出现这种自悖谬的可能性也就越大。那些涉及全人类的自悖谬（如各种全球性问题），即使其产生机制弄清了，其解决也异常困难。实践的自悖性现象虽然在前现代社会中就早已产生（如黄河中游地区的农民伐林开荒：越伐越荒，越开垦可耕地，可耕地就越少），但现代实践运作的范围扩展、现代制度体系的不断发展壮大以及现代技术的更大威力使得这种自悖谬出现的可能性在局部范围内减少，而在更大范围却在增大，且就威力而言更是在增大。众多有效的制度（如现代金融制度）和技术（如核技术、生物技术等）并不必定仅仅保证促使实践产生人们预想的正面效果，一旦在某一环节出现偏差和漏洞，就可能促生一种可怕的负面后果出现。现代交往体系又具备迅速传播和放大这种负面后果的能力，使得忽视这种负面维度可能产生的负面性和风险性更值得关注。实践的自悖性和给主体带来的受难性是现代实践必须加以防范的一个方面，也是实践理论分析探究的一个重要维度。现代实践中自发的和自觉的个人合作都并不一定会产生出对他人有利的社会结果。自发合作产生"对大家有利的事"这个斯密和哈耶克都会坚持的自由主义信念其实强烈依赖于众多前提，诸如所需合理有效制度约束的一直在场、制度漏洞与偏差的不存在、运作范围不致过大等。随着全球化水平的不断提高，资本主义越来越把现代工业实践造就的负面效果转嫁和外推给离现代中心更遥远的外围国家和地区，甚至更遥远的自然界。所以，必须以马克思主义的态度去探究群体形式的实践内部的各种问题，注意解释实践内在的自悖性，发现实践内在的矛盾性困境。特别是对与发展观的胚胎隐喻结合在一起的实践自崇拜现象的批判，尤其值得我们重视。在这个意义上，对更远"客体"的外推以及必须紧随之拓展去的总体性目光，是马克思实践辩证法现代形态的必然要求。与外推、总体性观察密切相连的实践自悖性维度，是马克思实践理论应有的批判性智慧之所在。

从此重看主体性，就可发现：

第一，主体性并不等于主动性。通过主动、自愿（而非被动、被迫、消极）的人际合作产生出来的并不一定就是参与合作的"主体"们向往的、对他们有积极意义的结果；主体性的运作结果完全可能是一种对参与运作的主体们不利、束缚他们、挤迫他们、困囿他们的"客观"结构或力量。主体性运作的这种现代悲剧及其求解恰恰就是马克思主义批判的立足点和希望之所在。以为主体主动参与的活动必定导致一种对他们带来肯定和积极意义的结果,以为实践运作的主体性就等于运作结果的主动性,首先恰恰是一种以简单的、规模较小的、前现代群体合作为基础背景设想的结果,对现代社会合作中的复杂和矛盾性根本就缺乏足够的认识——其思维框架和基础背景根本就没有现代化,而往往是刚刚步入现代中的人们思维框架和基本观念尚未完成现代转变的一种表现,是早期现代化的一种观念。其次,这也是一种自由主义逻辑的贯彻,马克思主义的批判性维度不应该忘却这种辩证智慧,反而应该发扬光大并从法兰克福学派、自反性现代化、风险社会论等批判性理论中汲取更多的后续营养。在这个意义上,单纯的主体性呼吁其实是一种廉价的片面性,还远没有进入马克思哲学的思维境界,没有达到马克思哲学思维的水平。马克思哲学已经将"主体性"思维融入和转向了制度思维,并已超越了廉价的近代"主体性哲学"。我们应沿着这条路继续超越单纯的主体性逻辑,进入马克思、叔本华开创的现代哲学的视野。

  第二,实践的自悖性不能不影响到理论的建构本身,尤其是对追求与实践相统一的马克思主义理论,更是如此。实践及其创生的社会现实层面上的自悖性存在使得据此建构的理论也很难达求传统哲学的同一性品质。注重实践、现实的马克思虽然没有自觉地反思这一点,但可以推断,在他的理论中必定有所反映。就是说,在马克思的社会理论和哲学中不能没有一种内在的张力结构,它不但表现为主体性与客体性、主动性与被动性、经济生产与阶级斗争之间的互动,以至于深层的胚胎隐喻与实践之间的张力,还会表现为劳动价值论与物化批判论、感性之维与超感性之维之间的张力,这些张力马克思都希望在"社会性"中予以消解,但又不可能完全消解。当马克思把启蒙主义逻辑和表现主义观念融合在一起时,这种理论张力也就在马克思理论中正常化了。比如,在生产劳动本体论与拜物教之间,两者既有分别也不能没有一脉相承性:现代性背景下的"物"就是生产劳动的结果与产品!高度评价生产物质财富以及生产它的劳动,与批判拜物教便可能导致对生产劳动本体地位的质疑批评之间的理论张力。控制自然、改造自然与尊重自然之间也有类似情况。

  总之,只有超越实践的近代主体性解释模式,才能充分显现马克思发现的实践智慧。这个意义上,"外推空间"已经愈来愈成为马克思实践辩证法的一个重要范畴,一个与现代哲学发展取向正相一致的愈来愈具有生命力的范畴。在乌托邦之维趋于弱化因而历史之维也势必趋于弱化的背景下,"外推空间"将在现代资本主义扩展未达至极限的前提下变得与"历史发展"同样重要。它将显示出,实践并不是仅仅喻示着正面性和积极性的东西,它并不仅仅给我们提供秩序、希望和美好,它也喻示着众多的问题,喻示着恼人的麻烦、风险甚至自悖谬的可能性。

第十六章 传统主体性势必导致的实践策略：外推

传统主体性的确立由于得益于一种内在性。其确立不是依赖于而是尽力撇开与一切他者的内在关联。专注、执著于自我内在性，必然的逻辑结局就是将外在的麻烦、问题、责任尽力外推出去，推给他者来承担和承受，特别是在制度缺乏、无力，以及强调主体是各不相同的个人主体这两种情况下，就更是如此。

恰如霍克海默与阿多诺所指出的，主体性的确立，主体对客体的统治秩序是以两者适当的距离为前提的。把主体关注、需要的他者拉到近处（去远），与把主体难以忍受、无法处理的客体他者推到足够远的隐匿处（去近、外推），一同构成主体性统治的秘密。随着现代性空间延展水平的不断提高，以及制度、技术水平的日益提升，主体性得以施展的外推空间愈来愈大，外推逻辑愈来愈隐蔽。制度难以规约的自然界，特别是遥远的自然，构成最远和最有效的外推空间。

一、去远与推远：两种不同的机制

随着人类共同生活群体规模的不断扩大，约束各个层次上的行为主体，使之符合群体追求目标的制度体系也就愈来愈发达和稠密。我在拙著《辩证法的社会空间》中曾探讨过，在观念、情感、行为方式、语言等诸方面类似或相互认同并且交往频繁的个体之间，也就是"社会密度"很高的群体中，由于制度缝隙和漏洞很小，从更大群体的共同利益和崇高的价值规范角度来看个体应予承担的责任与义务，就很难外推出去。特别是该群体中处于较低阶层的民众，更是如此——当他们面对该群体制度体系中

第十六章 传统主体性势必导致的实践策略：外推

的不平等性时，往往无力反抗而只得接受强势方外推给自己的负担。制度效力和技术能力的限制，也无法为他们把某些负重和责任外推给更遥远的人群和自然界提供多大的空间。

霍克海默与阿多诺在《启蒙辩证法》中写道，主体性的确立以主体与客体的距离为前提，在历史上，这个距离是以主人通过所支配的东西所获得的事物的距离为基础的。财主在他的城堡周围布置上做各种活的仆人，夜晚有灯亮，他才能安然入睡。他对周围世界有了足够距离，有了他能够命令的等级秩序，他才能有安全感。[1] 用我们的话来说就是，只有把惧怕、担忧、未掌握和控制的遗憾放逐到足够远的范围之外时，自我立足的主体才会确立起来。这么说，主体性的源初结构中就内含着一种明显的外推逻辑。主体性不但是一种对无力每时每刻都承担起来或负起责任的那些空无、冲动、某些欲望、情感、完整性的割舍，也是把惧怕、死亡、空无推得足够远，使之尽量彻底和持久地不在当下出现的结果。与这种推远的策略相伴随的，是把无法推开或无法推得足够远的对象理性化甚至数学化的策略。通过这种策略，那些必须打交道的客体对象在无所不知、无所不能的主体面前呈现为按照我们知晓的规则存在、运行的，因而作为主体的我们完全可以控制甚至还能加以调节的东西。这也是启蒙运动以来主体性运作的主要途径和手段之一。霍克海默指出，客体不仅是处于等级制中的最下层，而且是一种数学的虚构："启蒙事先就把追根究底的数学世界与真理等同起来，启蒙以为这样做就能够避免返回到神话中去。启蒙把思想和数学混作一团……"[2] 这与卢卡奇在《历史与阶级意识》中所批评的一样。观念的世界这样被构思为客体，一种在那里合乎规则运行着、不会乱来的客体，虽然远离主体但逃脱不出主体之心的客体。

近代启蒙运动以来，令主体不安的遥远客体从寄附于至高无上的上帝下放给自主自立的个人主体。社会按照能够自我存在、自我确立、自我发展、自我立法、自我负责、自我立命、自我实现、自我救赎的自足自立的独立个体原则进行建构，使得主体可以外推的境遇发生了根本性的变化。除了遥远的客体世界及其严格规则化之外，在现代社会中，单位群体内社

---

[1] 参见（德）霍克海默、阿道尔诺：《启蒙的辩证法》，渠敬东、曹卫东译，上海人民出版社2003年版，第11页。

[2] （德）霍克海默、阿道尔诺：《启蒙的辩证法》，渠敬东、曹卫东译，上海人民出版社2003年版，第21～22页。

会密度的减小，新型制度和技术辐射范围的急剧扩大，与外部群体和自然接触范围的扩展，以及在某个行为牵涉到的诸多人群、事物的增多，及其所牵连到的诸种制度之间的缝隙与漏洞的增多，使得能力强、资源多的行为者，具有了更多的外推机会和更大的外推空间。众所周知，现代社会建构的基本原则就是自立自决的个人主体，"把一切都委诸个体自由是所有现代性的本质，无论早期还是晚期"[①]。在个体自由问题百出的当今，在"设想一个自由个体的联合体更是难上加难"的当今，这种自由论所蕴含和引发的，对本己之外的存在不闻不问、一推了之的趋势随着现代社会个人主义化趋向的不断增强而日趋明显。如卡洪（Lawrence E. Cahoone）所说："自由主义者把一切委诸自由似乎需要一个前提，即社会成员对发生在他们私生活领域以外的任何事情都一概不闻不问；而这实际上表明，自由仅仅存在于私生活中。"[②] 这种根深蒂固的个体自由论，要过渡到对"外部性"存在不闻不问、一推了之极为容易。当共同体制度的建构无法约束这种外推时，它就会进一步扩展，达到（无意识或有意识）转嫁的程度。而当更大范围内的制度建构都默认或支持这种外推时，它的扩展和加剧就更是必然的了。

如果说，在主体性哲学的逻辑中，根本就无所谓与主体无关的原始存在、"无蔽状态"，而只存在显现给人、被人发现或看到的东西，那么，外推也就是正好与此相反的现象，它致力于不显现给人，"不被人看到"，促使那些令人不安、让人看了倍感压抑和沉重的东西通过某种成功的意识形态隐匿机制而从观视者的视域中消失掉，以塑造一种万事太平、心安理得的氛围。这种氛围的功效除了卸除行为者的心理负担和伦理负担，主要是强化和固定行为者群体在自己所浸淫于其中的文化理念和行为趋向，使特定文化氛围内的行为方式及其固化的存在秩序得以继续维系和持存。

海德格尔曾说，此在的生存论中有一种"去远"的现象，这种现象使得此在与其他存在者在空间中的相互关联成为可能。存在的这种去远（entfernung）也就是把存在者带到近处来，使之获得显现，因而此在"有一种求近的本质趋向"，这种本质趋向使得世界的面目得以呈现于人，而

[①] （美）劳伦斯·E. 卡洪：《现代性的困境——哲学、文化和反文化》，王志宏译，商务印书馆2008年版，第24页。

[②] （美）劳伦斯·E. 卡洪：《现代性的困境——哲学、文化和反文化》，王志宏译，商务印书馆2008年版，第24页。

第十六章 传统主体性势必导致的实践策略：外推 213

世界也就由此得到阐释。在这个意义上，世界就是在这种去远中得到揭示的，就是在最近的"此在"之"此"中确立世界由此展开的始发点，并由此确立其空间性特质的。但是，在我看来，此在在确立自己的世界的过程中，不但要把一些远处的存在者拉到近处来，使之与此在照面，而且同样重要甚至更为重要的是，此在必须把一些令此在难以忍受、无法处理的东西赶到更远或足够远的隐蔽处，使之不在此在面前照面，也就是以"眼不见为净"的方式打造一个与此在的处理能力、希冀和关注范围相适应的"世界"。而这个世界的打造和建构，万万离不开把那些令此在难以忍受、无法处理的东西赶到更远的"去近化"策略——只有把这些东西推到足够远的的隐蔽之处，那个令此在心安的"世界"才能被建构起来。在这种"去近化"策略中，即使是那些在此在身旁，与此在朝夕相处的东西，如果它们令此在不安，惹此在厌烦，也必须而且常常是首先要被推远的。此在的亲近性，就是在这种把某些东西推远的同时又把某些东西拉近的双重策略中得以实现的。"去近"和"去远"的合作，亲近和疏远的交叉进行，才塑造了此在的惯常品格。

所以，与"去远"相反，此在同样有一种"去近"的趋向。这种"去近"也就是把存在者带到远处去，使之不要在此在面前显现，因而此在"有一种求远的本质趋向"。这种本质趋向使得世界的那些令人不安和心灵沉重的面目不能呈现于人面前，而那些没有如此性质的世界也就由此安然地得到阐释。世界的"去近"趋向是一种防范机制，通过这种机制的过滤，被阐释的世界才获得一个有效的保护带。在此保护带之内，世界才得以被阐释，被照面，被利用并进入此在，成为"在之中"。这样，此在的"在之中"特征必然具有一种防范和筛选的前提条件。并不是一切东西都可以进入此在之中，成为持存性的，也就是不断与此在照面的存在者。能够进入"在之中"的存在者是有前提条件的。那些给此在带来强烈的负担，让此在抬不起头来，使此在忧心忡忡和于心不安的东西，往往要经过一些被隔离和筛选的环节之后被剔除出去，以保证进入"在之中"的存在者具有优良性和至少是可接受性的品格。

每一种文化都存在这种极力凸现某些存在，也极力隐匿另一些存在的机制和动力。力欲凸现的存在往往被赋予非常详细的标示，包括名称标示；力欲隐匿的存在则往往被快速地黑暗化，众多的它们之间即使有明显的区别也往往被一笔抹杀，往往用一个统一的名称概而称之，统统被淡化，甚至被归档于无用的垃圾筐中而遭埋葬，并"消失"于人们的视线之外。现代性文化对它认定有意义的那些存在的凸现，以及对它认定无意义或有问题而需要掩盖起来的那些存在的隐匿，都达到了迄今为止最为广阔和严重的程度。这可能是因为，隐匿和凸现所需要的技术能力和手段，就有史以来而言，在现代性文化中达到了最高的水平。现代技术给凸现和隐匿提供了越来越大的可能性空间，大大提升了凸现和隐匿的水准、效果和范围。

二、外推的逻辑与现代空间的拓展

如果说以前的文化由于技术和制度能力的限制，在对待超出自己技术能力之外的"遥远的存在"时所体现出的无能为力和鞭长莫及，是由于客观的能力和视野局限所致，而并不见得是因为缺乏外推的意识和欲望，那么，在技术能力和制度能力大大发展了的现代背景下，在世界越来越成为一体化村落的条件下，对相对遥远的存在的漠视和拒斥就是文化有意识采取的外推策略了。当然，有意识的拒斥会在习惯化之后转化为无意识的漠然。

现代技术效能的提升无疑加剧了外推的发生和深度。一方面，外推的持存必需一种足够宽广的空间，以承受和消化持续挤压它的、来自施动主体的外推。现代技术不断地拓宽和加深了外部存在的范围和深度，使自然显得不但广袤无边，而且深不可测。在这个既宽广又深邃的世界里，有众多的他者存在着，确切地说是以尚未被开发利用的样态存在着，等待着发现其价值的主体们来利用和开发，等待着主体把它照亮，把它搬向实践体系的舞台之上，让宝贵和不可或缺的它显示在知晓其价值的人们面前——如果它们是令人向往的有益存在的话。而如果它们是无益的负面的东西的话，那就得躲开或者掩匿起来。不管是置于显现之处还是置于掩匿之处，都需要借助于某种技术中介让人与它们连接起来。而恰恰就是在这个方面，现代技术发挥了她巨大的作用。借助于发达的交通、通讯等技术，现代人可以与时空两个维度上原来觉得遥（深）不可及的事物都可以快速地连接起来。在这个基础上，日益全球化的现代资本主义世界就能通过固定的联系和强制的暴力把这些（对于弱者来说常常就是不平等的）关系以制度的形式稳固下来，变成牢不可破甚至自然性的状态。

第十六章　传统主体性势必导致的实践策略：外推

另一方面，现代意识形态本来就是以区分内在的自我与外在的他者为基本特征的。它对"人"的理解就是沿着向内挖掘的思路进行的。从奥古斯丁的"内在的人"到笛卡尔的"我思故我在"，再到康德的先验主体，都是把"心灵"视为人之根本所在，而"肉身"及其所在的世俗社会生活世界则只是污染"心灵"并使"心灵"无法以纯粹样式存在于世的框架或容器。知识的根基、价值理想的根基、善良行动的源发处等，都在这个以"心灵"为本的"主体"之中。路德新教改革以来试图在世俗性存在中发现本质存在及其生长基础的新理路，虽然为费尔巴哈、马克思、施蒂纳等继承和发扬下来，但抛开施蒂纳及其后较为极端的后现代主义不谈，还坚持启蒙的基本价值的现代社会至少在实践哲学层面上仍然没有（而且在我看来也不可能）彻底告别内在性，也没有（不可能）抛开内在性来规定"人"。而以内在性规定"人"，势必要面对和解决内在的我与外在的他者，或者内生的主体与外在的客体之间的关系问题。毕竟作为主体的"人"无法单纯靠自己的内在性生存于世，而必须借助于跟外在他者的关联。现代社会个人主义色调的日渐浓厚和成熟，特别是内在性在超验价值方面的内涵被虚无主义地掏空之后，使得"空无"的现代主体更得深深地依恋于与外在客体他者的关联。而对外在他者客体的关联，无非有两种关系：一是对那些"好的"外在，也就是心向往之，与之关联起来会促使主体变得伟岸、积极、心安、确定、塌实的他者客体，就以把握、拥有、占有的方式关联起来。而对那些"不好的"，也就是心不向往之，与之关联起来会促使主体变得渺小、消极否定、忐忑不安、尴尬、消解的他者客体，就唯恐与之发生密切的关联，从而极力以革除（如果能消解得掉的话）、外推和隐匿（如果消解不掉的话）的方式消除或外推掉。这种消除或外推是一种特殊的关联方式，一种极力掩藏或否定那些特定物及其与自我关联性的"关联"。通过这一显一隐、一占一推、一肯一否、一要一躲、一恋一踹的双重关联，现代主体才获得了生存于世的确然性和稳固的状态。过去我们往往是仅仅重视与积极物的关联，而不愿提及与消极物的关联。

不过，无论是对积极物的关联，还是与消极物的关联，两种不同的关系状态的发生和维持都严重依赖于现代技术及奠基于其上的制度。无论是占有，还是外推，都需要借助于技术与之连接起来，或者说至少能够触及得到，然后还要有占有或躲避、外推的能力。

当然，无论是占有还是外推，更远之后的连接都可能喻示着某种风险或危险。就是说，现代技术推动了生产力的迅猛发展，扩展和加深了人们之间的交往和联系，但也在某种意义和程度上累积着某种危险——如果这些危险不是被及时疏导缓解，而是被推远或用某种不具长久可靠性的围墙暂时围圈起来，那就可能会衍生为（可能的）灾难。"在技术的成功与历史的灾难之间，存在着明显的直接联系。因为，没有技术手段对权力的应用与扩展的发展，没有世界范围内交往和行为关系的发展，没有统辖性组织的新形式和支配社会关系的扩展，这种历史灾难就不会发生。"① 关键是要区分单纯由技术驱动的"生产"与由内在的规范加以引导或约束的"实践"，并放弃那种在生产力增长和更高价值的进一步实现之间直接划等号的素朴之见。从这方面来说，最危险的应该就存在于力图隐匿和外推掉那些关联的做法之中。

在《辩证法的社会空间》中，我曾写道：

……制度化的权利决定了人在追求自我利益最大化的过程中，哪些事情必须计入成本之中由自己内化，哪些事情则可以外推至其他人承担。如果根据德姆塞茨的命题'当内部化的收益大于内部化的成本时，产权就建立起来将外部性内部化'来推论，那么，当内部化的收益小于内部化的成本时，外部性就不能内部化，产权也很可能建立不起来——这样一来，外部性就会大量存在。这也能从一个角度表明，现代制度根本不可能在一切范围内制止住外推、消除外部性，而至多只能在一定范围内制止住外推。提供大量价格低廉却宝贵资源的自然界，遥远的外地、外国都构成了实在的或可能的外推对象；只要没有有效的制度规约，这种可能的外推就会成为现实，而一直现实存在着的外推就继续存在下去。

外推总是由近至远。外推对象愈近，愈容易引起人们的注意、反思，并引发制度发明来规约之；而外推愈远，愈容易被人忘却，甚至会将明显的事实当作根本不存在的"无"。②

随着制度约束的弱化，被外推对象的弱小和反馈的迟缓，外推会在单位时间和区域内逐步增多和增强。于是，外推就"更多地发生在更远的地方——因为愈远就愈可以遮蔽起责任、埋藏起可能引发的痛苦，并把这些不

---

① Karl-Heinz Ilting, *Grundfragen der praktischen Philosophie*, Suhrkamp Verlag, Frakfurt am Main, 1994, S. 326.

② 参见拙著：《辩证法的社会空间》，吉林人民出版社 2005 年版，第 56~57 页。

让人轻松却让人难受的东西尽量转嫁给'眼不见的他人和自然物'"①。这种外推逻辑最为常见的领域就是现代市场体系。它通过自己的制度规范制造着自己特有的"外部性"问题——这个问题在经济学上已经得到很多的研究。奥尔森（Mancur Olson）从"集体行动"问题入手，科斯（Ronald H. Coase）从"外部侵害"问题入手，诺斯（Douglass C. North）从"搭便车"问题入手，庇古（A. C. Pigou）从"公共产品"问题入手，博弈论从"囚徒困境"问题入手，对所谓的"外部性问题"进行了各种探究。我们不想在这里去跟踪经济学的这些研究，虽然它们给了我们很大的启示。

只要有制度规范不到的区域，只要外推的对象反抗力微弱，外推就会发生和持续。包括市场中的弱者、经济不发达的国家、地区和自然界，就是现代市场制度的外推对象。在这个外推体系中，"市场制度在超出一定的范围后就把责任、义务和痛苦、艰辛等负效应外推给'遥远的他人'或'自然'了。资本主义世界体系不仅要力图占领和包容所有由人组成的社会区落，而且也在某种程度上试图把自然界当作不平等体系中最低级的边缘区、或最低最远的外推对象纳入自身体系"②。

在谈到无产阶级也早已"有能力考虑到时空上或概念上较远的东西作为他们行动的基础，而不是只考虑眼前的东西"时，卢卡奇也指出，资本家早就具备了这种能力。他们早已努力考虑得更远，想把时空上远离的对象——这些对象属于可以为资本家服务，而且无法推远到不必考虑的地步，因而必须予以合理化的范围——纳入合理的计算之中，把更远的对象看作跟眼前的一样。也就是他们早就致力于把时间上和空间上虽然"遥远"却非常有利于自己的那些对象挖出来，拉过来，为自己服务，从而在对更大更多事物的把握和占有中壮大和延续自己的生命力："对资产阶级思想来说——如果这里只谈行动问题——这种远离从本质上讲就意味着将时空上远离的对象纳入到合理的计算之中。但从本质上来看，思想运动在于把这些对象把握为和眼前的对象是同一类的对象，即把握为合理化的、数量化的、可以计算的。"以至于被看作自然的，也就是永恒的存在。从而使得产生这样的效果："乍一看，时空上近在眼前的对象和远离的对象

---

① 参见拙著：《辩证法的社会空间》，吉林人民出版社 2005 年版，第 58 页。
② 参见拙著：《辩证法的社会空间》，吉林人民出版社 2005 年版，第 78 页。

一样，都服从这种变化。"①

在这种对遥远对象的合理化中，遥远对象的某些积极功能被实施此种行为的主体开发了出来。他们当然是为了强化自我才努力这么去做的。既然目的是强化自我，那就不管这一行为对其他存在会产生什么样的效果了——这应该属于被推远甚至漠视或不予以考虑的问题范围了。不过卢卡奇像马克思一样，相信在这种漠视中隐藏着一种危险的不断累积。当这种累积进行到一定程度，实施主体即使再具有多么强烈的推远、漠视和掩盖的愿望和冲动，也无法抵挡累积产生的、对自己不利甚至具有毁灭作用的客观效力了。被推远的东西在遭受实施主体白眼和冷漠的不利境遇中，凭靠自身的逐渐增大走进力图漠视它的主体视野之中，迫使这个主体减少冷漠，直面自己，成为这个主体无法革除的此在亲近性。可惜的是，每当这个时刻，锻造这一后果的主体往往已经无力担当对这个困境的求解了。求解需要一个新的历史主体，一个具有更高视野、更高潜能，并在可能的求解中获得新生的实施主体。在对这一困境的求解中，实施主体成就自己的潜能，实现自己的价值。也就是说，求解作为一种主动的"拉近"，固然客观上是因为长期被推远的东西缓慢累积所产生的不能再漠视的压力效应，更是由于就近承担求解重任所必需的素质、能力和胆识。

为此，卢卡奇的意思是，既然资产阶级早已这么惯于使用有效的"纳近"之法，那力图超越它的无产阶级就更需要具有长远和宽广的视野，更需要超越直接性。这不仅意味着无产阶级需要同样的"纳近"艺术和能力，而且更要求具有主动承担解决在资产阶级的"推远"策略中累积产生的麻烦、自悖性的胆识和能力；不仅"意味着行动对象的客观属性的变化"，更意味着实践策略的调整。

---

① （匈牙利）卢卡奇：《历史与阶级意识》，杜章智、任立、燕宏远译，商务印书馆1995年版，第260页。

三、越推越遥远的外推：
从个体、群体到国际和自然界

个体是这样熟悉外推之法，但由于超出个体层面的群体在现代社会中不但异常多，而且发展成熟，制度发达，所以往往是群体能够较好地按照自己的目标来规范个体的"出格"行为，使之被纳入合乎群体要求的目标体系之内，使个体的外推行为受到明显的限制。但是一个群体的实践行为所能受到的规治就常常不一样了。这不但是因为群体都能依靠发达的组织手段凝聚更大更多的能量于自身，还能创造为自己行为辩护、加强凝聚力、防范其他群体肢解和分化自身的意识形态来壮大和维护自己，使自己变得强大和持久；更因为群体大到一定程度，就能逃脱更大群体的控制，或者在它之上实际上已经没了更大群体的控制。一般说来，民族国家就是这样一个可以规避更大群体控制的至大群体的边界线。

国内由某个行业、地方、阶层等群体发出的外推，因为损害国家整体的发展而可能被本国政府所力欲抑制。除非政府权威不够或工作不得力，或外推的始发群体过于强大，外推是不会高频率、高密度、高强度地出现的。但在国家与国家之间，更不用说在人与自然之间，就不存在像国家政府那样为了自己的发展，为了自己的整体利益而发明各种有效制度去约束可能会大量发生的外推行为的有效组织了。联合国等国际机构起不到这样的作用，而在人与自然之间，甚至连联合国这样的组织机构都不存在。

于是，在国际范围内，在人与自然之间，外推行为的大量发生也就不足为奇了。

外推给自然界，是最保险和引起的反馈最迟缓的外推。

必须追问的是，如果把生产力继续定义为"改造自然的能力"，那么，把一切价值理想实现的关键看作大力提高生产力，缩短必要劳动时间，那不就必定意味着就把这一关键视为对自然的改造，也就是把对下层民众的剥削转移到对自然界的剥削上？经济学家肯尼思·博尔丁（Kenneth Boulding）说过，在发达国家，把眼睛盯在对人的剥削上绝非聪明的好办法。"对所有的人来说，提高生产率才是赚钱的好办法。一个人可以从大自然中获取 10 个美元而不必从同仁身上榨取一个美元。"① 无论从经济效果还是从政治效果上说，榨取大自然比榨取底层百姓都更为聪明。在稳步增长的国家，技术和管理更有利于致富；在停滞国家，才更多地把眼睛盯住对同仁工人的剥削上。随着资本主义的发展，剥削对象越来越被推远了，短时间内不会爆发反抗的自然界——何况这个自然界常常是更穷的第三世界国家的自然界——成了比工人们更好对付的剥削对象。马克思在此问题上的态度是什么？这倒是一个需要讨论的问题。莫尔特曼就认为，早期马克思还谈论"人类的自然化"和"自然的复活"，但在后来的《资本论》中，自然就只成了劳动对象和劳动资料了，自然作为人的家园和家乡观念就没有了。"马克思只是设想以牺牲自然为代价来扬弃人类自我的异化。在他看来，人类造成的自然的异化只能在有待克服的资本主义掠夺性开发中才能见到。然而，甚至在共产主义制度下，自然也仍然是供人类役使的奴隶。结束这种自然疏离还没有成为马克思的观点的组成部分。但是，这仅仅意味着，就人类与自然的关系而言，马克思仍然局限于培根和笛卡尔的概念框架中。"② 与莫尔特曼的这种观点不同，生态学马克思主义的一些代表人物，则愿意从马克思对不顾一切疯狂追逐资本扩张的资本逻辑中找出一种资本压迫、盘剥自然的逻辑。在我看来，马克思和恩格斯当然对只顾利欲熏心而在其他方面不顾一切地盘剥自然持坚决的批判态度——这一点即使在《资本论》及其手稿中也没有什么改变。也就是说，他们反对过度开发自然。但是，他们反对的只是不顾（或违背）自然本身的逻辑去改造自然，而不是反对大力改造自然，并不反对把自然作为隐含着巨大潜能的客体加以改造和提取以提高社会生产力。就是说，他们反对的只是违背规律地改造自然。只要按照自然本身的规律和人类实践与人类历史本身的发展规律去改造自然，无论规模多大，程度多深，都是正确和合理地改造自然——这是没有什么问题。但问题是，"自然本身的规律和人类实践与人类历史本身的发展规律"本身可能就是一个极容易陷入意识形态漩涡的东西。而何谓"符合"这样的规律也是问题成堆的。所谓按照自然的规律改造自然，于是也就仅仅意味着，需要注意改造行为所引发和招致的

---

① 参见李普塞特：《一致与冲突》，张华青译，上海人民出版社 1995 年版，第 367 页。相关分析继续参见拙著《辩证法的社会空间》（吉林人民出版社 2005 年版）第二章第二节。

② （德）莫尔特曼：《创造中的上帝》，隗仁莲等译，生活·读书·新知三联书店 2002 年版，第 64~65 页。

问题，注意自然本身的承受力，不要过于贪心，不至于太过分，等等，却没有上升到反省改造论蕴含的主客二分逻辑，并确认自然本身具有大量制造人类所需各种物品的生产力，本身就具有一定的主体性特质这样的思想高度。

在韦尔默看来，马克思把自由理解为工作日缩短基础上的自由人联合，即"所有人的不受妨碍地发展的全部障碍的消除，唯一的限制来自社会与自然的新陈代谢的持续必要性"。而社会发展过程中日益增强的异质性问题在其中就被肢解了，使得自由人的联合成了一种无中介的互动。而缺少复杂的中介也就意味着，在个人层面上成立的东西，直接可以转化成社会层面上的事实。根据韦尔默的说法，马克思就是以这样的方式"埋葬"而不是"解决"了自由在现代性背景下如何实现的复杂问题。而这得益于把"两种不同现象混为一谈：一方面是工人阶级遭受的剥削、贫困化和退化，劳动的非人性以及缺乏对经济的民主控制，另一方面是以普遍人权原则为基础的形式法律以及现代社会中的功能和系统分化的出现。正因为在他对异化的批判中，马克思把这两种不同的现象混为一谈，他就相信资本主义所有制度的废除不但足以为废除现代工业社会的非人性特征扫清道路，而且足以为废除与之相伴随的功能分化和系统复杂性，并从而为恢复共产主义社会的人类之间的直接统一和团结扫清道路。"①

按照这种解读，既然把社会性的机制运作看得这么简单，其作用那么小，自由的希望都寄托在了改造自然而获得的生产力的提高上，那么，人改造自然能力的增强被视为自由能否实现的关键。由此，人对自然的改造就承担了非常大的压力，在可能性的空间内，速度越来越快、规模越来越大、效率越来越高地改造自然，就成为这一理论必然的要求。即使有必须符合自然本身规律的内在牵制和约束，也难以遏制这一理论释放出的更快更有效地改造自然的内在必然要求及其威力。由于这一理论隐含着"更快更好地改造自然，以便尽快满足实现自由所需的前提条件"这一逻辑，更快更大规模地改造自然——以提高生产力，就是这一理论内在的必然要求。所以，在某种意义上完全可以说，把麻烦和问题尽量外推给自然，外推给离核心主体日渐行远的自然客体系统，是更为保险和有效的现代性外推。在现代技术和制度条件下，高水平的外推就是推得越远、隐匿得越深

---

① （德）阿尔布莱希特·韦尔默：《理性、乌托邦与启蒙辩证法》，（德）阿尔布莱希特·韦尔默：《后形而上学现代性》，应奇、罗亚玲编译，上海译文出版社，2007，第65、66~67页。

的外推。因为推得越远，隐匿得越深，引起的关注和反馈自然也就越稀少和微弱。所以，各种外推之法都力欲提高自己的水准，都力图在外推的深度或遥远性方面下功夫。在这种背景下，借助于水平日益提高的现代技术和制度的帮助，针对大自然的外推就这样不断加深并日益重要了。当外推的主体是强有力的民族国家或跨国大公司之时，外推的能量和效应就更为显著，也更为可怕了。这可能也是现代主体从独白式的个体发展到有强大威力的组织主体时必然出现的结果。

看来，技术的增强和进步，社会关系体的更大化，群体发展的严重平衡及其矛盾的加深，都使得外推越来越成了"解决""化解"或"规避"矛盾与冲突的主要手段。而最远的外推就是推给大自然。这是生态困境的根源，这种根源归根结底就是近代主体性。

第四层次　反思现代文明的哲学基础：物化与虚无

第十七章 异化的三个层次

按照主体性哲学的思路，主体的自我实现势必走向两个方向或道路：一是向内挖掘，发掘内在但却尚未发现的无限潜能，强化不依赖于外在存在的自我；二是进一步驾驭外在的客体存在。如果向内挖掘不动，就只能强化对外在客体的控制。于是，主体性势必导致对客体他者的焦虑，担忧主体受制于他者，被他者牵着鼻子走，甚至成为他者的奴隶。这种担忧也就是所谓的"异化"。

在这个意义上，"异化"以及与之相关的"物化""物象化""事化""对象化"就这样成为主体性哲学永远的伴随物。主体性哲学一出场，就必然遭遇到这些家族类似的亲戚们。它们会永远地伴随着它的一生，会如影随形、不请自来地随时出现。如果主体性哲学不喜欢它们（实际上也的确如此），它们（异化、物化）就会成为近代主体性哲学永远无法革除的梦魇。

研究马克思哲学的专家们一般都认为，马克思的哲学力欲超越，也在某种意义上已经超越了近代主体性哲学。他用一种社会关系论超越笛卡尔以来的内在主体论，用一种社会哲学超越近代意识哲学。如果这个结论得到认同，那么，根植于近代主体性哲学的"异化"论该如何相应地被超越呢？随着近代内在主体论的被超越，依存于此种内在主体论的"异化"论也势必被超越。

如何理解随内在主体论一起被超越的"异化"观呢？它能否直接挪移到对"物化"论的超越上吗？被超越后的"主体"是完全地被消解，还是以某种方式获得保留，也就是常说的既有保留又有放弃的"扬弃"？在新的哲学根基伤悲思考的"物化"是以怎样的形式存在，又是以怎样的方式"扬弃"传统异化理论？

在本书第四部分中，我们先区分几个层次的"异化"。只有在这个基础上，才能导向对两种"物化"（Versachlichung 与 Verdinglichung）的进一步区分，并由此导向对"物象化"（Versachlichung）与"物化"

（Verdinglichung）的新理解。①

按卢卡奇的说法，异化是我们时代的关键问题，也是马克思主义复兴的重要生长点。但"异化"这一术语目前存在不清晰、神秘、模糊之处。在"异化"这个名目之下，一并寄存着不同社会层面的人所分别具有的众多不同的、难以名状的感受和希望。通常对这些感受和希望人们并没有给予足够清晰的分析鉴别，没有剖析其中的哪些具有合理性、哪些是虚妄的。它们在未经审查、一概具有了合法性生存之许可证的前提下混杂地结合在一起，并在此基础上不断地发起对现代社会的反击和批判。经过层次的鉴别和分析，本章力图申明，"异化"概念本来具有不同的层次性，这些层次分别表征着人们不同的社会挫折性，对这些挫折进行批判和诉求的合理性并不相同。但作为一个批判性概念，"异化"越来越走向了抽象化，即极力把自己表征为一种普适性范畴，力图把不同阶层的不同感受表征为一般人所有的普遍和抽象的感受，这种感受简单地说就是主客颠倒。这就使"异化"成了近代主体性哲学的一个理论产品。可对普适性的主体性哲学的反思，和马克思对这种哲学的态度的重新认识，不能不使我们重新思索这种自我标识为普适性范畴的"异化"概念。在某种意义上，对这一术语的内涵进行批判性的清理、分析，对于异化论在马克思主义理论中继续言说的合理性来说，成了一个必需的工作。本章认为，区分各自具有不同谈论价值的层次内涵是非常必要的；而对异化概念的主体性模式进行分析批判，以界定异化论的正当性谈论之范围，更是如此。

一、异化的产生与层次

在黑格尔和马克思的理论视域内，异化观念来源于启蒙理性与表现主义的统一这个被现代思想看作必须完成的历史任务的背景之中。启蒙理性要充分地伸张自我意识、伸张主体性、伸张通过对外界的控制而得以确立的自由。针对启蒙主义对普遍、理性主体的诉求，浪漫的表现主义则要呼求那种内在的、独一无二的、富有创造力和表现力的个性之人。这种人并

---

① 这部分内容，请参阅拙著《物与无：物化逻辑与虚无主义》（江苏人民出版社2013年版）一书第三部分的分析。

不仅仅具有普遍理性的资质，更与特殊性存在（如语言、传统、土地等）相关，富有特殊性、非普适性和具体性。这种表现主义人论主张人与自然、人与人之间的有机和谐，以及个人内在的情感、理性和意志的和谐。工业世界向科层制方向的无情进展便把这种富有表现力和创造力，却逐渐被工业世界遗弃和损伤的"个人"之价值与困境凸现了出来。按泰勒之论，现代社会关于私人生活中的个人的观念恰恰就是这种表现性个体。"现代社会在其私人的想象的生活方面是浪漫主义的，在其公共的集体的生活方面是功利主义或工具主义的。"① 表现性个体越来越浸染着"个人"观念，社会发展却越来越按照启蒙逻辑的路径不断趋于深化。这就不能不使表现性个体与越来越庞大的社会结构和水平越来越高的社会分化之间的差距也越来越大。个人由此产生了一种严重的无力感。

在这种不适应和无力感中，反对者、批评家们感觉到有些他们希望、向往的东西逐渐被窒息了、死亡了、终结了。这就是后来被称为"异化"的那种背景和感受。这里的"自我"主体不必是表现主义的，也完全可以是启蒙主义的。因为前者与后者一样，都内含着一个关于个人的自主性理想。当索伯说异化根植于人在创造和控制社会进程中的潜在自由与基本作用的人道主义理念，而马克思虽然放弃了费尔巴哈式人道主义，却没有与人道主义的基本理念决裂时，他是正确的。② 现代的主体自我观念，直接构成了异化论的始发点和前提。吉登斯说，若说所有写过现代社会中"自我"（主体）这一题目的作者共有一个相同主题的话，"那么这个主题便是个体在联系到一个差异性和宽泛的社会世界时所体验到的那种无力的感受。假定在传统的世界中，个体实际上控制着形塑他的生活的许多影响，那么在与此相对立的现代社会中，这种控制已让位于外在的代理机构（agencies）了。正如马克思所认定的，在分析这个问题时，异化（alienation）的概念起了核心的作用"③。

就主体确立的路径来说，近代主体性哲学视主体为一个内在、理性化自我的观点一开始就切断了主体得以确立的社会学维度，忽略了主体得以

---

① （加拿大）查尔斯·泰勒：《黑格尔》，张国清、朱进东译，译林出版社2002年版，第831～832页。
② （英）索伯：《人道主义与反人道主义》，廖申白、杨清荣译，华夏出版社1999年版，第37页。
③ （英）吉登斯：《现代性与自我认同》，赵旭东、方文译，生活·读书·新知三联书店1998年版，第225页。

成为主体的社会化过程。于是,那种内在的点状自我一进入现实的社会化过程,就势必被看作社会对主体的蚕食和统治。就像阿多诺与霍克海默所说,"彻底的社会化意味着彻底的异化"①。社会性的张扬就意味着个人的丧失,社会化就是社会对"人"的入侵,在《人的条件》一书中,阿伦特把这种意思也归于了马克思。②

异化表达的就是这种现代个人面对越来越复杂和庞大的社会分化时所产生的某种状态和感受。通过对这个"个人"之内涵的剖析,就可以发现"主体"在"异化"这个名目下所感受到的丧失和为弥补此丧失而提出的理想性要求是什么、有哪些,然后以此对异化的层次和类别做出区分。

根据现代主体性哲学的基本思路,现代主体的充分伸张与成熟起码意味着在以下三个方面要达到充分的实现:一是对他者的掌握与占有——伴随着世俗化的不断加深,这种掌握与占有也愈来愈表现为对世俗性存在(主要是物化财富)的掌握与占有;二是建立在自身内在性潜能的充分实现基础上的自主性的获得与保持;三是与先验主体直接相关的主体的纯粹或先验维度的充分展现,依靠这种展现,主体能够在自身内部发掘出并建立起自己生命的意义。对他者的掌握、自主性的获得,以及意义的确立,都是现代内向性主体论坚信通过挖掘自身、通过把自身做大做强就能实现和达到的基本目标。向这些目标的切近是现代主体论的内在逻辑已经包含了的。在最为纯粹和先验的意义上讲,这些目标也是已经包含在现代内向性主体自身内部之中的——笛卡尔那继承奥古斯丁向自身之内充分挖掘就能找到上帝、获得拯救的内向性主体之路,本来就喻示着这些目标的自然实现。按照这种喻示,掌握他者、确立自主性和生存的意义,与现代主体自身的"距离"先验地说是个"零"。也许只有在经验层面上,这种距离才是个实数。当黑格尔、马克思愈来愈强调经验主体对于先验主体的至关重要性时,现实社会中已经越来越明显地显示出了与内向性主体论的逻辑意味不一样的状况在大量地发生。这些状况表明,仅凭自身就能自足自立的内向性主体与掌握他者、确立自主性和生存之意义的目标之间,不是在切近,倒常常是在疏远。主体对这些目标越来越感到了某种陌生,感到了某种距离。当马克思强调主体的构成不是内向性的,而是相互间的社会关

---

① (德)霍克海默、阿道尔诺:《启蒙辩证法》,渠敬东、曹卫东译,上海人民出版社2003年版,第62页。

② 参见(美)阿伦特:《人的条件》,竺乾威等译,上海人民出版社1999年版,第54页。

系塑造的时候,也就是按照现实实践的运作社会性结果来构想主体,把实践主体设想为经验性的,并以经验性的主体取代先验性的主体,开创了从他经卢卡奇到现今的哈贝马斯的整个马克思主义主体论基本思路之后,社会性因素对上述三个基本目标的影响更是走向了疏远、陌生化之路,而不是相反的切近和自我实现之路。所以,根据这些对之产生了陌化并心向往之的三类"对象"(目标)的不同,我们可以把异化分为三类,这三类也可以视为三个不同的层次:针对物化财富的缺失与弥补的异化(异化Ⅰ),针对自主性和自控性的丧失与弥补(即试图把握、控制世界)的异化(异化Ⅱ),针对超验价值、意义的缺失并试图弥补之的异化(异化Ⅲ)。虽然并不能一概而论地在三个层次中排出高低顺序,但三个层次的异化其超验性和面临的难度是逐渐递增的。异化Ⅲ最难克服,对于立志在此方面求解的人们来说,得不到满意的答案是正常之事。

传统异化话语主要是就异化Ⅰ、Ⅱ而言的,且往往被视为能科学解释历史发展的历史观范畴。下述前三种分析批判的目标即指向这种传统异化话语。

二、异化Ⅰ

第一,异化Ⅰ在马克思早年的劳动异化论(四个方面中的第一方面)中得到了最充分和最有代表性的表达。可以想象,在以生产为中心的现代时期,这一层面的异化存在于物化财富的占有或消费不足的那个社会阶层之中。正是这个阶层的人对物化价值的缺失体验最深。就像麦克基本在论述传统乌托邦(传统乌托邦与传统异化论是密不可分的)时所说的,传统的乌托邦(或异化论)"是由于当时人们承受着或者拥挤、或者压力、或者缺乏有意义的工作、或者性太多、或者性太少而造成的社会恶果"①。由此,它就是以物质生活的满足、生活水平的提高、劳动成果的自主化占有为基本指向。在这个意义上,马克思首先立足于无产阶级谈异化,弗洛姆、卢卡奇、萨特亦如此,都顺理成章。尽管马克思前后期的异化观有明

---

① (美)比尔·麦克基本:《自然的终结》,孙晓春、马树林译,吉林人民出版社2000年版,第186~187页。

显变化，但异化Ⅰ马克思终生都坚持，且在他主张的"异化"中处于基础性地位。应该说，这种异化是最为基础性的异化，它主要是一个牵涉到社会学、法学和经济学的社会哲学概念，为此所需要的理论分析并不仅仅是哲学分析，也同样需要经济、法学和社会学的分析。

尽管这一层次的异化按尼采和舍勒的逻辑可能会被评判为基于底层人"怨恨"的某种表达，但它相比异化Ⅱ、Ⅲ也常被人们视作较容易克服的异化，特别是在现代自由主义者眼里尤其如此。达仁道夫就断言，资本主义社会中公民基本权利从司法领域到政治领域再到社会领域的贯彻，无产阶级要求的政治权利和社会权利的逐步实现，使得无产阶级的基本需求早已得到了满足，由此导致阶级冲突也逐渐得到缓解。最后只剩下经济上的不平等有待被市场社会弱化和克服了。① 显然，要使达仁道夫的结论能够让人接受，就必须把他使用的"资本主义"概念仅仅限定在沃勒斯坦资本主义世界体系的中心区。而一旦把其外围边缘区和半边缘区也包括进来，结论就大不一样。作为一个世界性体系，"资本主义"依赖于其边缘区和半边缘区作为弱势的外推对象，使之结构性地支持中心区。所以，世界体系中最受压迫和剥削的下层民众已不见得就是中心区的工人，而更多是在不发达的外围区。但自葛兰西强调现代意识形态已经以制度的方式得以稳固并且进入民众的无意识，再借助阿尔都塞的意识形态国家机器体系和波斯特的第二媒介系统广泛占据了人们的心灵空间之后，不管是处于现代世界体系的何种层面，人们都会不假思索地相信普遍发展、普遍富裕的现代性理想，而且是越边缘化的人越向往。于是，异化Ⅰ也就在这个普遍向往的庞大人群中不断滋生和孕育着。

同时，关于异化Ⅰ的另一关键问题是，当这一层面的人们在某些区域或条件下较好地满足了对物化财富相对较低的追求之后，还会以那么大的热情继续反对异化Ⅱ和异化Ⅲ特别是异化Ⅲ吗？就是说，普通民众就不会被物化价值和弘扬物化价值的大众意识形态所俘虏吗？当葛兰西看到弘扬物化价值的资本主义意识形态对个人越来越成为制度性的无意识以来，这个问题的严重性早已不言自明。如果无产阶级不能继续反对异化Ⅲ，那卢卡奇和弗洛姆所说的只有最深刻地陷入异化中的人才最有可能反对异化的见解，恐怕只能就异化Ⅰ而言才能成立，在某种意义上最多可以延续到异

---

① 参见〔英〕达尔夫·达仁道夫：《现代社会冲突》一书（林荣远译，中国社会科学出版社2000年版）的有关论述。

化Ⅱ，而就异化Ⅲ而言答案就有所不同，因而应该重新探讨了。

第二，在马克思那儿，三个层面是高度融合在一起的，没有分离开。但自卢卡奇之后三个层面的异化就逐渐分开了。西方马克思主义基本不在第一层面的异化上论说了，这一点比不上马克思，可能也与处在西方资本主义中心区、时代发展了、西方无产阶级的生活水平提高了有关。但趣味的"提高"、与大众的距离加深无疑也是不可否认的事实。在这个意义上，与大众、无产阶级的分离是必然预示着的一种逻辑。在卢卡奇这儿，这一逻辑就显现出来了：把异化等同于物化，把对异化社会的拒斥仅仅解说成对一种越来越俗气的拜物教社会的拒斥。在这种悄然的逻辑转变中，异化Ⅲ势必越来越受到重视——它随着物化财富的增长而不断趋于增长，与经济学、法律、社会学分析逐渐疏远而与哲学、美学分析越来越近了。在这个意义上，异化更突出地表现为文化批判意义上的物化，成为一种现代文化背景下的现代性现象。

三、异化Ⅲ

对第三层次的异化来说，当制度在特定区域中完善和发达到一定程度，能使它关照到的人在物化财富的消费方面达到相当水平或某种程度上基本摆脱了异化Ⅰ之后，它也会凝聚为一个威力无比的巨大网络，即制度结构之间达到了一种成熟的整体性相互协调——各项制度高度相互缠绕在一起，其规则体系和其中喻示的价值规向会把人们塑造成千人一面的"抽象人"。在巨大的物品世界和意识形态世界面前，作为近代表现主义理想的"个性人"退居幕后，变成不在场的、在视野中消失了的、心不在焉的存在。随着公共空间日益变成某些特殊私人的秘密和隐私的展示空间，"个体公民身份的保护性盔甲正逐步地，也是一贯地被剥除掉，而且公民能力和利益也被剥夺一空"[①]。公共空间的弱化使个人直面庞杂和威力无比的制度体系，直面硕大无比的世界体系，他的无力、无可奈何、因失去公共世界的护卫而产生的空无感和无意义感，以及茫然的无方向感等等，

---

① （英）齐格蒙特·鲍曼：《流动的现代性》，欧阳景根译，上海三联书店2002年版，第61页。

就会不断地内生出来，或不知何方地向他袭来。个人主义愈获得制度化的认可与实现，这一点就愈明显。个人不但没有了等级制的约束，有了空旷的自由和平等，而且也没有了可以凭依的习俗、共同情感、基本价值等公共世界提供给他的东西，只有一个空洞的"我思"和"我在"伴随着他。可我"思"什么？我"在"哪里？我"在"为何而做？我"在"走向何处？甚至何为"我"、"我"是什么？如果"我"只是求解这些"思"的存在，那看不到答案的无穷黑洞会吞噬掉"我"。对于大多数无力承担这些沉重负担的个体来说，可能连这样质问自己存在的勇气也鼓不起来。因为对于思想者来说，对这些问题我"思"也无法求解。一开始也许是百"思"不得求解，之后可能就是不求甚解、不"思"求解。他像一只现代荒原上的狼，也许他身边的空间不远处就有同伴，生活的四周也许更有丰富的物品给装扮得"鳞次栉比"，甚至他可以调动和支配这些让它活就活、让它死就死的既可爱又可恨的物品体系，但他仍然感到自己身处空旷的荒野，八面来风无端、也没有方向、莫名其妙地向他袭来。他何去何从？一旦他这么一想，可怕的空无和渺茫就会完全占据他的内心。除了模仿周围的同伴，他恐怕也找不到什么有效的行为策略。这样，启蒙理想中蕴含着的普遍的理性人就取代了表现主义理想的"个性人"；它们相互之间高度密集的社会认同将更加确保"样品人"的正当存在——因为向大众化的、平均型的、正常化的"常人"靠拢，以此塑造自己，是最容易和轻松、风险最小、探索成本最低的社会选择。克尔凯郭尔与海德格尔所谓的"样品"人、"常人"通过吉登斯所谓的"象征标志"和"专家系统"而得以不断强化。如果说马克思和克尔凯郭尔时代的个体还乐于寻找自己所属的固定的社会群体，并拼命致力于加入更高的"参考群体"（reference groups）而找寻生存的意义依托，他们乐于成为这一群体的成员并甘愿受此群体规范的支配，那么，如今社会中群体的多样化和身份的多样化使那些基本摆脱了异化 I 的个人走进了"普遍观照"（universal comparison）境遇之中：在那里，个人目标依周围人的状况而定，状况处于说不清的多变之中，目标亦是莫名其妙地如此。在这种情况下，解放和个性自由的社会基础重新成了一个需要寻找的难题。"普遍观照"的运作机制把公共世界锻造成私人化的某种表演，公域成了私人戏剧的公演场所，当下、自我和自我的"普遍观照"日益取代了"社会"与"历史"。

这样一来，对于其第三层次而言，"异化"的关注视点也就势必从庞大的外在世界（"铁笼"）对个体的压制、盘剥、束缚和监控转向喻示着责任、规则、意义的公共世界的缺失和个体失范的加强。而在公共世界缺失和个体失范加强的背景下，按照波德里亚的描述，异化就表现为如下一系列结果：一是心不在焉和不负责任。制度的完善化在达到包罗万象的程度时，个人除了在一个固定之处乖乖地向它投降外，也就只有四处逃窜、靠不断变换来寻求自我的确定感和存在感了。好在包罗万象的现代制度内在地富有风险性特征，它在某些地方可能会突发性地"分泌出各式各样的毒性：金融崩溃、爱滋病、计算机病毒、取消经济调节措施、误传信息。仇恨本身就属于这类病毒。"① 当个人和硕大无比的制度体系产生不断趋于加大的距离和鸿沟时，当个人搞不懂的制度体系莫名其妙地运作甚至不时地发作时，个人就会在心理上日益"离开"它，"逃避"它，对它产生心不在焉和无所谓的态度。二是这种"异化"表现为"只知道不想要的东西，而不知道想要的东西"，它作为一种不能收回的情感不断地召唤不在场的他者作为憎恨的东西出现。异化者可能会莫名其妙地产生某些否定性情感："憎恨、厌恶、过敏症、强烈反感、拒绝和疏远——大家不再知道想要的东西，但是大家知道不想要的东西。在其拒绝的规范语句中，有一种不可转让的、不能回收的情感。然而，这情感似乎有召唤不在场的他者，要它作为这种憎恨的对象出现。"② 三是但这些仇恨和否定性情感不再具体地导向厄运，因为它们都会被制度网络控制住，或者多数消解在制度网络的众多缝隙之中，通常难以积聚和累计。它们常常以这种方式产生，又以另一种方式弱化甚至忘却，成了鲍曼所说的那种当时很生气、过后不久就会在对其他的自由性替代选择中遗忘掉的"路边旅馆"。自己的内心世界作为制度为个人开发出的自由空间更多地承担了"内化"的任务。有了这内化的机制，这些消极情感就难以普及，也难以积聚和被煽动。其结果往往就是："我们专心于已变成关心、想望和容忍对象的自己的影像、自己的同一性、自己的外貌，成为自身关注、欲望和苦痛的对象，我们对其余一切都已变得冷漠。而且，悄悄地对这种冷漠感到失望，唯恐失去任何形式的情感、新颖或定命。"③ 或者也可以这么说："每个人都在自己的轨道上奔跑，围在自己的气泡中，进入卫星轨道。……这样，他们就像在立交桥或高速公路上，包括信息高速公路上一样，只看到那些

---

① （法）让·博得里亚尔：《完美的罪行》，王为民译，商务印书馆2000年版，第143页。
② （法）让·博得里亚尔：《完美的罪行》，王为民译，商务印书馆2000年版，第142页。
③ （法）让·博得里亚尔：《完美的罪行》，王为民译，商务印书馆2000年版，第128页。

向相同方向去的人。他们看后者还没有瞬间全部转向同一方向的鱼相互看见的多。出事故的危险要少，但相遇的机会是零。他者只具有一种边缘价值。"① 四是这种否定性的情感和憎恨已不同于原来的敌对性冲突，它往往在具体的遭遇、发泄过程中具体化和不断地转移、内化甚或部分消解。因而它也难以引起一个目标明确的历史性行动。它往往只是表现为一种没有目标的、越来越以训练有素和有教养的样式呈现出来的拒绝和否定。它讲究表现和发泄方式的文明化和教养，生怕背上野蛮和没有教养的恶名。这种异化于是越来越在有修养的层面上进入异化话语的关注中心。

这样，从第三层次来看，异化更是一种黑格尔所谓基于理性自我意识水平上的反思，这种反思想必普通人不见得感兴趣，也不见得能得到：只有对社会和自我达到足够水准的认识的个体才能感受到它，而它表达着生活达到了一种自我反思的状态和境界，一种或许多少意识到了生存中分裂、自否和悖谬（即使在"理性的狡猾"中也无法消解）的生存境界和状态，这往往是不想被既定的生存样式牵着鼻子走、试图摆脱被动性和自然性的那些人追索的一种状态，一种从现在的观点来看根本不存在一揽子求解答案的"本体性"状态。

四、异化Ⅱ与主体性模式

异化Ⅱ最集中地体现了异化观念与近代主体性哲学的内在关联。辜正坤先生主张把"异化"（entfremdung, alienation）主要翻译为"主客易位现象"或"反客为主现象"，对于异化Ⅰ、Ⅱ来说无疑是恰当的（但对日趋被有教养阶层重视的异化Ⅲ来说就别扭了）。从主体性哲学的主客二分角度来看，"异化"的发生学上有两条途径：一是个体与世界的对立模式——它虽经马克思批判，但仍切合现实个人的异化感受氛围，而仍构成异化的经验发生框架；二是马克思理论中新的异化论逻辑显示出的新理论发生框架。

就前者来说，在人与世界的对立空间中诞生的个人观念的同质化是异化概念发生学上的一个关键步骤：主客二分模式很容易把与"社会"（更

---

① （法）让·博得里亚尔：《完美的罪行》，王为民译，商务印书馆2000年版，第140页。

不必说自然客体）对立的"个体"视为同质性或标准化、普遍化的范畴。所有的个人至少在控制客体世界、反对异化的范围内都是一样的：他们具有共同的利益欲求和价值追求，具有共同的观察立场和出发点，反对同样的异化，甚至具有共同的理性能力——凭此可以战胜干扰成为主体；个人的同质化不但表现在否定内在潜质的差异上，更表现在应该拥有的东西的一致性和雷同性上，即意味着所有遭受分裂和压抑的人都丧失了同样的拥有和完整。

相应地，与个体对立的"世界"也很容易被同质化和抽象普遍化。一方面，历史发展的客体世界也具有共同的规律等待他们去认识；另一方面，与内在的个人相对立的"世界"也往往被视为团结或整合起来反对个人的同质化系统。同质化的系统世界反对同质化的个体，这常常就是传统异化论的主要逻辑。同质化思维看不到，现代世界是个不断分化的世界，而不断的分化势必需要不断的调适与重组。分化后的世界不见得一定能整合为与所有个体对立的一体化存在。可以说，愈分化、社会结构愈复杂，社会组分间的协调性和自由度愈大，从而社会发展的潜力也愈大。但"制度"的相互调适在"制度"一词的广义用法上显然无法达到没有缝隙、差别和漏洞的程度。这些缝隙、差别和漏洞使制度体系之间以及制度与个人之间都产生复杂的多重及多向关系。其一，制度世界没有也不可能整合起来反对每一个人。把外部世界看作联合起来对付个体自己的客体，恰是一种对客体不作结构性细分、大而化之的简单二分法处理。这种处理隐含着个体主体对客体世界的情感拒斥和价值不信任。正如墨菲所说，现代社会的分化不可简约，冲突和对抗是无法消除只可弱化和约束的常态存在，它们具有基本的构成性、建构性功能，"在一个现代民主社会中，不可能再有一种实质性的统一体，而且必须把分化认定为构成性的，它是这样'一个社会，在其中权力、法律和知识面临着根本的不确定性，是一个已变成失控的冒险舞台的社会'"[1]。其二，对于个人来说，社会结构之间的协调性和自由度的增加却并不一定平均地落实到每一个体身上，即并不意味着每一个体与他人的协调性和自由度的增加。在这种背景下，如果把个体和整个社会都予以同质化、一体化式处理——即把它们各自都看作同样的、连为一体且步调一致地存在和活动的，然后让两者发生联系，就很容

---

[1] （美）查特尔·墨菲：《政治的回归》，王恒、臧佩洪译，江苏人民出版社2001年版，第168页。

易得出前者遭受后者压抑、牵制和否定（即异化）的结论。

告别这种简单的主客对立模式，走向马克思的社会性模式，是重新理解异化Ⅱ的基本前提。这也就意味着，需要从泰勒所说的前叔本华哲学向后叔本华哲学理念的过渡。"自由"经过叔本华、克尔凯郭尔的悲剧性转折，已经显示出自我意志的目标不只是实现，而同时也是磨难。尼采把这一点发挥到了极致。以前我们常常在前叔本华的意义上理解马克思，坚持近代式的乐观和理想。在不断分化和复杂化的现代社会背景下，这种近代式的、去异化的乐观与理想其简单性日益明显化了。马克思主义固然不能走尼采的路陷入终极空洞和虚无主义，但确立和坚持的理想应该摒弃主客二分的简单逻辑而充分考虑社会性中蕴含的复杂性、对抗性和风险性才能更现实地确立起来。而且，由于现代性制度体系越来越致力于把麻烦、问题向远处外推，对这种复杂性、对抗性和风险性的关注就需要防止观察视野过于局限在狭小范围的困囿——这种困囿常常就是陷入过分乐观的简单启蒙主义陷阱的缘由。

后叔本华哲学的转折意味着应该充分估计到异化Ⅱ中蕴含的诸多问题。除上述主体与客体世界的同质化、对主体性一厢情愿式的褒扬之外，尚有霍克海默与阿多诺在《启蒙辩证法》中揭示的关于主体操纵和控制自然客体与操纵和控制他人具有必然内在联系的问题。

尤其需要的是，要把控制、主体性引发的问题、麻烦视为某种结构性常态存在，然后再在此基础上思考对它的约束和消解。这就会把对异化Ⅱ的态度从彻底消除和一揽子解决转变为平衡、妥协和不断的暂时性解决。就是说，像对抗和冲突一样，异化也不存在一揽子解决的方案。它"不存在解决方案，也不能回避它；要做的事情不是去'克服''消灭'它，而是向它表示让步，学着认识它各种可怕的维度，然后在这个基本认识的基础上，试着与其达成暂时的妥协"。左派思想家齐泽克写道，消灭内在的对抗和裂缝，幻想没有任何对抗的社会的新人，如果不是当作一个终极性的理想，而是当作一个可以一揽子通盘解决所面临问题而后建立起来的现实社会形态，那正是极权主义产生的温床。[①] 在这个意义上，异化只能意味着一种裂缝减少、平衡加强的远景和愿景，而不能是毫无裂缝的纯理想状态。

[①] （斯洛文尼亚）斯拉沃热·齐泽克：《意识形态的崇高客体》，季广茂译，中央编译出版社2002年版，第7页。

这样看来，异化Ⅱ中蕴含着一种单向度的思考模式，即仅仅单向地观视个人与庞大世界的关系，关注现代社会系统在自我扩张中对每个个体自主性和丰富性的侵害和负面影响，而根本没有从反面思考一下：现代社会的不断扩张就没有为个人提供更多的社会联系，提供更多的社会权利，提供更雄厚的或使人得以从基本生存中获得某种程度的解脱的物质基础，提供更多的参与外部世界并与之发生连接的信息和手段，从而使现代化程度不断提高的个人比以前具有更多的力量？失却了这一向度的单向度思考不就必然导致单向的片面结论吗？

本章的最后结论是：其一，异化不是历史中的普遍性存在，也不是现代性中对所有人都一致的普遍性状态。异化只是一种现代性生存的映像，而且只有在现代性思维中才能映示出来的、与现代主体性哲学密切相关的东西。抽象的普遍性是我们在谈论异化概念时必须谨慎防止陷入其中的陷阱之一。其二，不能再笼统、把各种含义混杂在一起式地谈论"异化"了，应该区分不同层面上的异化。当然，本章并没有穷尽"异化"的丰富内涵和多义性，而只是就马克思意义上的常见异化观念做了类型区分，以期对异化的马克思主义谈论做出某种限定。对精神分析意义上的异化，以及其他思想家所说的异化尚未涉及，对马克思及其后续者异化概念的分析也有待进一步展开。对从后现代主体批判和重建的角度对异化的重新阐释也没有做。其三，特别应该注意异化话语的谈论向教养化方向的转变，即偏向异化Ⅲ并同时贬低、蔑视异化Ⅰ的现象。其四，异化话语的马克思式谈论已经正确地走向了拒斥近代主客二分模式，逐渐告别意识论哲学，转向社会理论或社会哲学分析的理路。在这条路上，社会学、法学、政治经济学维度的分析与哲学本体维度的分析相互牵涉与结合。告别近代主客二分式的抽象形而上谈论，也是马克思主义异化话语的应有之义。异化话语的谈论应该沿着这条路向前走，而不能向后走。

第十八章 文化、虚无主义话语与社会发展：德国对中国的启示

主体论的逻辑不但必然内含着"异化""物化"的问题，内在的主体也总是面临向内挖掘没得挖的空无化结局。跟其他异在，包括物、人、事切断关系，径直向内挖掘，如果伴随着现代性中群体性联系日益弱化，个体性日益增强的趋势，日益孤傲的个体能够依靠什么立足呢？有什么内在的存在能够内挖掘出来并可以依靠呢？随着"灵魂"的日益弱化，身体日益受到重视，向内挖掘能够得到的"宝物"恐怕也就只能是"身体"。精神、崇高价值、无法进行市场化衡量、计算、交换的"价值"面临着被虚无化的厄运。于是，继"异化""物化"的担忧而来的，是更加令人忧虑的现代性难题："虚无""虚无主义"。

这个问题，首先是以晚外发现代化国家从文化角度质疑西方资本主义文明的形式表现出来：怀疑现代资本主义文明的结局就是虚无主义，即不但把后发国家传统的崇高价值虚无化，更会把一切可能的特别是现代文明可能造就的崇高存在虚无化，造就一种不可避免的虚无主义结局。沿着亚欧大陆自西向东先后不得不接受现代化的德国、俄国先后经历这样的质疑。他们的经历既有经验，更有沉痛教训。正在推行"一带一路"——其方向正与现代化在亚欧大陆的传播相反，是一种后发现代化大国主动推进的重大决策——策略的现代化中国，必须重视延续、传播了200多年的"虚无主义"话语所内含着的问题。它是谋求综合创新的中国现代化无法逃避、必须积极应对的问题。

随着中国社会经济的不断发展，作为提升社会发展水平、规整社会良好秩序的力量，文化问题日益凸显其重要性。从国际现代化进程的历史来看，现代化的晚外发国家一旦取得初步的成功，在经济上构成对先发、优势国家的挑战时，往往不仅仅在经济、军事方面表现出来，而且会进一步体现在文化上。不只是作为一个传统深厚的、晚外发现代化国家，而且还

第十八章 文化、虚无主义话语与社会发展：德国对中国的启示

作为一个社会主义国家，面对西方的资本主义世界体系，中国势必要双重地给自己一个政治和文化上的定位。这种定位将决定自己与以美国为代表的资本主义世界体系的关系格局。经过长期发展，这个体系已经形成了比较成熟的政治、经济、文化价值系统。正如郑永年所说："中国外在的挑战首先并不是美国，而是现代资本主义和民主政体合二为一的世界体系。这个体系所具有的无限扩张力正在毫不留情地把世界上各个不同类型的经济体和政治体吸纳进去，变成其内在的部分。而美国刚好处于这个体系的中心，是这个体系扩张的领导者。"①

在现代化的历史上，晚外发的德国、俄国都曾先后挑战过这个现代资本主义世界体系。在文化、价值观方面，这种挑战的哲学表现之一，就是所谓的虚无主义问题。"虚无主义"就意味着直接质疑现代资本主义文明是否必然使世界虚无化，因而是否必然会被一种新文明取代。其实，虚无主义问题首先是与现代化的模式、类型、前景等问题的思索内在相联。从现代文明发展的角度来看，虚无主义问题就是一个西方现代文明适用范围、拓展空间、发展前景的问题。这么说的含义有二：一是当现代西方文明与后发国家的文化传统、价值体系相遇时，前者是不是必然把后者都虚无化？二是前者本身的内在发展逻辑是否就是虚无主义，其内在发展是不是必然以虚无主义为终结？第二个问题比第一个更为根本。因为如果回答是肯定的，那现代化就只是一种中介性策略，作为导入更高目的、目标的过渡阶段，而非最终目标。考虑到近年来中国学人更加注重把中国现代化进程纳入具有自身内在发展逻辑的中国原本社会发展之中思考，而不再把中国现代化视为中华文明发展的切断、告别和否定，却把西方现代文明纳入原本中华文明体系予以整合、创新和推进。因而，对前一问题，我们就不能容许肯定的答案，只能向得到否定答案的方向努力。于是，快速步入现代文明的我们就必须先行思考，如何遏制、改变、超越以虚无告终的现代进程，如何把它引入中华文明体系，进行综合创新，推进前行。

无论从文明发展论的视角看，还是从哲学的角度而论，传统深厚、发展潜力巨大的晚外发大国都必然绕不过这个根本问题。哪儿的思想家们也势必深深地思考这个根本问题。现代虚无主义的探讨，先是出现在德国，而后在俄国受到重视，并于 20 世纪初期就传入中国，这不是偶然的。外

---

① 郑永年：《世界体系、中美关系和中国的战略考量》，《战略与管理》2001 年第 5 期，第 68 页。

来的西方文化、价值观,也就是西方的自由民主,能否取得全面胜利,从而让历史终结?晚外发大国的现代化能否进一步拓展自己的文化理想,超越资本主义体系?这个德国人(黑格尔、尼采、海德格尔们)、俄国人(屠格涅夫、托尔斯泰、列宁们)先后长期思考过的问题,这个当初马克思深思过、20世纪初的中国思想家们思考过的问题,当下的中国人更无法回避。

一、德国的思考与教训

众所周知,当英国、荷兰现代化成功时,德国仍然是一个封建传统深厚的国家。面对外来的现代化压力,德国也必然在经济、政治和文化各方面做出反应,进行调适。正是因为传统深厚,才使得启蒙运动在德国表现得不那么激进,反而要求保留一定限度。没有其他国家像德国一样,在实施启蒙时,那么注意讨论启蒙的限度,讨论真的启蒙与假的启蒙,也就是十分关注使启蒙保持合理性的范围、界限、前提条件。因为人们担心"启蒙,不仅会导致毁灭、腐败和堕落,而且还会使致使一切公民社会解体和崩溃,导致一场人类种族的内战。而这种做法,恰恰就是从哲学开始,以剥去头皮和同类相食告终"①。正如詹姆斯·施密特所说的那样,德国启蒙伊始时关于启蒙本质和限度的争论使得"何为启蒙"成了一个地地道道的德国问题,与苏格兰和法国启蒙运动相比,在德国启蒙讨论中,"启蒙运动的理想和抱负受到了如此透彻的审视,以致我们几乎可以毫不夸张地说:随后的批评者很少提出在 18 世纪 80 年代期间还不曾考虑过的要点"②。

对启蒙的深度审视,使得德意志启蒙思想不那么极端,接受科学与理性的同时,也坚持传统价值、宗教信仰的不可扬弃,强调既定秩序的价值,拒斥激进、快速的彻底变革。即便是在当时激进地主张贯彻启蒙,并

---

① 弗里德里希·卡尔·冯·莫泽尔:《真的政治启蒙与假的政治启蒙》,(美)詹姆斯·施密特编:《启蒙运动与现代性》,徐向东、卢华萍译,上海人民出版社 2005 年版,第 221~222 页。

② (美)詹姆斯·施密特编:《启蒙运动与现代性》,徐向东、卢华萍译,上海人民出版社 2005 年版,前言第 1 页。

第十八章 文化、虚无主义话语与社会发展：德国对中国的启示

因而受到批评的康德，也没有激进到以理性质疑一切的地步；相反，他主张通过划界以确保信仰不受侵犯：把科学、理性、经验实际上都判为现象界，不及超经验的、更根本的本体世界。物自身、上帝、灵魂、自由意志都是超越现象之外的存在。康德不想让新的启蒙危及这些价值，也不想否认新的启蒙思想，虽然他对上帝唯理主义的处理方式必然蕴含着上帝之死的结论，但他还是试图在传统的神圣罗马帝国文化与西欧来的启蒙思想之间调和。如郭少棠所说："康德的思想充分反映了德意志启蒙运动的特色：温和、中庸、平衡；替宗教、道德、理性和科学定位。……协调神圣罗马帝国的政治文化与西欧式的启蒙思想。"①

即便如此，康德还是受到了雅可比的质疑。过去我们特别重视启蒙思想对传统思想的冲击，却不怎么注意传统立场对启蒙思想的质疑与担忧，以至于总是抱着一种越激进、彻底就越好的心态，追求最极端的启蒙。当时，站在传统立场的思想家雅可比就批评康德哲学，认为这种哲学既想从心灵结构出发解释世界，把外在世界归结到主体这里，又想保持对物自身这个本体世界的信奉，这是矛盾的，也是必然会导致荒谬的。他认为这种二元论哲学的进一步发展只有两条可能性道路：一是走向斯宾诺莎主义；二是把心灵结构作为绝对的出发点，建立一种在存在论和方法论上都是一元论的绝对自我主义立场。费希特后来发展的就是后一道路。这一道路试图以唯理主义的方式来论证上帝、自由和不朽，摧毁传统的外在神，以理性为基础致力于把神内在化，这必然导致一种非常荒谬和可怕的东西。通观看来，这种荒谬性之一就是"将作为某种东西的物的观念完全去除"，把物处理成一个自我主义（主体性）的结果，陷入雅各比在1792年的小说《阿卫尔》中揭示的如下逻辑结局："他们真正坚固的基础在于同意（无所不在的而且永恒的）'在这东西后面对人来说是无'。"② 物只是一种依赖于主体的状态，感受就是我们自己意识的状态。物成了一种无！荒谬和可怕之二是，上帝、自由、不朽这些康德力图为之辩护的东西，会进一步地成为空无，失去其客观性、确定性、永恒性。康德开始了把上帝从外在之神转向内在神圣的道路，费希特则开始"反对上帝作为一个人格、先验的造物者的概念，转而提出一种上帝作为世界的体系秩序以及贯穿它的

---

① 郭少棠：《权力与自由：德国现代化新论》，华东师范大学出版社2001年版，第25页。
② （德）迪特·亨利希：《康德与黑格尔之间》，彭文本译，商周出版2006年版，第159页。

精神的概念。这种'世界秩序的上帝'、斯多葛的上帝、神秘主义的上帝、精神式宗派的上帝，并不是教会的上帝、理性神学的上帝、传统形上学的上帝。而这也是后来在黑格尔哲学里出现的上帝"①。这样的"上帝"进一步在青年黑格尔派反对神灵的哲学批判中被转变为施蒂纳推崇的"唯一者"、马克思批评的拜物教中的"物"神，明显预示出传统上帝之神的死亡。在得到尼采和海德格尔的相继确认后，上帝及其代表的超验王国的死亡，使得虚无主义在德国思想中得到了长期、持续、深刻的关注和揭示。这一思想历程肇始于康德。虽然康德主义者相信自己是在为人类尊严和自由辩护，但雅各比却相信他们的辩护中蕴含着某种荒谬和自相矛盾。一种非常可怕的东西充斥于其中。给这种东西起个名字，就是1799年他在致费希特的信中使用的"Nihilismus"，这就是现代"虚无主义"一词的第一次使用。

"虚无主义"这个词突出地反映了德意志传统思想对新的启蒙思想的担忧与怀疑。这种担忧随着岁月的演进，不断生根发芽，相继滋养和衍生了浪漫主义、存在主义、尼采、海德格尔、法兰克福学派，甚至在一定程度上也包括马克思。他们都发现现代资本主义世界的运作正在把一切神圣的东西虚无化，因而对西方现代文明都抱有这样那样的批评态度，力图找到一种替代性的文明来超越资本主义，甚至主张回到古希腊的源头，发现一开始就走错了的道路起点，正本清源，另起炉灶，重新上路。

这种虚无主义担忧凸现了晚外发现代化国度的人们对现代文明、现代文化的质疑和忧虑，担心它会把本国本民族的崇高道德价值虚无化，而且，还进一步把现代道德价值也最终虚无化。这其实就是既肯定新的启蒙文化，又立足于传统人文精神看不上新的启蒙文化，担心它达不到应有的高度，或者它的进一步发展会危及德意志人心目中那些崇高的价值。

这种忧虑，早在德国18世纪中期出现的狂飙突进运动中就有所体现。这场运动反对虚伪、形式主义，反对单调、平面的理性主义，"挟着青年反叛的暴风情绪，正面挑战启蒙思想的平面、冷漠和机械的理性主义和系统思想，冲击以法国为首的文化主导，批判宫廷贵族的浮夸、僵化与虚伪"。它反对浮夸、虚伪、形式化的物质文明，"狂飙运动高举单纯、清新、真诚的精神文化，开启德意志首次以其精神文化（Kultur）的优越性

---

① （德）迪特·亨利希：《康德与黑格尔之间》，彭文本译，商周出版2006年版，第222页。

抗衡（西欧）物质文明（Zivilization）的先例"①。由此，"物"与"义"在德意志文化中形成某种对立。生命的意义无法在物质和制度层面体现出来，却越来越狭隘地体现在文化层面，或主观的精神层面。由于无法在物质层面和政治制度层面展开现代化，正如恩格斯指出过的，落后的德国就在精神、文化层面致力于自己的追求。这在狂飙突进运动中也体现得非常明显："它对生命的提升与对超越的追求是主观的、精神性的、超现实的。……帝国的文化传统经过狂飙运动的洗礼后，并未有变得更务实，反而更趋理想主义、主观主义以至非理性主义。……相较之下，德意志民族的政治现代化仍停留在文化和精神的层面。"②

这就为贬低物质层面的价值，声扬主观、精神层面的价值积聚着愈来愈深厚的基础。这个基础后来通过浪漫主义、唯心主义（观念论）、虚无主义等愈加厚实起来。德国人的理想愈来愈通过对现实的不满、批驳而得以释放，这也就是所谓文化虚无主义与悲情主义——狂飙突起运动为德意志文化传统增添的另一种成分。

通过对外来的现代化及其文化的审视，也就是对现代文明过于重视物质文明而逐渐消解、虚无化崇高道德价值的担忧，德国逐渐形成了特别重视文化传统的特点。"很少民族像德意志人那样崇尚传统，那样强调'德国性'（Germanness），那样夸张'特殊主义'（particularism）和文化的民族主义。"他们觉得只有自己才继承了罗马播扬文明的使命③，以复兴西方人文精神的历史使命自居。

在很多德国思想家看来，自英国、荷兰传来的现代"文明"，只是与政治、经济、技术内在相关，"文化"则是指向思想、艺术和宗教。"文化"高于"文明"。所以，现代文明能否成就高雅的文化，才是最为关键之所在。而当他们这样区分"文明"与"文化"时，显然隐含着，只有他们才能把注重政治、经济和技术，着眼于"物"的效能提高和复杂化的"文明"，进一步提升到使各种高雅之"义"得以实现的"文化"之高度。在《文明的进程》中，埃利亚斯就指出，"文明"这一概念在英法两国

---

① 郭少棠：《权力与自由：德国现代化新论》，华东师范大学出版社2001年版，第32～33、第34页。
② 郭少棠：《权力与自由：德国现代化新论》，华东师范大学出版社2001年版，第35～36页。
③ 金耀基语，参见郭少棠：《权力与自由：德国现代化新论》，华东师范大学出版社2001年版，金耀基序，第3页。

"集中地体现了这两个民族对于西方国家进步乃至人类进步所起作用的一种骄傲";而在德国,它仅仅指那些次一等的,跟人的外表、生活的表面现象相关的东西,"在德语中,人们用'文化'而不是'文明'来表现自我,来表现那种对自身特点及成就所感到的骄傲"。法语和英语中的"文化"概念既能指涉政治和经济、技术,也能指涉道德与社会现实,"而德语中'文化'的概念,就其核心来说,是指思想、艺术、宗教。'文化'这一概念所表达的一种强烈的意向就是把这一类事物与政治、经济和社会现实区分开来"。① 非德意志人常常用"文化"一词来讥讽德国人,德国人则在谈到文化时洋洋得意,"因为德国人也自负地认为只有他们拥有'文化',而其他人只是穷于应付'文明'而已"。同时,勒佩尼斯还指出,德国人还常常"将文化视为政治的替代物,同时对政治嗤之以鼻——这里首先把政治理解为议会政治,他们认为政治就是思想狭隘的利益集团进行讨价还价、相互妥协的竞技场。不过这种考察并不是寻找托辞来探讨'特殊道路'的问题,即坚称对政治的反感和对文化的理想主义态度及浪漫的推崇,成为德国为什么偏离了'正常'的西方发展道路,却驶入纳粹灾难的怪圈的主要原因"②。文化不但高于文明,更高于政治,而且还经常起着替代政治的效果与作用。

在这种逻辑支配下,很多德国思想家相继主张,以英国、美国为代表的现代文化充其量只是在物的生产层面上达到很高高度,取得成功,却不会在更高的道德、价值层面上有所提升、进展,反而会使许多崇高的价值被敉平、消解。当这种借助于现代技术、制度不断加以拓展、提升、壮大和普遍化的"物"不断蚕食、覆盖文化超验世界时,尼采、海德格尔就看到了费希特、诺瓦利斯、黑格尔憧憬过的那个精神世界的被敉平,或者衰败,那个能够整合其他存在与价值,能通过欧洲历史得以实现,在当时还显得蒸蒸日上的精神世界开始没落。按照海德格尔的说法,欧洲精神世界早在19世纪上半叶就"已经开始丧失其强大的生命力。结果不再能保持那一精神世界的伟大、宽广和原始性。也就是说,不再能真正地实现那一精神世界"③。精神朽坏的重要原因就是古典思想的衰退,导致降低道德

---

① (德)诺贝特·埃利亚斯:《文明的进程》第一卷,王佩莉译,生活·读书·新知三联书店1998年版,第62页。

② (德)沃尔夫·勒佩尼斯:《德国历史中的文化诱惑》,刘春芳、高新华译,译林出版社2010年版,导言第7页。

③ (德)海德格尔:《形而上学导论》,熊伟、王庆节译,商务印书馆1996年版,第46页。

标准与要求，而更关注把行为准则付诸实践，鼓吹利益、自身利益的价值与意义。由此，救治策略也就是"回到未曾朽坏、不可朽坏的源头，回到潜在而非现实的文化或文明状况"①。

值得注意的有三点：

第一，德国曾强调自己的特殊性，以特殊挑战普遍。德国浪漫主义传统历来强调特殊性，针对机器、工商业文明的普遍化扩张，德国浪漫派就曾力主地域性和历史性：启蒙文化、工商业文明，倾向于把地域性视为狭隘，而历史性被视为落后。"新的机器文明既不尊重地域性也不尊重历史。在它所激起的反对声中，地域性和历史性成为两个格外强调的因素。"②浪漫派由此强调被新文明忽视或摧残的东西，以此对启蒙文化和工商业文明进行纠偏。纠偏当然是有益的，但如果进一步夸张到以特殊对抗、替代普遍的程度时，就走向了另一个极端了。德国特殊主义对抗西方世界主义的两难困境，特洛尔奇在《自然法与人性的理念》一文中作了探讨。强调德国特殊性甚至德国中心性的思潮，在一战后仍然高涨。特洛尔奇试图痛击这种德国特殊主义，使德国回归到普世主义阵营中来，但没有成功。到20世纪初，"当时整个德国古典学界都受到神话思维的影响，盛行一个虽未明确宣示、但却广受接纳的信念：德国人是古希腊人在当今的代言人"。它导致了这样一种错误的信念："德国是古希腊的化身，将解救法国大革命之后的欧洲免于文化加速衰亡的痛苦中。更有甚者，德国对于自身特殊使命的肯定，显然是冲着'衰败的'拉丁民族而来，后者在两千年前展开的罗马化，让古希腊的伟业每况愈下。德国古典学者就是借由这种论调，宣扬并壮大那种强调德国特殊性的可鄙意识形态。"③ 甚至出现了西方历史上有三次人文学复兴（古希腊→文艺复兴→现代德国）的说法。这些思想很多为纳粹利用，成为德国人沉痛的教训。

第二，对中产阶级文化的拒斥，需要警惕。德国虚无主义思想中一直存在一种对缺乏文化品位的中产阶级社会的不认同，认为它低俗，没有品位和高度的看法总是一再出现。这就是虚无主义在德国的阴魂，是虚无主

---

① （美）施特劳斯：《德国虚无主义》，刘小枫主编：《施特劳斯与古典政治哲学》，上海三联书店2002年版，第761页。

② （美）刘易斯·芒福德：《技术与文明》，陈允明等译，中国建筑工业出版社2009年版，第256页。

③ （美）理查·沃林：《非理性的魅惑》，阎纪宇译，立绪文化事业有限公司2006年版，第167～168页。

义在德国扎根的深层土壤。立足于文化而不是经济，保守派的诊断就是："德国从浪漫主义一路走来的传统精神优势——文化与内在本质（Innerlichkeit），正淹没在群众社会的肤浅现象之中：消费主义、广告、好莱坞，以及广泛的'文化产业'——一言以蔽之，'美国主义'（Americanism）。"① 尼采曾经就这样理解美国文化，认为它"快得令人无法喘息"，"并散布一种精神的空虚"，美国人"思考时手中还拿着表"，他们理解的"美德就是以比别人更短的时间完成工作"。沃林总结得很好：

> 施特恩（Fritz Stern）曾指出："从一八七〇年代开始，德意志帝国的保守派作家一直忧心忡忡，认为德国人的灵魂可能会毁于'美国化'（Americanization）：拜金主义（mammonism）、机械化与群众社会。德国的现代化大器晚成，其突飞猛进的工业化过程震撼了传统精英阶层：地主贵族、知识分子官僚，以及被迫前往都市谋生的乡村居民。从一八八〇年代开始，对现代工业社会邪恶面的恐惧，成为德国社会思想的最主要特质。而且这种恐惧经常投射在美国身上；美国既是大西洋彼岸的勃兴强权，也是政治自由主义的渊薮。"②

虽然各有差异，但从狂飙突进运动、浪漫派开始，经马克思、尼采到海德格尔、阿多诺，都有类似的思想。马克思是其中比较温和的一位。

第三，以文化和艺术为旗号忽视政治。德国文化中存在一种不重视政治的传统，认为政治既热衷于不高尚的利益又复杂麻烦。一些德国思想家总爱设想一种不需要或超越了这种世俗利益、复杂麻烦的共同体来寄予自己的理想，把自己的理想放置于一个超越了世俗利益以及复杂麻烦（个人与共同体直接统一）的理想社会组织中。歌德当初因为身处魏玛公国无法在政治上有所作为而形成了一种在文化上用功夫的观念。最好远离政治、艺术高于政治、文化教化至高无上等观念，被托马斯·曼归结为德国民族的优点，在《一个非政治人物的反思》一文中，他认为："歌德认为德国人民是远离政治、聪明智慧的民族，他们关注人类价值，从所有人中汲取营养，并且教化所有人。"③ 在德国浪漫派和受其影响的马克思那里，科

---

① （美）理查·沃林：《非理性的魅惑》，阎纪宇译，立绪文化事业有限公司2006年版，第229页。
② （美）理查·沃林：《非理性的魅惑》，阎纪宇译，立绪文化事业有限公司2006年版，第473～474页。
③ 转引自（德）沃尔夫·勒佩尼斯：《德国历史中的文化诱惑》，译林出版社2010年版，第65页。

拉科夫斯基也发现了类似的倾向。按照他的理解，浪漫主义者认为，工业社会不符合人性的需要，"人类的自然命运是生活在一个不是以消极利益纽带为本，而是以同别人交往的独立、自发的需要为本的共同体中。在每个人同整体自由地融为一体的社会里，强迫和控制是不需要的。马克思采纳浪漫主义者对当时社会的看法中的破坏性部分，来证明他的异化理论和金钱力量的理论，以及他相信的未来的统一体，那种统一体里的个人把自己的力量直接当成社会力量。他所抨击的社会各个方面，就是浪漫主义早已注意到具有破坏性后果的那些方面"[1]。

尼采更是如此。早在《悲剧的诞生》中，他就向往一种"对个体束缚的酒神式摆脱"的精神。但这种摆脱具有明显的非政治性，以至于尼采说这"尤其明显地表现在政治本能日益削弱，直到对政治冷漠乃至敌视"[2]。后来的尼采更加极端地看待文化与政治的关系，竟然认为"文化的所有伟大时代是政治的没落时代：文化意义上的伟大是非政治的，甚至是反政治的"[3]。按照尼采的这种看法，俾斯麦在德国取得的政治成功不但不会带来文化繁荣，反而可能对德国文化的繁荣不利：文化没落与政治成功常常一并发生。

对世俗利益、政治复杂性的贬斥和厌恶，以超越性的心态对待之，如果在文学作品、个人心性中出现，倒也无甚影响。如果推进到政治、社会政策之中，那可能就造成恶劣后果。对世俗利益、政治复杂性可以进一步提升、超越，但不能拒斥，这是历史唯物主义的基本教导。

二、文化中国与文化决定论的提防

由于德国、俄国后发现代化以及文化传统深厚的类似处境，使得两个国家中面对西欧现代化的冲击时很容易找到共鸣。自从 18 世纪以来，俄国知识分子就试图借用德国哲学思想来抵御西化，这几乎成为俄国的一种

---

[1] （波兰）科拉科夫斯基：《马克思主义的主流》（一），马元德译，远流出版事业股份有限公司 1992 年版，第 464 页。
[2] （德）尼采：《悲剧的诞生》，周国平译，生活·读书·新知三联书店 1986 年版，第 90 页。
[3] （德）尼采：《偶像的黄昏》，卫茂平译，华东师范大学出版社 2007 年版，第 102 页。

传统,"甚至成为一种强大的文化制度,以至于现代俄国民族精神形成中有严重的德国影响痕迹,进而我们不难理解 1880 年以来马克思主义何以在俄国得到广泛传播并被国家哲学化(是因为有反西方私有制的传统),1880—1930 年尼采哲学何以要成为俄国现代主义运动的思想基础(是因为要更深刻批判现代化所带来的现代性后果),甚至俄国文学理论的形成在某种程度上是与依靠德国学术传统而进行创造性实践分不开的,即使 1991 年后俄国放弃了国家化的马克思主义也并不意味着抛弃了德国文化,只不过是转向了德国文化的另一部分——具有现代性价值的尼采"①。在《想象俄罗斯》一书中,作者这样写到:"俄国向来就有热衷于德国文化的传统。"②

如果说德国虚无主义话语专长于形而上学的思考,那么,俄国虚无主义就更专长于文学的表达和付诸政治行动。众所周知,"中国的知识界对西方的社会主义、无政府主义和虚无主义几乎同时注意,但在 1907 年以前,报刊中所介绍的多为社会主义和虚无主义;1907 年以后,所介绍的社会主义较少,无政府主义和无政府共产主义较多,虚无主义更多"③。中国虚无主义话语恰恰就是从日本、俄国直接引进的,特别是俄国。伴随着无政府主义,俄国虚无主义思想以文学表达方式传入中国。由于清末"虚无主义"这个词进入中国时,常和民粹主义、民意党、无政府主义、社会主义作为同义词使用,显得比较混乱,而虚无主义一词已演变成激进主义的别名,它可以被用来表述各种左倾思潮。使用者的立场不同,词义也随之变化,时为褒义,时为贬义,时而又是非褒非贬的中性。④ "虚无党"作为"虚无主义者群体"的别称,虽然后来证明是一个翻译上的讹传,但当时却常常与暗杀、革命、反封建等连在一起。以至于当时的俄苏文学翻译家、思想家(如郑振铎、耿济之、周作人等)常常要著文分别"虚无主义"与"虚无党",指出前者是一种思想,后者是政治行为。前者主要是指 19 世纪中叶俄国加大对外开放力度后,逐渐兴起的理性主义、功利主义和科学主义等思潮,这些从西方传入的启蒙主义新思潮,对俄罗斯传统文化构成巨大挑战,使得传统文化、道德价值体系在科学、工商业

---

① 林精华:《想象俄罗斯》,人民文学出版社 2003 年版,第 197 页。
② 林精华:《想象俄罗斯》,人民文学出版社 2003 年版,第 155 页。
③ 张玉法:《俄国虚无主义对辛亥革命的影响(1903—1911)》,http://www.zhongdaonet.com/NewsInfo.aspx?id=1912。
④ 参阅蒋路:《俄国文史采微》(东方出版社 2003 年版)的相关分析。

文化面前备受冲击。屠格涅夫在《父与子》中塑造的巴扎罗夫就是这样一个以科学质疑一切、拒绝颓废、努力工作的平民知识分子。传统文化、道德价值、艺术等人文文化的被冲击、被质疑和被取代，即被虚无化，就被视为一种"虚无主义"。于是，"虚无主义"首先就意味着一种传统文化的被冲击和被否定，其次才意味着西方现代文明价值体系在这种文明的内在运作中逐渐被消解的命运。当这两者融合在一起时，往往会激起一种维护、发扬光大本国传统文化，或者在此基础上创造一种新文化的强烈欲求，特别是在晚外发国家社会经济发展到相当水平，即将取得成功之时，更是如此。目前的中国，正在接近这一情况。德国和俄国都先后经历过这一情形，也都先后失败，付出了沉痛代价。

这就迫切需要我们注意、思考、追究从德国、俄国、日本进入中国的虚无主义思潮，以及这种思潮的特点、演变、发展态势，特别是它暗含的核心问题所在。总结他们的经验教训，为中国现代化的继续推进，为中华文明未来的定位和方向做出思考。

现在的"中国"与亚洲现有的其他国家一样，并非自古就有，而只是近代欧洲以各种方式介入的结果。在现代化欧洲的冲击下，才产生了类似的作为民族-国家的"中国"。但正如沟口雄三先生所说，这是不得已应对西方现代化的策略性结果，并不能由此就说，中国传统的天下体系就完全败给了近代西方的民族国家："就'天下'而言，自鸦片战争以来'天下'的确是输给了'国家'。然而正因为这一败北仅仅是中华独尊意识的败北，所以后来对'天下'才会采取彻底自我否定的态度，并因此在'国家'面前越发痛感自身的'落后'。但这不过是因败北而以为自己落后了的'天下'的自我意识，并不是历史上的客观事实。……从文明的角度来看，'天下'和'国家'的抗争是对等的，林则徐、张之洞等人的抵抗至少在文明史上应受到同等的对待，不能因为他们试图保卫清朝'天下'而一概地视为'落后'。"[①] 在西方的冲击下，19世纪后期以来的中国一直把自己的文明传统视为建立新的民族国家的障碍，甚至希望尽快除之而后快。但现在看来，民族国家充其量只是中国富国强兵的救急之策，不是长远之计。要避免土耳其类型的隔断自身传统建设现代国家最后却不伦不类的尴尬与教训，就必须在消化吸收西方现代文明的基础上，挖掘深

---

① （日本）沟口雄三：《作为方法的中国》，孙军悦译，生活·读书·新知三联书店2011年版，第71页。

厚的中华文明，在中华文明深厚的根基上消化、吸收、改造、提升西方现代文明，致力于创造一种所谓"现代化而不是西方化"的新道路和新模式，也就是既能够容纳西方现代文明又能遏制西方工商业文明负面后果的新文明体系。

这么说来，就必须注重中国的文明传统，注重在中华文明传统的根基上消化吸收西方现代文明，注重传统天下观的某些传统能否与现代文明结合，而不再像以前那样，把中华文明传统统统视为现代化的障碍，力图尽快革除消灭之为后快。倒应该从中华文明的发展逻辑中更加宏观地看待中国现代化的进程和前景，把中国的现代化视为中华文明复兴的一个组成部分和一个阶段，而不是全部。当我们这样来看待中华文明传统的时候，视野就更加宽阔了。

实际上，越来越多的学人，把中国看作一个跟西方近代民族国家不甚一样的国家类型。这样说不是要让中国标新立异，更不是主张一种规避现代化普遍性的狭隘特殊性，而是表达一种事实性差异，期待一种中国特色和创新。在比较德国与中国时，郭少棠主张，"中国一直被视为是一个文化国家（cultural state），以文化作为国家凝聚结合的基础。文化的地位高于政治经济，替社会与历史的发展提示方向"[①]。在《当中国统治世界》一书和《理解中国：西方错估中国已数十年了》等论文中，英国学者马丁·雅克也把中国说成是一个"文明型国家"，而不是西方意义上的民族国家。他写道："中国本质上是一个文明国家，其身份认同感源自作为文明国家的悠久历史。当然，世界上有许多种文明，比如西方文明，但中国属于唯一的文明国家。中国人视国家为监护者、管理者和文明的化身，其职责是保护统一。国家的合法性因而深藏于中国的历史中。这完全不同于西方人眼里的国家。"[②] 2010年5月，中国山东大学的《文史哲》杂志曾组织召开了"秦至清末：中国社会形态问题"的学术研讨会。20多位与会专家对秦至清末的中国社会形态基本形成了如下重要共识：在秦至清这一漫长的历史时期，与现代社会不同，权力因素和文化因素的作用要大于经济因素。应该着重把"国家权力"和"文化"的概念，引入了社会形态的研究和命名当中，认为自秦商鞅变法之后，国家权力就成为中国古代的决定性因素：不是社会塑造国家权力，而是国家权力塑造了整个社会。

---

① 郭少棠：《权力与自由：德国现代化新论》，华东师范大学出版社2001年版，第153页。
② 转引自张维为：《中国震撼》，上海人民出版社2011年版，第243页。

中国传统社会不管该叫什么名称，反正绝不是欧洲意义上的"封建社会"。按照甘阳的说法，20世纪中国的核心问题是建立一个现代民族国家，21世纪的中心问题则是超越民族国家的逻辑，自觉走向一个文明国家的格局，而且，"21世纪的中国能开创多大的格局，很大程度上将取决于中国人是否能自觉地把中国的'现代国家'置于中国源远流长的'历史文明'之源头活水中"①。

这样看来，中国传统天下观及其相应的文明观，就与西方近代民族国家极其相应的文明观处在一种互有差异但需消化包容的关系之中。它们的不同表现在：主权在天与主权在民，贤人政治与法制政治，扬善与抑恶，等等。与西方近代民族国家观相比，中国传统天下观重视精神价值、文化价值甚于民族实体，具有更明显的中心-外围意识。②

无论是否恰当，都说明，文化在中国的国家建构和发展中至关重要。继经济认同、政治认同之后，重视并致力于重建中国的文化认同，也非常关键。但这并不意味着，重复德国和俄国的失误，以文化替代政治，或者以自己的特殊性对抗世界体系的普遍性，而是要以普遍性的接受、消化为前提，或在此基础上，致力于中国特色的创新。

第一，防止中国社会的过度世俗化，保持文化的适度超越性。当代中国社会的世俗化已经达到了一个令人忧虑的程度。在我看来，虚无主义在当代中国有从否定崇高价值向否定人道主义基本价值降低的趋向，就是说，受到否定的不仅仅是崇高价值，而且还出现了践踏基本人道主义价值的可怕趋向。为了减少经济损失，为了经济利益最大化，置人的基本生命权利于不顾，把物的价值看得比人的价值还要高。"小悦悦事件"等突出地表现了这一点。

这与中国社会急速的世俗化，文化、价值的快速激变密切相关。对唯物史观的不正确理解，只盯住吃穿住，放弃文化、远大理想追求的世俗之风愈演愈烈，所谓的"三俗"值得全社会提防和关注。胡锦涛同志在2010年7月23日中共中央政治局第二十二次集体学习时指出，要坚决抵制庸俗、低俗、媚俗这"三俗"之风。许多迹象表明，中国社会迫切需要发起一场新的道德运动，以抵制近来愈演愈烈的宣扬金钱、美色、性的低俗之风，以规整社会良好秩序，提升社会良好风气和发展水平。

---

① 甘阳：《文明 国家 大学》，生活·读书·新知三联书店2012年版，第1页。
② 详见拙作《焦虑、中国特性与国家认同》，《现代哲学》2012年第1期。

第二，新文化是一种超越，不能过于世俗化，但也要吸取德国、俄国的教训，不能重复以特殊对抗普遍的失败之路。超越只能是在普遍消化吸收资本主义现代文明基础上的提升、融合、创新，而不能再是另起炉灶式的替代。

德国、俄国以自己的特殊性对抗现代资本主义文明体系的相继失败，给中国的文化战略选择提供了很好的参照和启示。当今世界还没有成功超越资本主义现代文明的文明体系出现，更没有经验可以借鉴，有的却只是德国和俄国的教训可以提醒。中国作为文化传统深厚而且是社会主义性质的国家，有责任，也有基础来发展营造超越资本主义文明体系的新文明。但这是一个长期的创新工程。GDP世界排名第二就开始飘飘然甚至妄自尊大，那正是德国和俄国曾经做过的事，是挑战失败的沉痛教训。超越资本主义现代文明不是一件轻松的事，而是需要长期的消化、吸收、学习现代资本主义文明在制度、技术、文化等各方面的优秀成果。这个任务当前的中国还远未完成，现代化还未完全成功。中国人的努力、奋斗、审慎、戒骄戒躁，还需要长期坚持。

第三，力戒文化决定论的理念。对于创建一种超越资本主义的新文明来说，文化显得越来越重要，但不是步入文化决定论，再坚持文化最根本，而政治、经济都不重要的极端见解。自近现代以来，中国思想界一直流行一种流传颇广的文化决定论：它把文化分为"器物""制度""思想观念"三层次，并认为"器物"层最低，"制度"层次之，"思想观念"层最高也最根本。甚至有人进一步把它诠释为，思想观念、价值体系层面的文化，是一种进一步发育、发展（两个词的英文原本就是一个词：development）的"胚胎"，只有它具备了，随后的发育、发展就是水到渠成、瓜熟蒂落的自然之事。这样的观点明显带有传统士大夫色彩。实际上，这种文化思想胚胎论在某种程度上正是建立在（传统）知识分子那种每个人都可以用思想来主宰自己的这种不切实际的幻想基础之上的。这种观念内含的一个假定是"知"→"信"→"行"三者的前后一致与紧密统一。正如布迪厄所指出的那样，这种观念只不过是知识分子试图通过思想观念来主宰自己的一种"想法"。不用说其他类人，就是知识分子中，也只是有极少数人才能做到。思想观念无法单独独立出来决定一切，却能约束、改变、提升其他活动。中华文明能有所作为的，也正在这里。

总之，如何超越资本主义现代文明体系，德国和俄国先后的挑战与失败给中国以历史教训和提醒。马克思当年认定资产阶级必定陷入虚无主义，必须找一个新阶级来创造、发展一种新文明的观点立场仍然正确，这个历史使命仍在召唤担当此任的历史主体。可以这样设想：承担此任的历史主体或许可以从一个阶级转变为一个文明共同体下的所有人民，也就是从阶级主体转变为民族主体。中华民族可以承担马克思当年提出的历史重任。

第十九章　启蒙主义、浪漫主义与唯物史观

不管是"异化"的逻辑，抑或虚无主义问题，历史唯物主义都已做出过理论应对。从现代性问题的发生来说，在历史唯物主义应对之前，早已有相互批评也相互纠缠的启蒙主义与浪漫主义两种路径的现代思想介入其中。启蒙主义更多是以现代化的积极推动者出现的，也就是以现代性的积极造就者的形象与我们照面的。浪漫主义则更多是以现代化的被动接受者，也就是以现代性的积极反思者的形象出现的。与启蒙理性主义一样，浪漫主义也是历史唯物主义的一个内在维度。缺失这一维度就无法完整理解历史唯物主义。随着浪漫主义在20世纪的负面形象正在慢慢转变为现代性的有益批评者的形象，也就是它在19世纪曾经享有的现代性反思形象的恢复和被重视，它与历史唯物主义本有的联系也不再是一个不便言说、容易令人误解的问题。启蒙主义、浪漫主义跟历史唯物主义的复杂关系，值得探究现代性反思的我们重视，至少是不能再忽视了。

欧美学界对马克思主义哲学的解释模式，从20世纪50年代末期开始有了一个明显的变化：从纯粹的理性主义模式转变为理性主义与浪漫主义的统一。先前被忽视掉的浪漫主义这个维度，在马克思主义哲学解释模式中具有不可忽视的地位，日益成为不争的事实。然而，在中国，浪漫主义的恶名阻碍了我们接受、吸纳这种解释学进步的积极成果，以至于直到如今我们还没有去做这件事。原因我们会在本章第一部分中谈到。这里我们要说明的是浪漫主义解释模式进入马克思哲学解释系统的事实。亚历山大曾说："直到1950年代中期，无论是马克思主义者还是非马克思主义者，都广泛接受马克思是一个经济学家的观点；人们一般认为，马克思属于西方思想史中的理性主义传统。随着他的早期著作渐为人知，以及更为一般的思想和政治的背景之变化，这种观点又逐渐被修正甚至被相反的观点所取代……其结果是，马克思思想被视为黑格尔主义传统的激进主义变种。

他被看作如果不是浪漫主义的,也是深受浪漫主义影响的——他强调的是资本主义社会在感情上和文化上的基础。"① 查尔斯·泰勒也谈到,很多马克思主义者反对对马克思主义进行浪漫主义、表现主义的解释,这是有道理的,因为"马克思主义远远地超出了这个传统。但是我仍然认为,如果我们试图抽离这个维度,那么我们便无法理解马克思主义及其影响"②。他令人信服地做出分析,证明马克思不仅是激进启蒙运动的传人,也继承和吸取了德国浪漫主义传统的优秀成分。在黑格尔已经以很大的气魄和体系完成了那一代人的渴望——把启蒙理性主义与浪漫主义统一起来的基础上,马克思以更大的气魄继续前进,因为他对黑格尔的综合还不满意,还需要继续往前走。

马克思主义从浪漫主义那里汲取了诸多的灵感。浪漫主义(即德国早期浪漫派)对历史唯物主义诸多论题的形成有着内在影响,对此,我已经在《从浪漫派的"存在先于意识"到马克思的"社会存在决定社会意识"》(《哲学动态》2007年第9期)、《从"史诗"与"浪漫诗"的对接看马克思对浪漫主义的继承与改造》(《江海学刊》2008年第3期)等文章中做了初步探讨,这里不做重复。这里也不是细述德国早期浪漫派具体影响马克思思想的地方,但芬伯格对批判理论的如下解释很切中我们的问题,值得引述。在他看来,批判理论的根本发现是特殊性优于普遍性。"实在(reality)、生命和个人在内容上比试图把握它们、并且在社会秩序中有效地把握了它们的形式更丰富。统治存在于用'普遍性'和'概念'对个人的压制中。"③ 这恰恰就是德国早期浪漫派针对德国唯心主义发出的切中时弊批评的核心所在。这意味着,社会批判理论与浪漫主义具有密切的关联,它继承了德国早期浪漫派对德国唯心主义、启蒙理性主义的质疑与批评。从马克思到法兰克福学派,社会批判理论都无法回避这一逻辑。这一点到了批判理论后期似乎更明显。A. 施莱格尔曾在谈到更推崇理智的启蒙运动与更推崇想象的浪漫主义的关系时说:"它们仿佛永远对立,因为理智绝对强求统一,而幻想则在无限的多样性中开展其活动,但

---

① (美)杰弗里·C. 亚历山大:《社会学的理论逻辑》(第二卷),夏光、戴盛中译,商务印书馆2008年版,第83页。
② (加拿大)查尔斯·泰勒:《黑格尔》,张国清、朱进东译,译林出版社2002年版,第840页。
③ (美)安德鲁·芬伯格:《技术批判理论》,韩连庆、曹观法译,北京大学出版社2005年版,第38页。

它们都是我们本质的、共同的基本力量。"① 这话阿多诺听起来肯定赞许，因为比说这话（属于早期浪漫派）的 A. 施莱格尔更为极端的后期浪漫派诗人艾兴多夫他都能接受，何况这句对启蒙运动这么温和的话呢——我们知道，阿多诺力主的"星丛"就来自艾兴多夫。

由此，本章试图从浪漫主义批判的角度探讨一下马克思波恩大学尊崇的老师 A. 施莱格尔的一篇代表性文章，以避开"浪漫主义对唯物史观的意义"之类太大的题目，避免泛泛而论。而根据一个文本，立足于 A. 施莱格尔的《启蒙运动批判》一文，着眼于这一文本与霍克海默、阿多诺的《启蒙辩证法》的内在联系，从浪漫主义的启蒙批判对唯物史观的重要影响这一角度做一些梗概性分析，主要是向各位报告一下自己在这方面的一些思考并讨教于诸位。

一、浪漫主义的遭遇、定位与新解

长期以来，德国浪漫派一直被视为非理性、感情用事、主观主义的代名词，被定位为反动和复古的潮流。从海涅的《论浪漫派》到卢卡奇的《理性的毁灭》与《德国文学中的进步与反动》，从梅林到科尔纽（的马克思传记），莫不如此。这种极端又偏执的见解看不到浪漫派早期与后期的区别，看不到启蒙运动与浪漫主义的复杂关系，也看不到德国早期浪漫派内部的思想差异，更看不到现代化不同时期由于面临不同问题和境遇，浪漫派所思考的问题必会具有不同的意义，而且无视启蒙运动与浪漫派各自内部的明显差异，先把启蒙运动简单化注释，而后简单地把启蒙运动与浪漫派对立起来，形成对浪漫派的成见。

不仅如此，改革开放以来，伴随着对中国近现代激进思潮和乌托邦思维的反思，"浪漫主义"在中国人文社会科学中几乎成了一个贬义词。在它前面加上"政治"的定语，就更是如此。（政治）浪漫主义被看作一种以个人心态取代社会现实、以情感之美替代社会之真的激情投射。它的政治化害苦并从而延误了追求现代化的近现代中国。萧功秦的如下观点很有代表性：

---

① 转引自陈恕林：《启蒙运动与德国浪漫派》，《外国文学评论》2001 年第 1 期，第 130 页。

第十九章 启蒙主义、浪漫主义与唯物史观 257

> 自古以来，中国文化就是产生各种浪漫主义的沃土。深受传统压抑的中国知识分子，在一个开放伊始的时代，也许比任何其他民族的知识分子更难拒绝浪漫主义诗情梦幻的诱惑。因为他们有太多的焦虑与愤懑，需要经由某种"登仙般的飞扬感"来释放，来表达他们对公平理想的渴求。他们必然要抓住某些抽象的理念，以亢奋的激情来体现自己的价值。但是，另一方面，一个贫穷、落后、充满历史带来的种种实在的或潜在的危机与创伤的古老民族与社会现实，又最无法承受浪漫主义的政治设计的悲剧性后果。正因为如此，一个有良知的中国知识分子，为了对自己民族负责，更需要拒绝浪漫主义。当我们通过反思，对许多人来说，也许是苦涩的反思，抛弃了政治上的"唯美主义"，而回到现实中来以后，我们获得的决不是一个"灰色的世界"。①

看得出，他对当代中国现代化的美好机遇以及利用好这一机遇所必需的冷静、策略、智慧充满信心。而信心背后就是对历史所经历的浪漫主义设计的惋惜和当下再陷入浪漫主义的敏感担忧。他尤其忧心的是浪漫主义的政治设计，是浪漫主义的政治观及其应用的恶劣后果。如果浪漫主义仅仅停留在文学的诗性想象层面上，为不满意平庸、刻板、机械之现实生活的个人提供某种非世俗的人生价值与意义，而不运用于政治层面，也许就不会引起那么多的批判和否定。浪漫主义的政治化势必导致政治激进主义，导致政治激荡和风起云涌的各种运动而延误现代化的数次良机，造成中国现代化的"九死一生"。这种看法多少也类似于卡尔·施密特。他把政治浪漫主义看作只是政治过程的伴生性情绪反应。在他看来，浪漫主义"想在不必变成能动者的同时成为有创造性的人"，这势必造就了政治浪漫主义的短板，也构成其核心。所以，政治浪漫主义"作为一种主观的机缘论，它没有能力……在理论的、实践的和实质性的思考中，使自己的精神本质客观化"。因而也就"常常表现得十分激动和兴奋，却从来没有自己的决断，从来不承担自己的责任和风险。以这种方式不可能获得政治能动性"。现实受制于各种非浪漫力量的牵制，并以不理睬浪漫主义诗性幻想的方式存在、运行。在这个意义上，越是诗性的浪漫就越是放弃积极改变现实的

---

① 萧功秦：《与政治浪漫主义告别》，湖北教育出版社2001年版，第67页。另可参见萧功秦：《从政治浪漫主义到政治激进主义》，《萧功秦集》，黑龙江教育出版社1995年版，第265~280页。

政治努力。浪漫主义的政治运用，只能是一个有害无益的事件。① 只要想一想一度独领风骚的无政府主义在中国近现代史上急剧衰落的命运，想一想追求自我、自愿互助的无政府主义从独领风骚到先是在中国国民党继而在中国共产党面前的一败涂地，我们就很难不同意萧功秦和施密特的看法。

在急切现代化的意识背景下，我们已经习惯了对浪漫主义的激进谴责，就像夏尔·莫拉斯在《智慧的未来》中所说的，"浪漫派的文学攻击法律或国家、公共和私人的纪律、祖国、家庭和财产；他们的成功的一个几乎是唯一的条件好像是取悦反对派，为无政府状态工作"②。这实际上就是把浪漫主义与极端个人主义、无政府主义混在一起了，是一种夸大、极端的评价。但是，把浪漫主义用于政治革命，以及用于改革与建设，与在理论层面反思问题日渐突出的现代性，在价值层面反思、矫正现代性的某些延展，毕竟是不同的两回事。同时，以是否尽快促进现代化建设的标准看待浪漫主义，与从现代性反思的角度审视浪漫主义并对启蒙、现代化的弊端进行纠偏，也是根本不同的视角。从后一角度说，以德国早期浪漫派为代表的反思启蒙传统，在德国古典研究取得至高成就的基础上，对自罗马帝国延续到近代的世界主义不感冒，却向往和迷恋古希腊，在如今的确能给反思现代性弊端提供些许启示。在这方面，"对浪漫主义者来说，希腊代表了一种本土的文化。它是纯粹性的象征。古希腊，尤其是雅典，代表了一种与罗马模式所代表的调和主义、文化混同格格不入的自我实现的社会"③。这种倾向在海德格尔那里仍然体现得非常明显。为地方性、民族性、异质性辩护，为本国本地的文化传统辩护的浪漫主义，似乎日益得到了更多当代人的支持。比如，当代研究德国浪漫主义的博雷尔，倾向于一种对浪漫主义的正面、积极的评价：（某些）浪漫主义不再是反动的和无理性的，而是一个复杂的、与启蒙思想处于竞争关系的现代性理论，一个提供了反思和批评现代社会的有益理论。也就是说，浪漫主义不仅仅是矫正、促生、完善启蒙理性主义传统的有益力量，而且，本身更是现代

---

① （德）卡尔·施密特：《政治的浪漫派》，冯克利、刘峰译，上海人民出版社 2004 年版，第 153 页。

② 参见（法）安托瓦纳·贡巴尼翁：《反现代派》，郭宏安译，生活·读书·新知三联书店 2009 年版，第 144 页。

③ P. 墨菲：《浪漫派的现代主义与古希腊城邦（上）》，《国外社会科学》1996 年第 5 期，第 10 页。

性的精髓和反思现代社会的核心思想。所以,他在《浪漫主义批评》一书中说,"浪漫主义批评的澄清有助于解释对现代性的一些仍在持续的误解"①。按照扬-维尔纳·米勒的概括,"现代意识一直是完全由浪漫主义、幻想和反讽的伟大创新而形成的。但正是这个意识,越来越与现代性的技术-理性话语相抵触,并由此形成了一个反科学理性的诗意的现代性。……博雷尔把德国浪漫主义'独特道路'的传统理论放在首位:现在,浪漫主义被解读为现代性的精髓,而不是像19世纪以降所形成的观点那样,把浪漫主义看成是德国意识中无理性的部分,或者甚至像卢卡奇曾说的那样,是法西斯主义的前提条件"②。

不管是反省中国近现代思想史上有过重要影响,现在仍有着不可忽视的深层影响(并未得到很好的重视与研究)的浪漫主义,还是从德国早期浪漫派与马克思历史唯物主义的内在联系上来说,探讨历史唯物主义与浪漫主义的内在关系,是不可推辞的重要任务。

二、善服从于功利,真理屈从于自由

如查尔斯·泰勒所说,马克思既不完全是激进启蒙运动的传人,更不仅仅是浪漫主义的传人,而是继承了黑格尔的思路,试图以更大的气魄把启蒙和浪漫主义结合起来。"马克思理论的巨大力量来自他把激进启蒙运动的这种冲击力同表现主义传统结合了起来。"③ 抽离掉浪漫主义(表现主义)一维,跟抽离掉启蒙一维一样,都无法理解马克思的唯物史观。从此而论,昭示双方优缺点的启蒙运动与浪漫主义之间的相互批评,对于马克思来说就都非常重要了。从大学时期算起,马克思首先经历的思想历程恰恰是浪漫主义对启蒙运动的批判。这种批判能给历史唯物主义提供什么思想资源?考虑到启蒙对浪漫主义的批评我们更为熟悉,浪漫主义对启蒙的这种批评就尤为重要。对此,我们以 A. 施莱格尔的《启蒙运动批判》

---

① Karl Heinz Bohrer, *Die Kritik der Romantik*, Suhrkamp Verlag Frankfurt am Main, 1989, S. 8.
② 参见(德)扬-维尔纳·米勒:《另一个国度》,马俊、谢青译,新星出版社2008年版,第235页。
③ (加拿大)查尔斯·泰勒:《黑格尔》,张国清、朱进东译,译林出版社2002年版,第841页。

一文为文本基础,来展开分析。

大体看上去,在施莱格尔的《启蒙运动批判》与霍克海默与阿多诺的《启蒙辩证法》之间,存在着如此多的类似性和一致性。这说明霍克海默与阿多诺仍然继承的是浪漫主义传统吗?如果是,那么他们是在为个体,为那些被边缘化、遭受压制的个我争取坦然生存于世的资格和能力,不是启蒙运动普遍主体论遭遇浪漫主义个体论批评的反响的继续吗?由此,他们继续沿着早期浪漫派的路子,不遗余力地替被启蒙构筑的普遍性构架,被概念－市场制度系统压抑的存在呐喊,并吁求它们的解放、宽容和自由。处在这个过程中间的马克思,以其鲜明的特征和风格,继承并发展了他那属于早期浪漫派的老师的诸多观点,在这个进程中起了承上启下的重要作用。

在波恩大学唯一给马克思上过两门课的老师 A. 施莱格尔看来,启蒙运动已经取得优势,宽容、思想自由、出版自由、博爱等启蒙理想也都得到公认。启蒙要照亮、改造、占领全部领域,包括诗歌与艺术等。启蒙的气魄如此之大,它能都做得到吗?

>启蒙运动具有自己的原则,它提出了种种无所不及的观点,要它们在自身中解决生活的全部事务,如人类自然的关系等等。此外,它力求消除偏见、狂妄和谬误,传播正确的理解。启蒙运动也同社会关系打上了交道。我们常听人谈论开明政府,受到赞誉的启蒙教育不是别的,正是刚才形容过的、已跌落到其真实的价值的教育。①

施莱格尔的质疑由此引出。

第一,善服从于功利是否导致崇高价值的丧失?

众所周知,在启蒙主体性的确立史中,认识论意义上的意识自主性是与实践哲学意义上自我保存原则取得优先地位同时发生的。意识自主性主要由笛卡尔伊始,行为自主性原则的确立主要是霍布斯的功劳:按照亨利希(Dieter Henrich)的看法,现代社会理论的第一个理论家是托马斯·霍布斯。在霍布斯的国家概念中,传统的关于人的学说得到了根本性的改变。人的本质被新颖地理解为对毁灭的危险的抗拒,以及个体生命朝向进一步目标不受阻碍的不断发展——自身保存。"对于死于暴力的恐惧最深刻地表达了所有欲求中最强烈、最根本的欲求,亦即最初的、自我保全的

---

① (德) A. 施莱格尔:《启蒙运动批判》,孙凤城编:《德国浪漫主义作品选》,人民文学出版社 1997 年版,第 374 页。

欲求。"① 不仅是人，而且任何生命存在都把自我保存视为一切努力之基础或根本。如同亨利希所说："这样，如同在物理学中一样，于现代开始的形而上学的基础性理论中，自身保存上升为一种根本性概念。"②

自身保存成为一个新思想的基本原则，而理性成为自我保存的手段和基础。这意味着一个重要转折的发生：人生追求的境界高度的下降。亚里士多德相信：每个存在者都可以达到本质性的圆满，在这种圆满中，他的本质完全实现了，被纯粹地表达出来了。从追求优异性的实现以及只有那些具有实践智慧的人才能裁定怎样的手段才有助于优异性的实现，变为追求世俗需求的正当满足以及每个人都有能力裁定何种手段才是正当的，也就必然意味着，世俗需求、感情的正当性得到了强调，地位得以提高，而约束、节制需求的理性、优异性的地位下降了。情感根本和优先于理性，理性是自身保存的工具；理性只有与情感、激情合作，效力于最强烈的激情，才能是强有力的。基于欲望不断的、正当的满足是人的现实权利，以及善就是快乐，就是丰裕地为公民提供更多带来愉悦的事物，就是感官快乐的满足，而不再是优异性的实现，那么，激情、情感而不是理性就构成了自身保存的根基。激情、感情作为根基高于理性，实乃现代思想的一个根本特点。这一点，柏克早已指出过。在霍布斯的逻辑中，理性成了自身保存的手段与工具。能给自身提供确然性的自我意识，即是能够在认识论层面上为知识提供根基，那也与知识一起，在实践哲学层面上构成为自身保存提供工具与手段的东西。这似乎意味着，一旦自我保存作为最基本目标，理性的工具化、善屈从于功利都将顺理成章地现实发生。

在自身保存和自我意识成为根基和至上原则之后，自足自立的自我主体的存在就成为至高无上的了。主体的自由取代包括真理在内的一切成为至高价值所在。如余纪元在比较柏拉图与现代自由主义时所说的，自由取代一切成为最高价值："柏拉图的整体主义理论与当今自由主义价值取向之间的主要冲突在于：柏拉图认为人们应该按真理生活；真理比自由更重要；而真理体现在他所设计的国家体制中。而现代自由主义者认为，因为真理本身无法确认和评判，我们不知道什么是真正的善，国家的存在不是

---

① （美）列奥·施特劳斯：《自然权利与历史》，彭刚译，生活·读书·新知三联书店2003年版，第185页。
② Dieter Henrich, "Die Grundstruktur der modernen Philosophie", *Selbstverhaeltnisse*, Philipp Reclam Jun. Stuttgart, 1982, S. 87.

为了发现生活真理,也没有能力这样做。相比于按照真理而生活,根据自己的选择来生活更重要、更现实。而国家应该做的,是尊重并保护每个人所选择的生活方式,只要这种选择保证其他所有社会成员享有同等的自由。"①

这里的关键是,许诺给每个人以自由的现代启蒙对真理的志趣并不纯粹,却"以利害为宗旨";对于启蒙来说,"必然是某种别的东西而非真理本身,简言之,是有用和适用"才至关重要。这一点正是 A. 施莱格尔特别强调的。功利原则的基础地位给意识形态在生活世界中的运作开辟了更大的空间,而这又势必造成对真理的无限追求更受限制。也就是说,启蒙所标榜的可理解性与科学性是矛盾的,偏重前者就势必损害后者。于是,"在这里,使真正的善(真仅是其中的一部分,一个方面)臣服于功利的这种本末倒置的思维方式昭然若揭。所谓功利,是指以促进身体的幸福为目的,我们已经给这种追求排定了很高的座次。谁竟把功利奉为圭臬,必将看到功利由此的结果是感官的享受,说得再清楚、再前后一贯些,他必然是极端享乐主义的信徒,崇尚感官享乐的神化"②。在 A. 施莱格尔看来,"左右启蒙运动者的乃是经济的原则",可惜它只能解决尘世间的事务,是一种对事实的判断和认可,却无法解决超验价值的追求问题。只要我们不认可越来越多元化的事实现状,也就是不会宽容到认为多元中的任何一元都等价,从而怎么都行的相对主义地步,就必须保留一定(那怕是最低)限度的超凡脱俗的理想价值于我们的实践追求之中,对我们的日常实践提供某种范导、约束、规范、要求。A. 施莱格尔看到,在这方面,甚至德行也不得不屈从于经济或功利原则:"凡不愿屈就尘世事务的有用性的德行,启蒙运动按照它经济的倾向一律斥为过度紧张和空想。甚至连特殊的奇才也不例外,启蒙运动要把所有人都同样地套进一定的市民义务的牛轭中,套进职业的、职务的、然后是家庭生活的轭中……"③ 如此一来,效益成为首要的选择,并成为德行是否被接纳的基准,而那些不具效益的德行,地位就大大下降甚至被遗忘了。比如荣誉这种道德,它在中世纪与骑士的勇敢和爱情密切相关,象征和决定着中世纪诗的灿烂成

---

① 余纪元:《〈理想国〉讲演录》,中国人民大学出版社 2009 年版,第 120~121 页。
② (德) A. 施莱格尔:《启蒙运动批判》,孙凤城编:《德国浪漫主义作品选》,人民文学出版社 1997 年版,第 376 页。
③ (德) A. 施莱格尔:《启蒙运动批判》,孙凤城编:《德国浪漫主义作品选》,人民文学出版社 1997 年版,第 381 页。

就,"但是,荣誉被启蒙运动者当作无聊的幻景受到特别轻蔑的对待,原因自然是无利可图,因为在这里,荣誉无论如何也不愿与自己的利益趋于一致。荣誉简直就是一种浪漫化了的道德;古代人为什么不知道这个意义上的荣誉,原因就在于此"①。

三、理性的工具化与虚无主义

施莱格尔的第二个质疑是,把一切都理性化会不会导致理性的工具化,并进而导致理想维度的丧失?

A. 施莱格尔像后来的阿多诺一样,对把一切都理性化的做法深感忧虑。认为这样的理性化必定会造就一种傲慢自负,进而遮蔽、诋毁许多有价值的存在。在他看来,如果像启蒙者期望的那样,"人类的存在和世界也应单纯得像算术例题一样明白畅晓"。一切不合乎理性的东西都被当作非理性的未启蒙状态大加鞭挞,那么,启迪尘世、追求内心光亮,皆被斥之为空想和荒谬。实践中超凡脱俗的价值被视为荒谬和欺骗,使得实践中缺失了阳光,实践成了只盯住现实物的"劳动":"阳光,就是作为伦理运用于实践生活的理性,而我们在实践生活中正是被束缚在现实的条件上。"② 一切都是白日下明白畅晓、有形有状、实实在在的东西,给想象留下一点空间的夜色、星空都消失在启蒙者的视野之外了。想象与理性是两种具有创造力、威力无穷的东西。可惜,启蒙丢弃了想象,只要理性。这是哲学对诗的胜利,或摧残:"生活的魔力赖以存在的基础,正是一片黑暗,我们存在的根正是消失于其中以及无法解答的奥秘之中。这就是一切诗的魂。而启蒙运动则缺乏对于黑暗的最起码的尊敬,于是也就成了诗最坚决的敌人,对诗造成了一切可能的伤害。"③ 就像语言一样,不可能完全遵守严密的规则,只是遵循习惯法则,诗也是一样。

---

① (德) A. 施莱格尔:《启蒙运动批判》,孙凤城编:《德国浪漫主义作品选》,人民文学出版社1997年版,第381~382页。
② (德) A. 施莱格尔:《启蒙运动批判》,孙凤城编:《德国浪漫主义作品选》,人民文学出版社1997年版,第376、377页。
③ (德) A. 施莱格尔:《启蒙运动批判》,孙凤城编:《德国浪漫主义作品选》,人民文学出版社1997年版,第378页。

更严重的是，以可理解性作为标准来对待一切存在，认为一切存在都是明白畅晓，都是没有矛盾的，最终导致复杂整体的不可理解。因为永恒的整体恰恰是复杂的、矛盾的、不可能明白畅晓的，存在的无矛盾性只是某些人为事物的特征，是认知在某个层面上呈现出来的特征。一旦上升到足够大的范围、足够高的程度，那种矛盾性质就会恼人地呈现出来。弗兰克曾认为，发现存在的矛盾性正是浪漫派的突出思想贡献。"用可理解性来解释一切事物，这些做法的不合理性在这里达到登峰造极的地步，因为完全由矛盾织成的人，不跌进不解之谜的深渊，是不可能洞观无形和永恒事物的。"① 其实，启蒙过程本身就是矛盾的，它的起始点中就蕴含着矛盾，它的目标追求与手段之间更是如此。《启蒙辩证法》的核心之一就是要告知人们，启蒙过程就是一个矛盾的过程，没有矛盾就没有启蒙。

在认识论层面上，敌视和消解矛盾的关键就是以理性化解感性、多样性。理性致力于将感性归结到理性层面，而不是远离感性或者不理睬感性，相反，"启过蒙的人们于是自信有权把所有越出他们感官的感受性的限界以外的现象，统统视为病相，并随时都慷慨地以狂热和荒谬的名字相与。他们完全没有看到想象的权利，只要有机会，就把人们从想象的病态中彻底治愈"②。存在成了失去了想象，也就是失去了诗性维度，失去了理想维度的现实存在。现实就是唯功利是举，就是把一切虚妄的都视为神话与迷信。这样，就现实得不能再现实了——想象、象征的空间也被完全榨空了："人们把神话打入迷信的层次时，一切虚构的源泉便枯竭了，象征也就从自然中消遁得无影无踪。"③ 没有诗，只有碎片——散文"这种市民的、于所有人有益的语言"。没有崇高、神圣，只有粗陋、视功利为至上的现实。为此，施莱格尔主张保留崇高，对保留着崇高的古代文化保持敬意："人们一旦在什么地方发现神性，应当立刻以虔敬的态度奔赴彼处，让自身浸透神性；只有先对过去的大师们表示了景仰，人们才获得以

---

① （德）A. 施莱格尔：《启蒙运动批判》，孙凤城编：《德国浪漫主义作品选》，人民文学出版社1997年版，第382页。
② （德）A. 施莱格尔：《启蒙运动批判》，孙凤城编：《德国浪漫主义作品选》，人民文学出版社1997年版，第380页。
③ （德）A. 施莱格尔：《启蒙运动批判》，孙凤城编：《德国浪漫主义作品选》，人民文学出版社1997年版，第390页。

后指责他们的权利。"① 这与《启蒙辩证法》一样，对功利主义现实的批判性对待招致他们对艺术拯救能力的信奉，坚信过于理性化的现实使得现时代在唯功利是举和造就同一性方面极端过了头，甚至像施莱格尔所说的"就诗和艺术而言，任何一个时代都优于我们的时代"，② 因为"诗和艺术"里还保有神圣性存在，还保有理想。于是，与费尔巴哈一样，他也呼吁对神性的追求："描述了欧洲文明在各个细枝末节上的现状之后，剩下来需要回答的唯一一个问题是对未来的展望。目前这种状况是否已经毫无希望地固定不变了？它是否还将跌得更深？抑或是否有返朴归真的迹象暗示出呢？对人的自然做一番广泛的考察之后，可以说是大有希望的。人的自然之中一切本质的和有效的，本是不会消逝的，是永恒的；既然我们的存在在时间中没有偶然的起源，构成我们存在的基础的东西，如道德和宗教，诗和哲学，就决不会没落。"③

如何做才能从离散的现实中探寻出一个理想的未来？那个超越既定离散现实的理想还有没有，还能否存在？如果还有（马克思跟施莱格尔老师及费尔巴哈一样都认为必须保持使理想得以维系的超验性维度，不能像施蒂纳那样在否定形而上维度上走得那么远），那在哪里？或者，如何给超越离散现实的超越性维度奠定根基？如何将 A. 施莱格尔老师说的"继散文的死亡而来的，将是新的诗"④ 真正实现出来？把现实的碎片整合并导向可行的诗性维度，是马克思承续 A. 施莱格尔老师的基本思路。关键是，马克思并不同意早期浪漫派那种以个人主体的美学瞬间转换为特征的诗性追求之路，不同意个体自己直接撰写浪漫诗的方案，而认为它无法触动社会结构的变更，并无法惠及更多的劳苦大众。惠及劳苦大众的方案是先在经济生产层面上续写英雄史诗，给浪漫诗的创作准备充足的空间舞台。对我们来说，更重要的是以下问题。

---

① （德）A. 施莱格尔：《启蒙运动批判》，孙凤城编：《德国浪漫主义作品选》，人民文学出版社 1997 年版，第 391 页。
② （德）A. 施莱格尔：《启蒙运动批判》，孙凤城编：《德国浪漫主义作品选》，人民文学出版社 1997 年版，第 391 页。
③ （德）A. 施莱格尔：《启蒙运动批判》，孙凤城编：《德国浪漫主义作品选》，人民文学出版社 1997 年版，第 391 页。
④ （德）A. 施莱格尔：《启蒙运动批判》，孙凤城编：《德国浪漫主义作品选》，人民文学出版社 1997 年版，第 395 页。

四、浪漫派、马克思与古典

第一个我们感兴趣的问题是,马克思在什么意义上向往古典理想?在什么意义上可以说马克思的理想是古典的现代重现?

德国早期浪漫派尊崇古希腊、中世纪,不像启蒙运动那样把过去说成一片黑暗,只有启蒙才照亮了人类世界。以古希腊哲学为博士学位论文选题的马克思,有很高的古典学修养是众所周知的。他虽然坚信进步观念,甚至为此受到一些激进左派的批驳,认为他对资本主义的批判还没有触及"跟以前相比资本主义是一个巨大进步"这个资本主义意识形态的核心之点,但是他也肯定古希腊相对于现代的崇高性,并以此批驳现代资本主义:"古代的观点和现代世界相比,就显得崇高得多,根据古代的观点,人,……总是表现为生产的目的,在现代世界,生产表现为人的目的,而财富则表现为生产的目的"。所以,"稚气的古代世界显得较为崇高",而"凡是现代表现为自我满足的地方,它就是鄙俗的"。[①]

既然古典希腊是崇高的,在许多价值领域,它就高于现代。那么,在怎样的程度上可以说马克思向往古典希腊?我想,也许只有个人的全面发展,相比于物的人的崇高性,人对自己所创之物的主动性,超世俗价值对世俗的约束,以及人从事的活动应该是潜能的实现和获取幸福与快乐,而不是获得更多货币财富等等方面,才是马克思向往的。但在自由作为现代最高价值方面,马克思是明显站在启蒙现代性的起点之上的。"物"相比于"人"的非崇高性,马克思肯定了,但古典思想中高于"人"之上的存在,就不要了,人成了最崇高的存在这个现代思想的基本点马克思无疑还是接受了。基于内在性自足自立的现代主体,在肯定这种主体的至高无上性及其不依赖于任何他性存在而只是按照自己的内在所有便足以应付一切的自足性(能力),以及肯定这种存在与其他任何生命存在一样,都具有自我保存的先天权利和基本权利之后,主体之人就成为这个世界上最高的存在。而且,至为关键的是,这个属于最高存在的"人"还具有最高的普遍性,而不像古希腊时期那样,会肯定并非每个生物学意义上的人都具

---

① 《马克思恩格斯全集》第30卷,人民出版社1995年版,第479~480页。

有诸种优异性。优异性更是一个文化、政治、伦理的观念，只有具备一定的文化、政治、伦理品质，才会成为具有这种优异性的"人"。而只有那些具有实践智慧的人才能裁定怎样的手段才有助于这种优异性的实现。近期启蒙之后，继承近代启蒙传统的马克思却赞同了每个经验主体都具有自主自立品格、权利和能力的思想，因而主张每个人都（潜在地）具有独立判断正当与善的能力。在肯定世俗化背景下满足世俗需求之正当性的前提下，每个人不但都能裁定何为正当与善，而且更能裁定以何种手段促成这些正当与善才是合理的。这也就必然意味着崇高、善的降低及其向平俗化转变的趋势。不过马克思肯定会赞同康德所说的，"实用性只能当作阶梯，帮助我们在日常交往中更有效地行动，吸引那些（对至善——引者加）尚没有充分认识的人对它的注意，而不是去左右那些有了认识的人的意志，并规定它的价值"①。马克思相信，现代世界虽然鄙俗、异化，却造成了生产力的普遍发展，由此可以"为个人生产力的全面的、普遍的发展创造和建立充分的物质条件"②。而这将为实现上述一系列古典理想奠定坚实的基础。显然，这种对古典的向往与德国早期浪漫派是完全一致的。Rolf Sannwald 甚至说，希腊古典就是马克思的美学理想。③

五、自由理想与浪漫主义

如上所述，自由理想显然是近代启蒙的基点。不依赖于任何他性存在的自主主体构成其根基。但是，马克思对自由理念的追求也不仅仅来自启蒙传统，也与德国早期浪漫派的主体论密切相关。浪漫派推崇主体自我，认为自身是一种自立自决的、原动的、固有的、独特的、有原创力的源头，所以应该向内看而不是向外看。在浪漫派的逻辑里，自我足以构成一个生发一切的泉源。而艺术根本不是模仿他者，再现外部世界，而是主体的自我确认和展现，是所表现的东西的自我呈现，而不是表现其他什么意

---

① （德）康德：《道德形而上学原理》，苗力田译，上海人民出版社1986年版，第43页。
② 《马克思恩格斯全集》第30卷，人民出版社1995年版，第512页。
③ 参见 Rolf Sannwald, *Marx und die Antike*, Polygraphischer Verlag A. G. Zürich, 1957, S. 159 – 203.

义。甚至整个世界本来就是一个 Urich 原我，世界后来的分化与异化才被弄糟了。体现自我的世界本来是完整和纯洁的。象征着这种纯洁、崇高、自由和个性的原初自我，总是至高无上的，不能用普遍的存在来压抑它，否则就是异化、疏离、压迫。自我是独创，不是随便可以模仿和替代的。浪漫主义给个性、自我以更高的地位。

从某种意义上说，浪漫派的自我相比于启蒙运动的主体更加具有不依赖于外部存在的特质。启蒙式的主体更加依赖于对外部客体的统治与占有，外部客体对于启蒙主体来说是唯一展现、检验、证明主体的疆域，被占领的这个疆域越大，启蒙主体的威力和尊严就越大。而浪漫派的主体却不是这样，他依靠的只是那天才般的反讽既定现实的能力，也就是即刻间不为物化现实所累，超越开物化现实的能力。这种能力更加不依赖于外部物性存在，却更加注重自我之个性，也就是那种不但异于外部客体也异于其他主体自我的特性。区别在于：早期浪漫派的主体自由依赖于自我的美学反讽能力；马克思则把它分为两块，除了跟主体的普遍性直接相关的那种不考虑主体个性维度的普遍自由（这种自由无法摆脱物性的限制与约束）之外，在摆脱了物性限制的自由支配的时间之内，专为个性实现开辟出的越来越大的空间就在历史舞台上出现了。也就是说，马克思把启蒙式自由与浪漫派式自由内在结合起来，依次继起地排列于历史的发展进程之中。何况，自由王国中（人的各种内在品质之间、人与人之间的）和谐、人与自然的统一、对多元性的宽容与解放、对他者个性的尊重等，都是与浪漫主义相关的价值。这些价值基本上可以说都是启蒙运动力图遮蔽和忽视甚至反对的。

通过对比尼采与马克思自由观的异同，浪漫主义的影响在尼采那里就更加明显。跟马克思相比，尼采更加放弃了主体普遍成为自由人的方案，转而走向了让完美自由与少部分天才式人物对接的理路。

鉴于对自由的承诺是启蒙运动的出发点之一，对自由的理解也就构成了对启蒙的理解。罗伯特·瑞斯艾认为，"通过其自我反思将启蒙运动彻底化，从一开始就是尼采的筹划的核心"[①]。其实，尼采向往的自由与其说是启蒙式的，远不如说是浪漫主义式的。尼采反对意志自由概念；仅仅在自由精神中，他才肯定自由。这显然更接近于德国早期浪漫派的思路，

---

① （美）罗伯特·瑞斯艾：《奴隶，主人，暴君：尼采的自由概念》，哈佛燕京学社编：《启蒙的反思》，江苏教育出版社 2005 年版，第 269 页。

而离启蒙思想更远。在尼采看来,自由精神成为积极自由的最切近者乃是意志。要有力量承担自我主宰、自我规诫、成为强者、严苛、压迫他者、风险、前进等苦行形式的东西,要能承担这些东西。因为"生命就是权力意志",即"本质上是剥削、侵犯、压倒他人和弱者,镇压,严苛,强化其自身的形式,合并并且至少剥削"。① 如果害怕这些,就不会成为主人,而必然成为害怕危险和自主的奴隶,"对于那些其力量还不足以承担这种训诫及其分离的人来说,虚无主义、遗忘和颓废乃是其结局"②。其实,尼采的逻辑就是,让每个人都成为自主、冒险、具有上述一系列主人品质的强者,并不现实,但只让那些具有这种能力、素质的人成为承担起上述任务的强者、主人,则是必然的和唯一的出路。也就是说,尼采看到了启蒙的最初梦想如果定位在让所有人成为自主的、承担一系列任务的主体,是不现实的,而且必然导致奴隶道德的甚嚣尘上和大众人的张扬。现实的做法是,让那些具有这些品质的少数强者成为主体,只有他们才能承担起那些任务来,只有他们才能完成那样强大的目标。不能强迫末人去做超人,不能强迫力量不够的人去做力量足够才能做到的事情。因为,力量的第一原则是:"成为强有力的,这必须是必然的,否则绝不会有力量。"③而无力承担的弱者、大众,则顺其自然地让他们做符合他们本性的活了事。弱者向往的只是他们不可能完全得到的自由、平等、正义;但对强者来说,除了自由,他们更向往优越性——而这是不平等的。"只要人们还没有权力,他就想要自由。如果他拥有了它,他就想要优越性(Ubermacht);如果他没得到这优越性(假如他过于虚弱),他就想要'正义',即平等的权力。"④

在这样的背景下,消极的虚无主义就是那些弱者的结局。强者是不会消极地把虚无看作颓废和无聊的;相反,强者会把正在被消解的价值的虚

---

① 转引自(美)罗伯特·瑞斯艾:《奴隶,主人,暴君:尼采的自由概念》,哈佛燕京学社编:《启蒙的反思》,江苏教育出版社 2005 年版,第 275 页。
② 转引自(美)罗伯特·瑞斯艾:《奴隶,主人,暴君:尼采的自由概念》,哈佛燕京学社编:《启蒙的反思》,江苏教育出版社 2005 年版,第 270 页。
③ 转引自(美)罗伯特·瑞斯艾:《奴隶,主人,暴君:尼采的自由概念》,哈佛燕京学社编:《启蒙的反思》,江苏教育出版社 2005 年版,第 280 页。
④ KGW Ⅷ,2:10(82)(1887 年秋)(参见 WM784)。转引自(美)罗伯特·瑞斯艾:《奴隶,主人,暴君:尼采的自由概念》,哈佛燕京学社编:《启蒙的反思》,江苏教育出版社 2005 年版,第 278 页。

无化视为创造性空间的敞开,是富有意义的新的精神风格的孕育和开端。奴隶恐惧权力、个性、独自承担、危险,而只是力求与他人一致、雷同、平庸、规矩、依赖某种强大的他者,因而不敢去谋求自主、真正的解放和自由,不敢去剥削、侵犯、严苛、压倒一切,只能追求有气无力、松松垮垮、喜气洋洋、没有个性与风格的局面,不敢追求崇高与胜利。如此也就必然陷入虚无主义和颓废之中了。

这样,尼采就提出了一种对启蒙辩证法的崭新理解。他指出:"作为启蒙运动之出发点的对于自由的承诺——摆脱迷信、以绝对的意志自由为基础的主人和自然的拥有者一样自由行动——现在消逝于一种无所不包的自然本性之中,对于这种本性来说,意志的自由仅仅是一种迷信,而主宰与自我暴政不可分离。在尼采哲学揭露了启蒙运动的某些哲学观中的悲剧性的缺陷,并驱迫我们原路折回,以找到走出怪兽之洞穴的出路:寻求光明。"①

难怪霍克海默与阿多诺在《启蒙辩证法》中说过"尼采本人,就是自黑格尔以来能够认识到启蒙辩证法的少数思想家之一"②的话。尼采理解的启蒙辩证法就是对大众必然遭受失败和悖谬,而只有对那些强者来说才会继续下去,才会具有成功的希望吗?那样的话,罗伯特·瑞斯艾说霍克海默与阿多诺把启蒙辩证法理解为启蒙筹划的失败就是似是而非了。

这样,相比于马克思的普遍主体解放方案,尼采实际上就更加谨慎和消极,也更加唯物主义一些:主体只有具备足够的响应能力、资质、身体、自然基础,才能追求自由、解放,才能承担一系列的崇高价值。并不是一切人都可以成为承担那些美好价值的主体的!尼采更加强调承担者所具备的自然基质,并相信这种自然基质是与精神品质一致的。按照尼采的逻辑,缺乏自然基质的普通民众无法由于社会性的锻炼而提升自己。自然基质的缺乏是注定的,无法根据社会性的恶补而改变的。社会性锻炼对那些先天自然基质不够的大众是没有多少效果的。在这个意义上,就像许多研究者指出的,尼采或许比马克思更加唯物主义一些。

尼采对优异性的更加强调,对个性的更加重视以及连带着对普遍性的

---

① (美)罗伯特·瑞斯艾:《奴隶,主人,暴君:尼采的自由概念》,哈佛燕京学社编:《启蒙的反思》,江苏教育出版社2005年版,第280~281页。

② (德)霍克海默、阿道尔诺:《启蒙辩证法》,渠敬东、曹卫东译,上海人民出版社2003年版,第45页。

更加看低,凸现了尼采与浪漫主义的更加接近。马克思对浪漫主义的吸收更多地放在了当下还无法实现的自由王国之中,也就是放在了遥远的未来。而尼采针对马克思指出的是,当下就必须认清主体的差别,要针对这些无法避免和忽略的差别来思考主体的解放和自由,以及主体能够承担的美好品质和价值。无视差异的普遍式方案不但注定无法实现,而且注定问题重重。

在这个意义上,启蒙反思的最重要之点也许就是对差异的不断尊重!而这也就是德国早期浪漫派提出,后来得到阿多诺继续重视的"星丛"原理,就是把新启蒙的主要任务理解为更加能容纳差异!

六、更能容纳差异的新启蒙

他者、异质性对于浪漫派来说总是一个问题。对内在自我的强调和迷恋,使得浪漫主义对他者、异在异常敏感。他者、异在对浪漫主义者意味着焦虑。这也就构成了浪漫主义与古典主义的一个重大区别:对古典主义来说,他者、异在不是问题,因为它总是接纳它们,把它们协调安排在和谐的秩序之中,使它们各得其所;但是对浪漫主义者来说,就总是惧怕他者、异在:"现代性时代,在相当程度上,总是惧怕他者,因为他者总是意味着另一套准则,意味着他律和彻底变成他者的愿望,因为它是对个人自主性的制约。这种心理与古典主义盛行的 18 世纪大相径庭,后者并不敌视他者,相反,用个更恰当的词来说,他们'接纳'他者,他们想把不同的局部、角色、秉性、特点、形式等因素审慎而协调地'安排'起来。古典主义盛行的 18 世纪的有代表性的'智者'试图寻找'有显著差异的事物之相似点'。他们并不注意事物如何'不同'——如何'不可比较',而是更关注怎样才会使它们相互同化,怎样才会使截然不同、互不相干、彼此独立的部分汇入一种和谐的秩序——在这'秩序性'中,怎样使每一部分各得其所,并得到表现。"①

古典主义无视他者、他性、异质性,浪漫主义才重视他者、他性、异

---

① (澳大利亚) P. 墨菲:《浪漫派的现代主义与古希腊城邦(上)》,《国外社会科学》1996 年第 5 期,第 8 页。

质性。"浪漫主义观念中的'他者'是意味着对'自我'的威胁的。因为所有未出自自我的法则都是'异化''疏离'之根源。只有让自我与他者处在一种无法沟通的差异关系（假如可以用这个词的话）中，才可以避免这种危险。"① 浪漫主义注重每个存在的独特特质，认为每个自我、每个民族都有自己的特性，无法用什么"普遍的规则"消解的特性。在这种对异质性存在，对众多他者特性的尊重和焦虑中，才产生了对异质性他者的解放、宽容等问题。

我们知道，马克思对概念性普遍存在持一种意识形态的见解，认为这其中蕴含着一种维持特种利益格局和社会关系状态的不可告人的意图，有一种意识形态的欺骗性因素存在于其中。这样，马克思就把浪漫主义尊重特殊性、尊重概念系统无法覆盖的差异性存在的思想融入了过于强调普遍性的启蒙传统之中，在传统启蒙逻辑中插入了一个楔子。凭此，为概念系统不能容纳或遭受其敌视的那些非存在或边缘性存在，都得以赢得自己的位置和地位；凭此，不同于概念或一般性存在的多样性存在都可以逐步被承认，从而为向着对多样性存在更加尊重的新启蒙之路——这正是阿多诺后来在《启蒙辩证法》与《否定辩证法》中努力为之的事业——进一步打开了思路。

伊格尔顿曾在分析启蒙与差异的关系时说过："马克思主义者从来不会张狂得以为整个启蒙思想都陷入了困境，绝不会突发奇想地以为大家都要从 1972 年起开始阅读索绪尔的著作，把行动统一起来。"② 这是在讲差异的作用，比如种族、性别和阶级等多种因素的作用，差异不会因为阅读索绪尔就可以克服并因而统一起来的。伊格尔顿声称："罗蒂和海恩斯坦·史密斯以及其他大部分自由主义的或激进的批评家似乎一致相信，差异、冲突、多元性、无终结性以及异质性'绝对'地、毫无疑问地是好的。……这也是我的一贯立场。"③ 他把这一逻辑应用于所有问题上。比如在历史主体问题上，他主张，没有始终如一的主体在执行行动的功能。行动从来需要实践的政治语境，需要组织和谋略，需要根据不同的境况联

---

① （澳大利亚）P. 墨菲：《浪漫派的现代主义与古希腊城邦（上）》，《国外社会科学》1996 年第 5 期，第 11 页。

② （英）特里·伊格尔顿：《历史中的政治、哲学与爱欲》，马海良译，中国社会科学出版社 1999 年版，第 233 页。

③ （英）特里·伊格尔顿：《历史中的政治、哲学与爱欲》，马海良译，中国社会科学出版社 1999 年版，第 230 页。

系、团结更多的不同的人们。这意味着,马克思主义赞赏差异,但不至于走到以之取代和否定启蒙的程度。马克思主义是在启蒙的范围内接受差异的。在启蒙范围之内不断容纳、解放差异,使得"差异"构成新启蒙的核心所在这一点愈来愈得到更多人的认同。

众所周知,阿多诺向往的和解是能够容纳更多多样性存在(或无法被普遍概念同化的差异性存在)、各种存在能够和谐相处的状态,而这也就是德国早期浪漫派诗人艾兴多夫设想的那种和解:"这种和解状态不想借助哲学帝国主义并吞异物,而是幸运于:远处和差别还存在于被保护的近处,存在于异在的对面如同存在于本己存在。"① 韦尔施评论说:"阿多诺梦想这样的和解,所以他是现代的。他甚至想摒弃浪漫派,因为他认为浪漫派的特点是'悲天悯人'和'因异化而感到痛苦'。他用艾兴多夫关于和解状态的理想反驳浪漫派这种悲天悯人的悲观主义思想。但是,这种和解的理想仍然停留在黑格尔的和与现代完全相容的浪漫派的思想范围之内。"② 不但是《启蒙辩证法》的思想至少一半多在 A. 施莱格尔的"启蒙运动批判"一文中早已存在,连阿多诺向往的和解理想也仍然没有超出德国早期浪漫派的设想。更不用说后现代思想所谓的创新能在浪漫派面前支撑住多少了。

在全球化不断延展的背景下,新启蒙不能仅仅对准对不同个体的容纳、接受、宽容、尊重和解放,而且也必须以同样的态度面对不同种群、不同文化。A. 托德·富兰克林在《新启蒙:对种群重要性的反思》一文中说得好,新启蒙必须转型面对多元性,"从广泛地对普遍性和无偏向性的哲学诉求向对多元性和尊敬的更开明的诉求的转换;前者使种群和其他形式的人类特性边缘化,后者体现了对群体特有差异的政治重要性给予更强烈的敏感"③。这种逻辑,不正是从德国早期浪漫派伊始,经由马克思中转到阿多诺的启蒙辩证法的反思的核心之点吗?不正是社会批判理论的一个主要目标吗?

---

① Theodor W. Adorno, *Negative Dialektik*, Gesammelte Schriften, Band 6, SuhrkampTaschenbuchen Wissenschaft, 1997, S. 192.

② (德)沃尔夫冈·韦尔施:《我们的后现代的现代》,洪天富译,商务印书馆2004年版,第269～270页。

③ (美)罗伯特·L. 西蒙主编:《社会政治哲学》,陈喜贵译,中国人民大学出版社2009年版,第316页。

第二十章 物化通向虚无吗？
——马克思与尼采的不同之路

"物化"（Verdinglichung 与 Versachlichung）是社会批判理论的常用术语，是理论左派现代性批判采用的范畴；"虚无"（nichts）、"虚无主义"（Nihilismus）则往往是保守主义阵营现代性批判常用的语汇，是理论右派批判现代资本主义社会时采用的概念。"左""右"两派的批评能够通过"物化""虚无"这两个范畴融通起来吗？左翼阵营的代表自然应该选择马克思，而右翼阵营的代表我们选择尼采。就他们各自的地位、影响而言，这种选择应该非常恰当。虽然两人分别对物化、虚无问题都有极为深刻的思考，但马克思不用"虚无主义"一词，尼采也不用"物化"一词。马克思对"物化"极为重视，按照卢卡奇、广松涉等人的看法，"物化"甚至是马克思主义哲学最重要的一个范畴；"虚无主义"显然是尼采理论中最核心的一个概念。"物化"与"虚无"的关系如何，"物化"必然导致"虚无"吗？对于现代性批判理论来说，这应该是一个非常重要的问题，是一个时代性的大问题，一个在马克思、尼采、韦伯、屠格涅夫、卡夫卡等思想家、文学家中不断被思考的难题。在本章中，我们探讨马克思与尼采在此问题上的不同理解。

一、物化世界损伤"人"的三种情形

物化世界对人构成一种否定，是一种很流行的意见。人们经常会把这种看法赋予马克思。但这是不妥当的，至少是未能完整地反映出马克思关于物化与人的关系的基本观点。

实际上，物化世界否定的"人"，首先是个性人，而后是权利、尊严意义上的"人",总之是人权、尊严、个性意义上的存在。这种意义上的"人"与物化世界可能产生尖锐的对立与冲突。在《1844 年经济学 – 哲学手稿》的第一手稿中,马克思把劳动的对象化看作"对象的丧失和为对象所奴役",并招致劳动者的异化。他明确指出,劳动的对象化(Vergegenstandlichung)就是现实化(Verwirklichung),而"劳动的这种现实化表现为工人的非现实化,对象化表现为对象的丧失和被对象所奴役,占有表现为异化、外化"。① 由于劳动的对象化直接表现为劳动者的异化,所以,劳动者创造的物的世界就与人的世界直接对立:"工人创造的商品越多,他就越变成廉价的商品。物的世界的增值同人的世界的贬值成正比"②;甚至于,"工人在劳动中耗费的力量越多,他亲手创造出来反对自身的、异己的对象世界的力量就越强大,他自身、他的内部世界就越贫乏,归他所有的东西就越少。宗教方面的情况也是如此"③。显然,劳动创造的物的世界与人本身的世界是对立的。物的世界的扩大和进步并不有利于人的世界的实现,却直接阻碍人的世界的实现。这自然不是指生产关系没有进步、改善,生产力没有增长,而是指伴随着物的世界的增大,"人"的权利、尊严没有得到保障,个性更没有得到尊重和实现;相反,物的世界的增大是以牺牲人(劳动者)的正当权利、尊严,贬抑人的个性为代价获得实现的。

后来,当卡夫卡说办公室在杀人,"他们(公务员——引者)把活生生的、富于变化的人变成了死的、毫无变化能力的档案号","到处都是笼子","我身上始终背着铁栅栏",以及"这是精确地算计好的生活,像在公事房里一样。没有奇迹,只有使用说明、表格和规章制度。人们害怕自由和责任,因此人们宁可在自己做的铁栅栏里窒息而死"④ 之时,他控诉的正是日益合理化的社会对人权、尊严、个性意义上的"个人"的胁迫、排挤、模式化、常规化,控诉个性人、尊严人被社会关系系统(即马克思后来说的社会关系之物)胁迫、忽视和否定。当卡夫卡说"财富意味着对占有物的依附,人们不得不通过新的占有物、通过新的依附关系保护他的

---

① 马克思:《1844 年经济学 – 哲学手稿》,人民出版社 2000 年版,第 52 页。考虑到这里引用的部分在人民出版社 2000 年新版本中翻译得稍细致些,本章我们引用这个版本。
② 马克思:《1844 年经济学 – 哲学手稿》,人民出版社 2000 年版,第 51 页。
③ 马克思:《1844 年经济学 – 哲学手稿》,人民出版社 2000 年版,第 52 页。
④ (捷克)卡夫卡:《谈话录》,《卡夫卡全集》第 5 卷,黎奇、赵登荣译,河北教育出版社 2000 年版,第 310、311、314 页。

占有物不致丧失。这只是一种物化的不安全感"① 时,他是在财富之物与人之间做出明晰的区分,否定把人仅仅理解为物的所有者,仅仅以物来注释人。

卡夫卡说物化体系压抑、窒息人,其意思跟青年马克思在《1844年经济学-哲学手稿》第一手稿中的上述看法是基本一致的。这种一致表明,青年马克思与卡夫卡所谓与物的世界对立的"人",不是抽取了个性,能够生产和交换普遍的、一般的人类劳动的"劳动者";不是这种"人"的具体的发展权和生存权,而是一般的人权、尊严;不是现代社会中不得不以"物"表征自己的"人",而是高于物的位格之"人"。

在这里,物化世界对"人"的否定有两种情况:一是"人"被界定为个性之人,物化世界否定的是人的个性;二是"人"被确定为位格之人,物化世界否定的是人的尊严、人格。资本的内在需要不怎么考虑人的尊严与人格,却把它们纳入资本追求利润最大化的系统之中。只有在有助于利润更大化之时,人的个性、尊严才有利用的价值,但这种价值是一种工具性价值、外在性价值,不是根本价值、内在价值。物化体系没有把人的个性,也没有把人的人格、尊严视为人的内在价值,却根据物体系自己的内在需要把"人"外在地设定为一种工具,把物体系自己的内在价值追求视为根本价值,并根据这一标准衡量人的价值。物体系的内在价值与人的"内在价值"发生了分离和区别,物化世界的发展已经与人的内在需求之间产生了分化和裂痕。这就是通常所谓人的"物化",是物化世界伤害、否定人的实际情况。在本章第二节,我们将讨论并指出,按照马克思的逻辑,这不能算物化导致了虚无,不能等于物化世界否定了人,因为"人"不只是个性、位格,也有其他维度的体现和存在,即可以是普遍的、一般的、社会性的"人"。而普遍的、一般的、社会性的"人"恰恰是在现代物化体系中获得实现的。更为重要的是,按照马克思的理论,这种维度上得以实现的"人",将为个性、位格维度上的"人"的进一步实现,奠定基础、准备前提。但按照尼采的看法,物化世界是在压抑、否定富有创造性和个性的人,并通过这种压抑与否定成就一种平庸。这是本章第三节的主题。

在进入第二、三节之前,我们不能忘记,物化世界对"人"的否定还

---

① (捷克)卡夫卡:《谈话录》,《卡夫卡全集》第5卷,黎奇、赵登荣译,河北教育出版社2000年版,第315页。

第二十章 物化通向虚无吗？

存在第三种情况：特定物化产品对人的基本权利（生存）甚至生命构成威胁与否定。一些特殊的人造物开始严重地威胁、敌视人。如核子武器、化学武器对人的威胁与消灭。按照京特·安德斯的看法，核子武器直接具有毁灭人的效应，所以，核武器的制造和威胁就"是一种在全球范围内实行虚无主义的罪责。这样我们就得到了我们最后的结论：手中握着原子弹的人是行动中的虚无主义分子"①。在他看来，尽管力图以这样的武器威慑他人的人甚至连"虚无主义"这样的词都没听过，甚至多数人都在私人生活中和蔼可亲、严肃正经，仍不能否认这些武器与虚无主义的内在联系，或它们之中蕴含着的虚无主义质素。"尽管如此他们仍然是虚无主义分子。……因为不管他们知道与否、愿意与否，事实上他们信奉的是完全另一种哲学和遵循完全另一种伦理道德：物的哲学和物的伦理。因为在'客观精神'的招牌下出现了一条公式：'人人都要遵循他所拥有的物的原则'。"安德斯的意思是："谁占有了物，他就拥有了这个物的准则，拥有原子弹的人也同样拥有它的准则。这与人是否情愿无关。"② 看来，从物化通向虚无，还有安德斯这里所说的这种路线：从人们所制造的"物"中产生出来了一种毁灭性力量，使得最有意义的生命存在可能瞬间变成虚无。而且，这还不是指制造需要、生产着我们的需要的"物"泯灭了人的尊严、人格与个性，而是直接制造出了一种可怕的毁灭人的生命的力量，一种直接可以消灭人的力量。也就是说，原先的虚无主义是把人的尊严、人格、个性、精神泯灭或虚无化，现在则是更实在的虚无主义力量把人的身体、物质生命虚无化！这是比通常所谓以否定人的崇高价值为特点的"虚无主义"更严重的另一种"虚无主义"，即以否定人的基本生命，否定人的基本权利、价值为特点的"虚无主义"，是突破了更低底线的"虚无主义"。

---

① （德）京特·安德斯：《过时的人》第 1 卷，范捷平译，上海译文出版社 2010 年版，第 266～267 页。

② （德）京特·安德斯：《过时的人》第 1 卷，范捷平译，上海译文出版社 2010 年版，第 267、272 页。

二、物化不通向虚无，物化可以
促进"人"的实现

马克思时代没有核武器、化学武器，他不可能从这个角度思考物化与虚无的关系。而且，我们知道，虚无主义还不构成马克思理论的核心关注，或者说，虚无主义在马克思的历史唯物主义中并不构成非常严峻的根本问题。在《德意志意识形态》批判施蒂纳时，他认为那是小资产阶级空虚、无力的表现；而在《资本论》及其手稿中剖析资本的逻辑时，他认定资本为了获取利润消解一切神圣和崇高，那是资本逻辑的必然产物。而资本孕育出的虚无、空虚并不覆盖到一切阶级身上，却只体现在逐步丧失历史进步性的资产阶级身上。在历史上必有所作为的无产阶级不会受到它的浸染和困扰。对无产阶级来说，物化并不必然导致虚无，物化财富却为一个更理想、更崇高的共产主义社会奠定充足的物质基础，而不是相反地否定和消解这个社会。不过，物化并不一定导致虚无，其缘由首先还不是无产阶级不会像小资产阶级和大资产阶级那样摆脱不了虚无，[①] 而是因为，在马克思那里，"物化"并不是一个完全负面的概念，也意味着促进效率提高，促进"人"的一种实现，并为"个性人""位格人""尊严人"的进一步实现提供基础。

在《资本论》及其手稿中，劳动的对象化得到肯定，被归于一般的商品社会中：在一般的商品生产中，"对象化在交换价值中的劳动把活劳动变成再生产自己的手段，而起初交换价值只不过表现为劳动的产品"[②]。只有在资本主义特定条件下，"物的价值则只能在交换中实现，就是说，只能在一种社会关系中实现"。也就是说，这种对象化的实现越来越依赖于一种严密、复杂、发达的社会关系系统，依赖于分工、交换体系，由此才导致物化（Verdinglichung）、物象化（Versachlichung）。物的实现取决

[①] 相关分析请参见拙作《马克思与虚无主义：从马克思对施蒂纳的批判角度看》(《哲学研究》2007年第7期)、《资本与虚无：马克思论虚无主义的塑造与超越》[《吉林大学学报》(人文社会科学版) 2012年第5期]。

[②]《马克思恩格斯全集》第30卷，人民出版社1995年版，第220页。

于社会交换体系的认同,而社会交换体系越来越不是直接的物的交换,却体现为日益复杂的事务操作体系。这个体系越来越规范化、精确化、程序化、法制化、"对事不对人"化,越来越不随意化、人情化、"对人不对事"化,越来越不受人的个性、情感等主观品质的影响。这个事务操作体系的效率影响着物的实现,并且使得几乎所有的人事都与事物、事务纠缠在一起,以至于"人"与"事物"(ding)及"事务"(sache)都分不开了。人纠缠于物、事之中难以自拔,人被物化、事化了。于是,"人"不仅仅是个性存在,完全可以是一种一般的社会性存在。通过社会生产、交换体系得以实现的"人"是一种普遍性、共通性意义上的"人"。马克思特意申明,个性不参与商品的社会生产与交换过程。他指出,在现代交换体系中,交换者基于一种抽象的等价置换体系被视为价值相等的抽象人:"他们本身是价值相等的人,在交换行为中证明自己是价值相等的和彼此漠不关心的人。……他们只是彼此作为等价的主体而存在,所以他们是价值相等的人,同时是彼此漠不关心的人。他们的其他差别与他们无关。他们的个人的特殊性并不进入过程。"① 显然,这种意义上的"人"获得社会实现得益于日益发达的物象化(Versachlichung)系统,得益于这一系统的规范化、精确化、程序化、法制化特质。是由于这一系统日益发达的这一合理化特质才使得物的生产、交换的规模和质量不断提高,使得"人"在这种社会性的意义上不断获得实现。由此,不能仅仅在个性、特殊性的意义上界定"人"了,"人"的内涵通过社会性得以大大扩展,通过物化、物象化系统得以丰富和扩展。在社会交换体系日益复杂化、规范化,即越来越物象化的现代社会中,必须参与而且越来越多地参与社会交换的劳动者,作为主体"都作为全过程的最终目的,作为支配一切的主体而从交换行为本身中返回到自身。因而就实现了主体的完全自由"。显然,这里通过社会交换获得"自由"的"主体"是遵从、认同了物化、物象化社会交换体系的"人",用马克思的话说,"作为这样的人,他们不仅相等,他们之间甚至不会产生任何差别。他们只是作为交换价值的占有者和需要交换的人,即作为同一的、一般的、无差别的社会劳动的代表互相对立。……每个主体所给出的和获得的是相等的东西……"② 由此而言,对于成熟时期的马克思来说,物化(Verdinglichung)与物象化(Versachli-

---

① 《马克思恩格斯全集》第31卷,人民出版社1998年版,第359页。
② 《马克思恩格斯全集》第31卷,人民出版社1998年版,第358页。

chung）不再仅仅是负面的东西，而是既具有历史进步性又具有负面性，既在普遍性、一般性维度上实现人，又在个性、特殊性意义上压抑人的一个历史性范畴。①

这意味着，社会关系之物与物理意义上的财富之物成全的是普遍的、一般的、抽取了个性和其他特质的人，不是个性之人。众所周知，在《资本论》时期的马克思看来，这种普遍的人恰恰是人的自我实现过程中必经的历史阶段，个性之人的被压抑是难以避免的历史性现象，不能完全否定这种现象的历史进步意义。因为，物化的人也就是"以物的依赖性为基础的人"，这样的人比"人的依赖关系"下的"人"更发达，并且跟"普遍的社会物质变换、全面的关系、多方面的需要以及全面的能力的体系"相适应，只有在这样的社会形态中，才会为自由个性得以实现的未来理想社会奠定坚实基础。② 这是马克思三大社会形态论的基本内涵。

这里的关键是，"人"不能再仅仅理解为个性之人，不能只是在尊严、人格意义上界定"人"，也应同时在抽取了个性，能够生产和交换普遍的、一般的人类劳动的"劳动者"与"交换者"的意义上界定"人"。从而，不仅把个性实现、人格得到尊重视为"人"的实现，也把自己的劳动通过社会交换获得实现，自己的法权在政法实践中获得实现同样看作"人"的实现。从历史发展的角度看，人经历一个物化阶段是必须的、无法避免的。正如艾萨克·鲁宾所说的，"马克思不是仅仅表明人与人的关系被物与物的关系所掩盖，更准确地说，是表明在商品经济中，社会生产关系不可避免地采取物的形式，并且除了通过物不可能有其他的表达。"③ 以物表现人在现代社会中无法避免，在历史上首先应该是"进步"现象，只有在社会进一步发展的要求这个意义上才是一个批判性概念。也正是因为如此，马克思在《资本论》及其手稿中使用得更多的 Versachlichung 一词经过韦伯等社会理论家在 20 世纪的中转之后已经逐渐丧失了批判性含义，变成一个中性词了。倒是马克思在《资本论》及其手稿中使用得较少的 Verdinglichung 一词现今仍然是一个批判性概念。

---

① 具体论述参见拙作《重思"物化"：从 Verdinglichung 与 Versachlichung 的区分入手》（《哲学动态》2012 年第 11 期）、《物象化与物化：马克思物化理论的再思考》（《哲学研究》2013 年第 1 期）。

② 《马克思恩格斯全集》第 30 卷，人民出版社 1995 年版，第 107～108 页。

③ 转引自（英）贾斯廷·罗森伯格：《市民社会的帝国》，洪邮生译，江苏人民出版社 2002 年版，第 213 页。

众所周知，启蒙主义和浪漫主义对"人"的理解各不相同。他们分别从普遍性维度和个别性维度上界定"人"，但两者不是绝对对立，完全可以获得统一。马克思的人论显然是致力于把偏重普遍性维度的启蒙主义人论跟偏重个性维度的浪漫主义人论统一起来，不再重复他们各自仅仅在一个维度看待"人"的片面与极端。不能因为"物化"体系跟个性、人格意义上的"人"有所抵触、冲突，就一概地判定物化体系具有敌视人的虚无主义性质。社会物（社会关系系统）的日益合理化带来的另一种"物化"，即马克思、韦伯所谓的Versachlichung（物象化、事化），完全可以成就普遍性维度上的"人"获得实现，从而使"物化"导致"人"的实现，而不是相反。

在这个意义上，如果说物化导致虚无不仅是指物化体系贬抑个性、人格，而且还可以系指核武器、化学武器对人生命的杀伤，可以系指往牛奶里注入三聚氰胺，往食品里加入塑化剂，往蔬菜里注入剧毒农药，为了追求自我利益最大化而置人的生命这种最基本的价值于不顾，把物的价值置于人的基本价值之上，那么，我们也完全可以说，之所以出现这类情况，恰恰是因为制度化的社会关系（社会物）系统合理化水平还不够高，不够发达所致。也就是说，制度化社会关系系统合理化水平的提高，这种意义上"物化"（即平常所说的两种"物化"之一种的"物象化"）水平的提高，恰恰是杜绝出现物化敌视人、杜绝物化导致虚无的正常渠道！这恰恰意味着，合理、全面地理解"物化"，把它包含的两种情形Verdinglichung与Versachlichung区分开来，明晰各自不同的内涵与功能，以及其中的复杂性，才是避免"物化压抑人""物化导致虚无"等简单结论的关键所在。

三、个体与共同体的统一遏制、抵制虚无主义

资本的逻辑必然衍生出虚无主义，劳动的逻辑如何避免和拒斥虚无主义？马克思寄予希望的未来新人（无产阶级）如何避免和超越虚无主义？如果说，无产阶级超越虚无主义的物质基础可以在资本的发展中奠基起来，那么，于此物质基础之上在自由时间中争取自由和解放的"无产阶级"，能否避免虚无主义，就主要有两种情形：一是如何避免与个人主义

衍生出来的相对主义密切相关的那种虚无主义？二是如何确立无产阶级的崇高价值，无产阶级的价值信仰如何可能？

马克思遏制和拒斥虚无主义的武器主要有两个：个体与共同体相结合论，历史进步论。就前者来说，确如戈德曼所说，马克思主义对未来理想社会的信仰不再具有传统意义上的超验性，或者"这种信仰的超验性不再是超自然的，也不是历史之外的，而是超个人的"。仅仅是超个人的信仰根源于历史的内在规律，因而"是用关于历史和人类前途的内在性打赌来反对关于超验的上帝的永恒与存在的悲剧性打赌"，① 如此一来，历史发展的内在规律如何跟自由、独立的个人相协调，就是一个很关键的问题。立足于个体维度的生存论，不同个人之间就会衍生出相对主义麻烦来。而超越这种生存论，上升到历史整体角度，或把个人规整进历史之中，那又如何使整体不至于强迫个人，使个人与共同体协调统一，使共同体成为马克思所谓真正的共同体？在历史规律的基础上规避不同个人理想之间的价值相对主义问题如何避免强制和胁迫？如果个人优先（这越来越得到更多认可），那又如何规避相对主义？

个人能自立自足，由此招致出来的相对主义会致使启蒙过后的各个个人都无所畏惧，相对主义导致害怕的丧失："马克思在某种程度上知道，这种状况很可怕：现代的男女们因为没有了可以制止他们的恐惧，很可能什么事情都做得出来；由于从害怕和发抖中解放了出来，他们就可以自由地踩倒一切挡道的人，只要自我利益促使他们这样做。但马克思也看到了没有了神圣的生活的优点：它带来了一种精神上平等的状况。"②

在伯曼看来，尽管面临着相对主义的可怕结果，对虚无主义问题做出比尼采更为深刻思考的马克思还是把"个人自身的全部能力的发展"当作未来理想社会的基本规定。为此，马克思不惜远离从柏拉图开始的传统共产主义理论，不再接受他们"将自我牺牲神圣化，不信任或憎恶个性，盼望一个结束一切冲突和斗争的静止点"的观点，却主张自由个性，而这"更接近于他的某些资产阶级和自由主义的敌人"。③ 在我看来，马克思对

---

① （法）吕西安·戈德曼：《隐蔽的上帝》，蔡鸿滨译，百花文艺出版社1998年版，第122、62页。

② （美）马歇尔·伯曼：《一切坚固的东西都烟消云散了》，徐大建、张辑译，商务印书馆2003年版，第148页。

③ （美）马歇尔·伯曼：《一切坚固的东西都烟消云散了》，徐大建、张辑译，商务印书馆2003年版，第126页。

自由个性的接受与赞扬不能无限扩大。他对施蒂纳的坚定批评意味着，马克思十分警惕自由个性极端化所引发的多元等价意义上形成的相对主义、虚无主义。他非常清楚，一旦施蒂纳把个性自由推至极端的逻辑可以成立，他的共产主义理论自然就不再有可能。所以，他的策略自然是，对近现代自由个性的接受不是无限的，而是具有限度的。只有在一定的合理限度内，才能赞扬自由个性。也就是说，归根结底，他重新回到了古典的个体与共同体协调一致的路子。这种个体与共同体协调一致，既能保证个人自由又能保证共同体精神的新的共同体，被马克思、恩格斯称为"真正的共同体"。在其中，个人能够驾驭物化的力量，能够获得个人自由，能够获得全面发展："只有在共同体中，个人才能获得全面发展其才能的手段，也就是说，只有在共同体中才可能有个人自由。……在真正的共同体的条件下，各个人在自己的联合中并通过这种联合获得自己的自由。"① 这样，如麦卡锡所说，马克思与亚里士多德一样，都主张"只有在共同体中，人才有机会成为真正的人"②。如果说现代思想是接受了斯多葛派的自我保存原则，现代社会是这个原则的大扩张，那么马克思的理想显然是更接近于柏拉图-亚里士多德传统。个体与共同体的结合是柏拉图和亚里士多德的主张，古代斯多亚学派才主张自我保存是自然的和基本的。自霍布斯和斯密以来的现代理论就是继承了斯多亚学派的这一观点。进化论也是在这个基础上发展起来的。如果按照柏拉图和亚里士多德的看法，这是把人贬低到初始阶段的路子。③

个体与共同体的有机结合，是马克思理想社会的基本特征。离开这个结合注释马克思，会偏离基本方向。比如阿伦特就仅仅立足于个人自由看待马克思的理想社会，认为："马克思的共产主义含有深刻的个人主义基础，她也理解，这种个人主义可能会导向何种虚无主义。在每个人的自由发展乃是一切人的自由发展的条件性质的共产主义社会中，什么东西将把这些自由发展的个人捏在一起呢？"④ 据此，她批评"马克思从来没有发

---

① 《马克思恩格斯选集》第1卷，人民出版社2012年版，第199页。
② （美）乔治·麦卡锡：《马克思与古人》，王文扬译，华东师范大学出版社2011年版，第226页。
③ 参见（德）A. 施密特：《现代与柏拉图》，郑辟瑞、朱清华译，上海书店2009年版，第78页等相关分析。
④ （美）马歇尔·伯曼：《一切坚固的东西都烟消云散了》，徐大建、张辑译，商务印书馆2003年版，第164页。

展出一种关于政治共同体的理论",甚至过于简单地看待了现代政治的复杂性和异质性。如果仅仅立足于现代个人自由原则,的确会衍生出一种虚无主义困境。像为马克思辩护的伯曼所担心的那样,无产阶级从资产阶级的虚无主义中挣脱出来之后,"很容易想象,一个致力于每一个人和所有的人的自由发展的社会,会怎样地发展出它自己的独特的各种虚无主义的变种"①。但从另一角度看,我们完全可以反过来为马克思辩护:在现代虚无主义的背景条件下,自由的现代人如何能够创造出一种既有理性基础又有凝聚力的政治联系呢?马克思深知必须抑制个人主义及其进一步引发的相对主义、虚无主义后果,克服无产阶级成员彼此之间的冷漠,并致力于建立一种新的共同体。在这种共同体中,成员之间的联合将克服个体与共同体的矛盾,重现希腊古典的个体与共同体的和谐统一。对这种未来会实现的统一,马克思、恩格斯不会描述很多。② 可以设想,一个个人与共同体协调统一的理想社会,可以成功地遏制和消除相对主义衍生出来的虚无主义。完全立足于个体自由论来解读马克思,是会把马克思自由主义化甚至无政府主义化,并进一步把马克思推向相对主义、虚无主义困境的,因而是非常不合适的路径,尽管这一路径似乎得到越来越多人的青睐。

就遏制和拒斥虚无主义的第二个武器来说,马克思、恩格斯关注的是当时的无产阶级。他们认为,当资产阶级以既定利益的维护者形象放弃了先进的哲学、理论之时,无产阶级却保持着与先进的哲学、理论的密切联系。无产阶级是继资产阶级之后推动历史前进的新历史主体。1886年,恩格斯在《费尔巴哈与德国古典哲学的终结》中断定,德国工人阶级是德国古典哲学的真正继承者,是辩证法的继承者。德国有教养的阶级逐渐抛弃了理论,逐渐失去理论兴趣,"而在包括哲学在内的历史科学的领域内,那种旧有的在理论上毫无顾忌的精神已随着古典哲学完全消失了;起而代

---

① (美)马歇尔·伯曼:《一切坚固的东西都烟消云散了》,徐大建、张辑译,商务印书馆2003年版,第147页。

② 科拉科夫斯基曾把这种统一描述为"不是以消极利益纽带为本、而是以同别人交往的独立、自发的需要为本的共同体";其中,"每个人同整体自由地融为一体","强迫和控制是不需要的","统一体里的个人把自己的力量直接当成社会力量",原则上是合乎统一精神的[参见(波兰)科拉科夫斯基:《马克思主义的主流》(一),马元德译,远流出版事业股份有限公司1992年版,第464页]。他认为这是马克思受浪漫主义思想影响的表现。18—19世纪的整个浪漫主义思想几乎都主张有机共同体的社会观,质疑工商业社会的个人主义性质。这种解释有些过度想象的嫌疑。

之的是没有头脑的折中主义,是对职位和收入的担忧,直到极其卑劣的向上爬的思想"。与利欲熏心、唯利是图的资产阶级失去理论兴趣同时发生的,是工人阶级对哲学和科学兴趣的继续和增长,"德国人的理论兴趣,只是在工人阶级中还没有衰退,继续存在着。在这里,它是根除不了的"。工人阶级的本质存在、历史使命,决定了它的根基中就存在着这种兴趣,恩格斯坚信,"在这里,对职位、牟利,对上司的恩典,没有任何考虑"。德国工人阶级对科学精神,对哲学辩证法,都具有天生的内在联系,一句话,"德国的工人运动是德国古典哲学的继承者"。① 这是无产阶级可以避免虚无主义的基本理由。

四、物化通向虚无:尼采对现代文明本质与前景的认定

马克思看好现代文明的前景,认定它的潜力会随着无产阶级的解放得以进一步释放。尼采以及随后的马克思·韦伯却开始放弃这种乐观主义信念,担忧日益物化、合理化的现代社会会陷入平庸化,使得富有创造力的精英人物越来越受到约束,失去自由的创造性空间,以至于深深忧虑现代文明会陷入虚无主义。

我们没有发现尼采使用"物化"(Verdinglichung 与 Versachlichung)概念,但在他对现代社会专门化、机器化、客观化、制度化、安全化的批评中,显而易见存在着一种对这种现代物化体系的不信任和批判,以及对更新和创生一种给创造、全面发展、风险、自由留有更大空间的新文化的强烈希冀。在尼采的眼里,物化体系明显体现为中下层人团结起来对高等人的统治与约束,体现为中下层人对安全、保险、按部就班、专门化技能、严格秩序、顺从、谦让、宽容等品质和价值的喜爱,同时也是对风险、实验、创新、虚无化既定约束、除旧布新、痛苦、孤独等品质和价值的惧怕。一句话,在尼采的眼里,物化体现着一种体系、制度基于安全和保险的完善化,体现着一种中下层人价值与品质的甚嚣尘上,体现着传统西方文明自古代以来沿着柏拉图主义的方向不断深化、不断成功,因而最

---

① 《马克思恩格斯选集》第4卷,人民出版社2012年版,第265页。

后功德圆满、即将退出历史舞台并被另一种新文化替代的时代交替,体现着旧文化退出、新文化正在创生的"虚无主义"空间。这个空间,既是旧文化和旧价值的逐渐泯灭,更是新文化的不断孕育。

在《敌基督者》中,尼采曾把人分为三个等级。第一等是侧重精神的、创造性的高贵者。第二等是正义的守护者,秩序、安全的守护人,最具精神性的执行人,是第一等级的追求者。第三等的种姓则是大多数人的平庸。尼采并不认为平庸有什么不好,反而认为大多数人就是处在这样的层面上,是很自然的。尼采认为,处在越高级别上的人,就承担得越多,越需要责任、抗风险的能力、可能忍受痛苦与孤独以及创造、个性、不固执于日常意识形态偏见等能力和品质。尼采说:"生命向高处攀登总是变得越来越艰难——寒冷在增加,责任在增加。一种高级的文化是一个金字塔:它只能奠基在一个宽大的地基上,它首先必须以某种强有力、健全稳固的平庸为前提。手工业、贸易、农业、科学、绝大部分艺术,一言以蔽之,全部职业活动的总和,都仅仅是与平庸者的能力和追求相适应;这样的职业活动似乎不适合与众不同的人"。大多数人就应该有一个相对固定的职业,"掌握一门手艺、专业化是一种自然本能。一种更深刻的精神,完全不值得对平庸本身表示抗议。为了使与众不同者存在,首先需要平庸;平庸是高级文化的条件。当与众不同的人对待平庸者比对自己和同类更温和,这不仅仅是心灵的礼貌——这直接是他的义务……"①

显然,尼采并不像很多人理解的那样反感第三等级的人,反而认为这一等级的人是很自然的大多数,没有什么值得谴责和批评的。他反对和批评的只是,把这一等级的品质和价值作为唯一和至高标准对更高的两个等级进行挖苦、讽刺、反对,特别是还采取一种美化自己的、很虚伪的意识形态形式:明明自己是出于怨恨、嫉妒,还想出一些美化自己的理由,把自己说成是善和美的,是崇高和伟大的,而把自己达不到的更高等级的那些品质和价值说成是危险的、恶的。按照尼采的看法,第三等级顺从、支持更高等级是很自然的事,反对和反抗更高等级则是不自然和不合理的事。由此,尼采反对所有鼓吹平等的理论,认为它们颠倒了这个自然秩序和逻辑,把世界弄得不像本来的样子。"不正义从来就不在于权利的不平

---

① (德)尼采:《敌基督者》,吴增定:《〈敌基督者〉讲稿》,生活·读书·新知三联书店2012年版,第252页。

等,而是在于对'平等'权利的要求……"① 平等是软弱者的嫉妒、复仇、怨恨、恐惧。无政府主义和基督教尤其如此。我们知道,物化体系不断致力于把生产关系、社会关系规范化、精确化、程序化、法制化、"对事不对人"化,就是为了提高生产效率,就是为了提高社会公平、社会平等的水准,使更多的人(特别是底层民众)享受到更多更好的社会保障和服务,享受到更多的社会发展成果。在这个意义上,按照马克思的观点,这是一个良好社会的基本标志。但在尼采看来,对平等的现代要求似乎过了头,特别是关于平等的意识形态成了敌视和否定最有能力的人创新的紧箍咒,这就是现代文化的内在弊端和需要调整之处。

尼采认为,在这种日益凸现制度、机器的关键作用,让人按部就班、平平庸庸,抹杀个性、创造、冒险的物化体系中,人,特别是富有个性和创新性的人,会变得渺小,并适应于、被动地就范于专门化牢笼。为此,尼采强调,需要相反方向的运动,也就是"产生综合的、累加的、有充分理由的人,人类的机器化是这种人存在的前提,作为一种底架,这种人能够在它的上面为自己构筑更高的存在形式"②。正像尼采认定"虚无主义"意味着旧价值的失效和新文化新价值的创造,因而这个概念可以喻示着积极功效一样,尼采也这样看待"物化",认为"物化"可以是积极的"物化":正是因为人都面临着物化的命运,才需要超人的塑造,需要超人来带领众人走出物化。"物化"、"物化"的人正是产生伟人的理由和契机所在。"超人"就是一种不仅超越善恶、超越自己、不断创造的人,而且也是超越物化体系的人。

尼采强调,安全、保险、过早的知足,会造成一种退化,并形成一种枷锁阻碍创造性和伟大的创生。他指出:"这将成为一种可怕的精巧的枷锁:如果最后没有炸开枷锁,没有一下子粉碎所有爱与道德的束缚,那么,这种精神将会枯萎、缩小、女性化、客观化。"③ 物化体系会消灭生命的风险性特征,会逐渐走向衰落与毁灭。"舒适、安全、恐惧、懒惰、胆怯,这些东西试图取消生命的危险特性,并想对一切进行'组织',——经济科学的虚伪。如果存在巨大的危险,人这种植物在不安全

---

① (德)尼采:《敌基督者》,吴增定:《〈敌基督者〉讲稿》,生活·读书·新知三联书店2012年版,第253页。
② (德)尼采:《重估一切价值》,林笳译,华东师范大学出版社2013年版,第967页。
③ (德)尼采:《重估一切价值》,林笳译,华东师范大学出版社2013年版,第969页。

的情况下生长得最茂盛：当然，大多数人在这种情况下会走向毁灭。"①物化体系塑造了一种对大多数人日益安全的保护体系，使得人失去冒险和创造的勇气，变得更加懦弱、标准、按部就班。尼采认为，如果普遍规范抑制创造、扼杀战斗精神和生命力，那它就导向虚无："把一种法律规范想像成绝对的和普遍的，不是把它当作权力联合体的战斗武器，而是把它当作反对所有战斗的武器（……），这是一种敌视生命的原则，是对人的败坏和瓦解，是对人类未来的谋杀；是一种疲惫的象征，一条通向虚无的秘密路径。"②

这样，在马克思认为物化不会造成虚无主义的地方，尼采认为会造成萎缩和衰落，是虚无主义：既是衰落的开始，也是需要和呼唤创造的开始，意味着双重的意义。

由此，塑造超人是时代的使命和要求。这势必造成痛苦、磨难，遭受蔑视，重估价值的风险。但这对于超越日益失去创造力的旧文化而言，都是值得的。只要为了呼唤和塑造超人，承担、经受痛苦，承担风险，历经磨难，都是具有正价值、正能量的："培养更好的人造成更加巨大的痛苦。在扎拉图斯特拉那里展示了这种过程做出必要牺牲的理想：离开家乡、家庭、祖国。在占支配地位的风俗的蔑视下生活。尝试与失误的折磨。摆脱陈旧的理想提供的一切享受（人们尝到了它们充满敌意、格格不入的滋味。）"③ 其实，早在《悲剧的诞生》中，尼采就批评了追求神机妙算、廉价乐观主义，崇尚理性、知识的现代文化，认为这种文化始自苏格拉底，通行于亚历山大里亚。而整个现代人都沉溺于这种文化："我们整个现代世界被困在亚历山大里亚文化的网中，把具备最高知识能力、为科学效劳的理论家视为理想，其原型和始祖便是苏格拉底。"④ 尼采认为这种文化已经发育成熟，使整个社会直至底层都在追求神机妙算，向往廉价乐观主义，是一种有利于底层人而抑制（甚至扼杀）富有创造力的超人的文化。它的最大问题就是不断孕育出了虚无主义，把一切（特别是低等的、低俗的）都视为有价值的、有平行和同等价值的，失去了对崇高精神的追求，

---

① （德）尼采：《重估一切价值》，林笳译，华东师范大学出版社2013年版，第970页。
② （德）尼采：《论道德的谱系》，周红译，生活·读书·新知三联书店1992年版，第55页。
③ （德）尼采：《重估一切价值》，林笳译，华东师范大学出版社2013年版，第969页。
④ （德）尼采：《悲剧的诞生：尼采美学文选》，周国平译，生活·读书·新知三联书店1986年版，第76～77页。

日益诉诸例行化、稳固化、制度化的僵化体系,是一种逐渐衰落、枯萎、不敢冒险、害怕悲剧与痛苦的文化。

当然,对尼采来说,物化导致的虚无不见得是坏事;相反,虚无是通往创造的契机。旧文化的衰落、泯灭,是更富有创造力的新文化孕育和创生的温床。"无"既是原有价值的虚化,同时也是新价值、新文化摆脱羁绊获得的生长空间。

五、反思现代性的两种模式:马克思与尼采

马克思与尼采对"物化"和"虚无"的两种不同态度,象征着两种不同的现代性反思。可以说,马克思相信现代文明的进步性,相信现代文明的进一步发展会约束、提升、改变人的一些自然本性和事实。他在这种约束、提升、改变中看到了理想社会到来的必然性和希望。尼采则认为,文明与自然的关系需要进一步地反思。文明、文化是在约束、提升、改变自然事实,但似乎有自己的限度,或者对这种限度,尼采主张不要夸大,而是给予认真的估计。当一种文明所伸张、推崇的价值与自然本身的倾向相违背时,就表示这种文明陷入了颓废和虚无的境地,就需要调整改进了。按照尼采的看法,现代西方文明恰恰就陷入了这种境地。用来文饰、矫正自然本能、欲望的文明质素,是一种弱者、失败者的素质,与大自然的进化倾向是相反的、对立的。于是,这种对自然的约束、提升、改变、矫正,就具有了敌视强大、健康、活力,以数量战胜质量,以平庸取代高贵,并培育软弱、渺小、颓废的功能。当文明不是推崇健康、强壮、富裕、卓有成效、勇于进取之时,就是陷入了所谓的虚无主义,表明这种文明迫切需要重建和改变了。马克思和尼采都相信资产阶级陷入了虚无主义,无可救药,但马克思认为继资产阶级之后的无产阶级不会重蹈资产阶级的虚无主义之路,尼采则认为虚无主义是现代的宿命,甚至是整个西方文明自古至今发展的必然逻辑,浸染了现代文化的任何一个阶级都无法避免。尼采相信,只有在克服这种虚无主义的基础上,才有可能获得重生,也就是说,走出虚无主义是现代人的一项极为艰难的选择,没有必然成功的好命运伴随。与马克思认为无产阶级是在资产阶级现代世界中浴火重生一样,尼采也认为超越资本主义的超人也能在现代文化中孕育生成。超越

资本主义世界是两人共同的判定和追求。马克思则相信，物化、物象化既是一种进步又是一种阻碍，是处在历史发展过程中的一个承前启后的阶段所呈现出的特殊现象，既不能完全肯定，也不能完全否定。应该通过生产关系、社会关系的完善与调整，释放其中蕴含着的解放性潜力，把现代社会中蕴含着的理想发掘出来，使之获得进一步的实现。现代社会没有穷尽在解放、自由等方面的巨大潜能，进一步的调整和变革所能释放出的能量足以建立一个理想社会。尼采则认为，西方文明自苏格拉底开始，自柏拉图主义与基督教文化结合开始，发展到现代，已经步入了衰退的阶段，进入了虚无主义的时期，内部的潜力释放不足以建立一个更高贵的文化，所以，希望只能定位于迎接新文明的创生。

其实，第一，在我看来，两人的角度从表面上看是不一样的：马克思着重的是大多数人，特别是中下层的普通人；尼采看重的是少数精英，或者富有创造性的超人。其实，对马克思来说，无产阶级也是承担重担、具有创建未来能力的强者。马克思只是着重于让它为更多人担责，至于能力、素质和态度，与超人存在很多类似；尼采不把为更多人担责看得很重，不是因为他不重视这一点，只是因为在尼采看来，为更多人担责是超人的自然品质，是最自然不过的事，是不言而喻的。从此来看，只是两人的着重点不同而已。他们各自都有自己的理由来支持自己的见解，但各自也都有理由坐下来听听对方的看法。两个人可以相互批评，更可以相互补充。

第二，现代性批判所采用的角度不同。马克思采取的是经济角度，展开的是政治经济学批判，最后从社会性角度施展对现代资本主义的批判；尼采采取的是文化角度，展开的是一种心理学的批判，最后从自然、本能、欲望结构、意志的角度施展对资本主义社会的批判。马歇尔·伯曼从现代社会中经济起着关键作用的角度出发，认为"对于现代资产阶级社会的虚无主义力量，马克思的理解要比尼采深刻得多"[1]。不过，两人对于资本、资本主义命运的判定是一样的，对于依靠一种未来新人的崭新力量才能克服、纠正这种陷入虚无的社会的判定，也是极为类似的。马克思认为施蒂纳式的虚无呻吟是现实中软弱无力的德国小资产阶级思想理论层面的表现；资本的逻辑中必然孕育和展现出的空虚、虚无化则是整个资产阶

---

[1] （美）马歇尔·伯曼：《一切坚固的东西都烟消云散了》，徐大建、张辑译，商务印书馆2003年版，第144页注。

级的历史命运。接着资产阶级创造历史的无产阶级不会面临虚无主义困境，无产阶级会开创世界历史的新纪元。尼采虽不同意无产阶级创造历史的未来新人品格，却也把超人视为克服虚无主义的未来新人。在未来新人不受虚无主义困扰方面，两人是基本一致的。面对基督教世界的衰落，他们都坦然接受，并无惋惜和忧虑，反而都积极地在这种衰落中探寻更好更高的新世界。在资产阶级创造的世界中，他们都找不到希望，所以都把希望寄托在对资产阶级世界的进一步改造和超越上。